111 GRÜNDE, PILGERN ZU GEHEN

Dagmar Höner

111 Gründe,

PILGERN

zu gehen

Eine Liebeserklärung

SCHWARZKOPF & SCHWARZKOPF

Inhalt

zu laufen, um glücklich zu sein · Weil es nichts kostet (zumindest das Gehen nicht) · Weil ein kleines Extra viel ausmacht · Weil man plötzlich freiwillig in einer Massenunterkunft schläft · Weil eine Heizung den Himmel auf Erden bedeuten kann · Weil Pilgerwege so sind, wie sie sind · Weil man Wunder neu definiert

Weil man ungewöhnliche Wege gehen kann · Weil man nur einen Tag, aber auch ein paar Wochen gehen kann · Weil jeder es so tun kann, wie er will · Weil man Menschen kennenlernt, von denen man nie geglaubt hätte, dass sie auch pilgern · Weil jeder Weg seine eigene Magie hat · Weil man die Pilgerreise durchplanen kann, aber nicht muss · Weil es fast jeder tun kann · Weil man was über den anderen Glauben lernt · Weil man bis ans Ende der Welt gehen kann · Weil man alles sieht

Weil man erstaunliche Begegnungen hat · Weil es unglaubliche Herbergen gibt · Weil es unglaubliche Gastgeber gibt · Weil man einen eigenen Tagesrhythmus entwickelt · Weil man sich aufgehoben fühlt · Weil man plötzlich bei völlig Fremden am Tisch sitzt · Weil Gespräche ganz schnell ganz tief werden · Weil es immer irgendwie weitergeht · Weil es so etwas wie eine Pilgerfamilie gibt · Weil missliche Lagen zusammenschweißen · Weil man schon der King ist, wenn man ein Taschenmesser dabeihat · Weil man in fremde Lebenswelten eintaucht

Weil man sich verbunden fühlt · Weil es stolz macht, an seine Grenzen zu gehen und es zu schaffen · Weil manche Wege sich besonders anfühlen · Weil doch was dran ist am Jakobus · Weil irgendwann der Schmerz nachlässt · Weil es einen Pilgersegen gibt · Weil es die Pilgermesse gibt

Machen Sie sich auf den Weg!

Vorwort

So simpel. Einfach nur einen Fuß vor den anderen setzen und der Beschilderung folgen. Und das für eine lange Weile. Hört sich dröge an. Monoton.

Aber irgendwas muss dran sein. Warum sonst würden so viele Menschen pilgern gehen? Denn Hunderttausende machen sich alljährlich auf den Weg. Sei es, um einen Wallfahrtsort zu besuchen oder einfach nur, um eine Zeit lang zu gehen. Und es werden ständig mehr.

Doch nicht nur die Zahl der Pilger ist beeindruckend, sondern auch ihre Herkunft, denn sogar vom anderen Ende der Welt kommen sie auf die Jakobswege nach Spanien. So waren im Januar 2018 erstmalig chinesische und südkoreanische Pilger unter den Top Ten der Nationalitäten. Ja, südkoreanische Pilger zählten im Januar sogar zu der am stärksten vertretenen Volksgruppe nach den Spaniern.

Also wenn selbst die Asiaten herbeiströmen, um einem alten christlichen Weg auf die Spur zu kommen, muss ja was dran sein am Pilgern!

Und tatsächlich – da ist was. Pilgern ist besonders. Denn es ist mehr. Mehr als die Summe seiner Teile. Pilgern ist mehr als ein Mega-Trend und die Wiederentdeckung einer mittelalterlichen Tradition. Es ist mehr als einfach nur wandern gehen mit einem großen Rucksack, mehr als eine sportliche Herausforderung und ein Abenteuer, aber auch mehr als ein Urlaub, in dem man alles hinter sich lässt und bewusst entschleunigt. Pilgern ist mehr als viele unterschiedliche Leute treffen, sich durch schöne Natur bewegen und das einfache Leben genießen. Und es ist auch mehr als die Suche nach Orientierung und die Sehnsucht nach der heilen Welt.

Aber was genau ist dieses Mehr? Das lässt sich kaum fassen. Doch fest steht, dass der Zauber der Wege, die einzigartige Atmosphäre, die Menschen, denen man begegnet, und die Gemeinschaft mit ihnen viel dazu beitragen, um Pilgern zu etwas Besonderem zu machen.

Darüber hinaus ist das Mehr natürlich individuell verschieden. Denn für jeden bedeutet diese Art der Auszeit etwas anderes, jeder hat eine eigene Motivation, um zu gehen, und jeder hat andere Gründe, die für ihn das Pilgern lohnend machen.

Ich habe in diesem Buch meine ganz persönlichen Gründe aufgelistet. 111 Gründe, die diversen Pilgerreisen entsprungen sind. Dinge, die mich sofort für das Pilgern eingenommen haben und mich immer aufs Neue begeistern. Die bewirken, dass ich jedes Mal wieder ohne zu zögern den Rucksack schultere und mich auf die Suche nach der Muschel oder dem Kreuz begebe. Die machen, dass ich bei jeder Reise aufs Neue gespannt bin, was mich erwartet, und keine mich enttäuscht.

Denn es wird nie langweilig. Irgendetwas Überraschendes, Berührendes oder Erstaunliches passiert immer. Sei es in der Auseinandersetzung mit sich selbst oder durch die Begegnung mit anderen, durch besondere Erfahrungen oder einzigartige Erlebnisse.

111 Gründe, pilgern zu gehen – ich hoffe, dass diese, meine Gründe nicht nur beim Lesen Spaß machen, sondern auch den einen oder anderen dazu inspirieren, selbst einmal loszuziehen und zu schauen, warum Pilgern so besonders ist.

In diesem Sinne … guten Weg!

Dagmar Höner

1. Kapitel

Die Motivation

Weil es keine Auszeit gibt wie diese

Ich bin verdorben. Für die Tourismusindustrie zumindest. Denn die herkömmlichen Urlaubsangebote ziehen bei mir nicht mehr.

Ein Sommerurlaub an der See? Sich sonnen am Strand, ab und zu in den warmen Wellen aalen, einen kleinen Cocktail am Pool und abends leckerer Fisch im malerischen Hafen?

Hm, ja. Hört sich gut an, aber …

Oder Winterurlaub im Schnee? Skifahren in malerischer Alpenkulisse und kristallklarer Luft, ab und zu in der Hütte einkehren zu leckerem Kaiserschmarrn, und abends dann auf zum Après-Ski?

Klingt verlockend, aber …

Oder vielleicht ein Städtetrip? London, Prag, Wien? Mit anspruchsvollem Kulturprogramm, Museen, Galerien, angesagten Restaurants, Szenekneipen und Theaterbesuch?

Sicher toll, aber … lieber doch nicht.

Vielleicht bin ich auch einfach nur zu anspruchsvoll. Beim Urlaub am Meer wird's irgendwann langweilig, am Strand zu liegen und zu lesen. Am Pool kriegt man keine Liege, und für einen Ausflug ist es zu heiß.

Auch der Winterurlaub hält nicht immer, was er verspricht. Manchmal ist der Himmel grau und der Schnee sulzig, die Hütte überfüllt und die anderen Pensionsgäste gehen einem auf die Nerven.

Und der Städtetrip … Pflasterlaufen ist anstrengend, Museen besuchen noch viel mehr. Die Szenekneipen sind überteuert, und die Theaterkarten hätte man schon vor einem halben Jahr besorgen müssen. Und der Erholungswert? Na ja.

Für mich ist Pilgern die Urlaubsart par excellence. Denn keine andere ist so variabel, so unkompliziert, so spannend und so erholsam wie das Pilgern.

Das Prozedere ist recht einfach: Man sucht sich einen Weg nach seinem Gusto, packt den Rucksack, zieht die Schuhe an, fährt hin und läuft los. Immer der Muschel nach. Oder dem Pfeil, oder dem Kirchenemblem oder dem Kreuz oder was es sonst noch an Wegzeichen gibt.

Dabei kann man die Modalitäten der Geh-Auszeit individuell gestalten, so, wie es den eigenen Bedürfnissen entspricht. Die Landschaft, die man wählt, ist variabel: Meer, Berge oder Flachland. Und auch die sonstige Gestaltung: Man kann losgehen, wann man will, und so schnell und lange laufen, wie man will. Auch was die Verpflegung angeht, zählen allein die eigenen Vorlieben: Stulle schmieren, Sandwich am Weg kaufen oder Restaurantbesuch. Selbst in Sachen Geselligkeit hat man das Heft in der Hand: Man kann sich alleine oder zu zweit auf den Weg machen, oder man schließt sich einer Gruppe an. Genauso ist die Unterkunft frei wählbar: Ob man in Herbergen übernachtet, in einer Pension oder einem Hotel, bleibt jedem selbst überlassen.

Doch die Optionen gehen noch weiter: Je nach Anspruch kann man unterschiedliche Regionen und Städte, die einheimische Bevölkerung und die lokale Küche kennenlernen. Ebenso steht es jedem frei, sich mit großen philosophischen Themen zu beschäftigen oder nur mit der Frage, wie weit es noch bis zum nächsten Laden ist. Die Pilgerreise kann zu einer Abenteuertour werden oder zu einer spirituellen Wallfahrt.

Es gibt also eine unendliche Vielfalt an Möglichkeiten, wie man das Pilgern gestalten kann, und somit auch seine ganz private, individuelle Auszeit!

Weil man seiner Spiritualität auf die Sprünge helfen kann

Was heißt das eigentlich, Spiritualität? Der Begriff wird heute fast inflationär gebraucht. Man trifft ihn im religiösen Kontext, und es gibt Überschneidungen zur Esoterik. Er ist ebenso präsent in Bereichen wie Lebenshilfe, Ernährung und Gesundheit wie bei der Beratung und im Coaching.

Die Definition ist nicht ganz einfach, denn jeder interpretiert es ein wenig anders. Doch zumindest von den Wurzeln her kann man den Begriff einordnen. Denn Spiritualität leitet sich von dem lateinischen Spiritus = Geist her, das heißt, dass Spiritualität im weitesten Sinne »Geistigkeit« bedeutet, eine auf Geistiges ausgerichtete Haltung.

Auch die ursprüngliche Verwendung kann man nachverfolgen, denn der Begriff »Spiritualität« hat seinen Ursprung in der französischen Ordenstheologie des 18. Jahrhunderts. In dem Kontext der katholischen Kirche wurde Spiritualität oft mit christlicher Frömmigkeit gleichgesetzt und stand für ein Leben nach geistigen Regeln und entsprechenden Exerzitien.

In der heutigen Zeit rückt die Deutung des Begriffs jedoch immer mehr von der Kirche ab und verliert ihren spezifisch christlichen Charakter. Oftmals steht Spiritualität als Gegensatz zu einer zunehmend kritisch beäugten Materialität.

Doch wie auch immer man das große Wort deuten mag: Fest steht, dass man heute vor allem nach Spiritualität sucht, weil sie Sinn stiften soll. Vielleicht trifft daher die Definition des Psychologen Rudolf Sponsel den Kern?

Er sagt: »Mit dem Begriff Spiritualität wird eine nach Sinn und Bedeutung suchende Lebenseinstellung bezeichnet, bei der sich der/die Suchende seines/ihres ›göttlichen‹ Ursprungs bewusst ist und eine Verbundenheit mit anderen, mit der Natur, mit dem Göttlichen usw. spürt.«

Und diese besondere Verbundenheit mit etwas Größerem, das passiert beim Pilgern dann schon das eine oder andere Mal.

Ich erlebte diesen denkwürdigen Zustand, als ich durch Liechtenstein pilgerte. Vielleicht war es die Tatsache, dass ich schon etliche Stunden gelaufen war. Vielleicht war es der Weg über lockeren Waldboden, der keine besondere Aufmerksamkeit erforderte. Vielleicht lag es auch an der Tageszeit – es war schon Nachmittag, und auf dem Pilgerweg herrschte ein besonderes Licht. Vielleicht aber war es auch alles zusammen.

Plötzlich hatte ich das Gefühl, dass ich lief, ohne nachzudenken. Dass ich meine Schritte nicht mehr bewusst ausführte, sondern es »ging mich«. Es war, als gäbe es in mir eine Instanz, die mich vorwärts bewegte. Die mir vorgab, wo ich meine Füße hinzusetzen hatte. Von außen betrachtet schien ich das intuitiv zu machen, von innen fühlte es sich an wie ferngesteuert. Ich stand ein Stück weit neben mir, aber andererseits fügte ich mich auch wunderbar ein in dieses Universum, das mich umgab. Es war, als gehorche ich einer kosmischen Ordnung und würde meine Rolle darin spielen, meinen vorgesehenen Platz dort einnehmen. Alles ganz normal. Wo auch anders sollte ich sein, und was sonst sollte ich tun?

Hört sich ein bisschen abgedreht an? Ist es möglicherweise auch. Vielleicht aber auch nur eine besondere Art der Wahrnehmung. Die besonders aktiviert wird, wenn man in der Natur unterwegs ist. Und beim Pilgern – gerade wenn man ein gewisses Tagespensum hinter sich hat, platt im Kopf ist und nicht mehr bewusst denkt, ergibt sich diese besondere Wahrnehmung ganz von selbst. Dann scheint der Geist, der nicht mehr mit sich selbst beschäftigt ist, eine spezielle Verbindung mit der Umgebung aufzunehmen.

Passiert das immer und bei jedem? Weiß ich nicht. Doch fest steht, dass man beim Pilgern eine erhöhte Sensibilität entwickelt für das, was einen umgibt. Dass man offen ist für etwas, was größer ist als man selbst.

Weil man als Muschelträger besonders ist

Wandern gehen mit Rucksack ist eine Sache. Pilgern gehen mit Rucksack und Muschel eine andere. Denn indem man sich die weiße Kammmuschel auf den Rücken schnallt – das Erkennungszeichen der Jakobspilger –, wird man besonders.

Als Wanderer laufe ich zum Vergnügen, um mich an der frischen Luft und in der Natur zu bewegen. Ich suche ein entspannendes Naturerlebnis in schöner Landschaft. Alles fast profan. Mit der Muschel auf dem Rücken jedoch bekommt das Gehen gleich eine andere Qualität. Es wirkt ernsthafter, seriöser, irgendwie wichtiger.

Neben dem Pilgerstab ist die weiße Kammmuschel das wohl auffälligste Accessoire eines Pilgers. Trägt man sie auf dem Rücken, weiß jeder, dass man auf dem Jakobsweg in Richtung Santiago de Compostela unterwegs ist.

Um diese symbolische Bedeutung der atlantischen Jakobsmuschel oder »Pecten maximus«, wie sie auf Lateinisch heißt, rankt sich eine Legende. Ein junger Adeliger, so heißt es, ritt einst dem Schiff entgegen, mit dem der Leichnam des Apostels Jakobus nach Spanien gebracht wurde. Er versank dabei im Meer. Doch auf wundersame Weise rettete der heilige Jakobus sein Leben und half dem Adeligen, das Ufer zu erreichen. Der Körper des Geretteten war über und über von Muscheln bedeckt; seitdem wird die Große Jakobsmuschel von Pilgern als Schutzzeichen getragen.

Auf den bekannten *caminos*, den Pilgerwegen in Südeuropa, sind Pilger keine Seltenheit, und darum ist die Neugier der Bevölkerung auf die Muschelträger nicht mehr ganz so groß. Doch in Deutschland und in anderen Ländern mit wenig frequentierten Wegen sucht man durchaus Kontakt zu Pilgern. Ja, viele Einheimische sind erpicht darauf zu erfahren, woher die Rucksackträger kommen, wohin sie gehen und warum. Dabei fungiert die Muschel oft als Eisbrecher, der die Kontaktaufnahme erleichtert. Sie ermöglicht einen unkomplizierten Einstieg für Unterhaltungen, die beginnen mit: »Ach, Sie pilgern …!!!???«, oder mit »Laufen Sie nach Santiago de Compostela?«, oder für Konversationen, deren erster Satz lautet: »Wann wollen Sie denn da sein?«

Daraus entspinnen sich Unterhaltungen, die offenbaren, dass die Leute oft nicht nur aus Neugier nachfragen. Denn die Muschel signalisiert, dass man als Pilger auf der Suche ist, und daraus ergeben sich automatisch Gespräche über das Loslassen, das Reisen und Ankommen.

Doch nicht nur am Weg, auch in Lokalen fällt man auf mit der Muschel. Als ich in Luxemburg pilgerte und in einem kleinen Dorf in einer Kneipe haltmachte, setzte sich die Wirtin sofort zu mir an den Tisch. Natürlich gab es gleich ein Gesprächsthema – anhand meiner Muschel hatte sie mich treffsicher als Pilgerin identifiziert. Und obwohl Pilger in diesem kleinen luxemburgischen Dorf nicht zum Alltagsgeschehen zählten, hatte ich das Gefühl, dass ich recht wohlwollend aufgenommen wurde. Einer der Männer an der Theke zahlte sogar meinen Kaffee.

Manchmal wird man sogar als Pilger identifiziert, obwohl man es gar nicht beabsichtigt hat. In einem kleinen Dorf in Westfalen hatte ich einmal die Muschel hinters Meshfutter gepackt – trotzdem sprach mich die Bedienung des Cafés darauf an. Ob das eine Jakobsmuschel sei? Als ich bejahte, strahlte sie. Sofort bot sie uns hochbeglückt ihren Pilgertropfen, einen eigens für Pilger kreierten Schnaps, an. Die Pilgertorte, ein Sahnekuchen mit Kirsch, gebe es leider im Moment nicht, mitten im Sommer, bedauerte sie. Dafür versorgte sie uns ausführlichst mit der dorfeigenen Pilgergeschichte. Während wir den Schnaps probierten, berichtete sie in allen

Einzelheiten, wie es gekommen war, dass der Pilgerweg durch ihr kleines Dorf verlief.

Auch in Zügen auf dem Weg zum Pilgerort oder von dort zurück werde ich oft angesprochen. Man ist eben doch ein wenig besonders mit einer Muschel auf dem Rücken.

4. Grund

Weil man interessante Leute kennenlernt

Wenn man heimgekehrte Pilger fragt, ob sie noch mal losgehen würden, bejahen fast alle. Einer der meist genannten Gründe dafür lautet: weil man so viele unterschiedliche Leute trifft. Vor allem die Pilger, die auf dem sehr populären französischen Jakobsweg gelaufen sind, berichten begeistert von den interessanten Menschen, denen sie auf dem *camino* begegnet sind: Da ist dann die Rede von dem englischen Priester, der in Santiago einen Gottesdienst halten wollte, von der Koreanerin, die sich für ihren Lebenstraum trotz riesiger Blasen mit bandagierten Füßen Tag für Tag weiterquälte, oder von dem Amerikaner, der beim Laufen Schritt für Schritt versuchte, seinen Liebeskummer zu überwinden.

Und gerade das, diese individuellen Geschichten, diese einzigartigen Schicksale auf dem Weg, macht das Pilgern zu einer ganz besonderen Erfahrung. Das wiederum übt eine große Anziehungskraft auf die unterschiedlichsten Menschen aus. Seit dem Beginn des Pilgerbooms zu Anfang dieses Jahrhunderts strömen sie aus der ganzen Welt nach Nordspanien, um sich zum Grab des heiligen Jakobus zu begeben.

Die Statistik des Pilgerbüros in Santiago de Compostela bestätigt den Trend: Im Jahr 1989 gab es in Spanien 5.760 Pilger, zehn Jahre später waren es schon über 154.000, und im Jahr 2017 fast doppelt so viele. Zumindest war das die Zahl der Pilger, die sich in Santiago eine Urkunde aushändigen ließen. Diejenigen sind es nämlich, die in der Statistik auftauchen. Wobei das gesamte Volumen der Bewegung noch weitaus größer ist, da manche Pilger sich keine Urkunde holen oder nur Teile der Jakobswege begehen und somit das Endziel Santiago gar nicht erreichen.

Was die Nationalität angeht, so machen die Spanier rund die Hälfte aller Pilger in ihrem Heimatland aus. Den Rest des Kuchens teilen sich Deutsche, Italiener, Franzosen, Polen, Amerikaner und Österreicher. Daneben gibt es noch Iren, Engländer, Kanadier, Koreaner, Brasilianer, Australier, Niederländer, Dänen, Belgier, Mexikaner,, Argentinier, Schweizer und Japaner. Die ganze Welt, scheint's, ist auf den Beinen.

Und auch sonst ist alles dabei. Man trifft Menschen jeden Alters und jeglicher Berufssparte. Ich bin mit einer Chinesin gepilgert, die in Frankreich studierte; ich traf einen spanischen Automechaniker sowie Hardcore-Minimalisten aus der Schweiz. Ein niederländischer Schleusenwärter gehörte ebenso zu meinen Bekanntschaften wie ein kanadischer Rentner.

Das Spektrum ist also bunt gemischt – genauso wie die Motive für die Pilgerreise. Denn jeder hat einen bestimmten Grund, warum er aufbricht. Selbst diejenigen, die vorgeben, nur Urlaub machen zu wollen, haben bewusst diese Art der Flucht aus dem Alltag gewählt. Eine Flucht, bei der man sich freiwillig quält, schwitzt und den Gesetzen der Einfachheit unterwirft. Jeder Einzelne bringt sein eigenes, spannendes Paket mit. Das macht die Menschen, die man trifft, gleich noch viel interessanter.

Weil man es allein tun kann

Urlaub ist toll. Er ist der Silberstreif am Horizont, das Abenteuer-versprechen, die Auszeit, das Paradies. Doch manchmal wird Urlaub zum Problem. Dann nämlich, wenn man nicht allein in die Ferien fahren möchte, aber niemand mitkommt.

Natürlich gibt es für solche Situationen Lösungen. Man kann bei Reisepartnerbörsen schauen, ob man dort jemand zum ge-meinsamen Wegfahren findet. Aber wenn es dann so weit ist … will man wirklich mit einem wildfremden Mann in den Himalaya? Wer weiß, wie der drauf ist? Man hört ja nicht immer nur Gutes von Dating-Portalen.

Dann gibt es noch die altmodische Variante. Anzeigen unter der Rubrik »Suche Urlaubspartner« im Stadtmagazin oder in ein-schlägigen Zeitschriften. Wäre eine Option. Aber dann kommen doch Zweifel. Warum inserieren die Leute dort? Haben die keine Freunde? Nein, so nötig hat man es dann doch nicht.

Also wird wieder Wanderurlaub in der Gruppe gebucht. Bei dem der Einzelzimmerzuschlag immens ist, man darum »Doppel-zimmer« angibt und somit riskiert, mit einer wirklich nervigen Person das Zimmer teilen zu müssen. Keine schönen Aussichten.

Da ist es doch gut, dass es als alternative Urlaubsform das Pil-gern gibt! Denn das ist geradezu prädestiniert dafür, es alleine zu tun. Mehr noch: Alleine gehen ist genau genommen die beste Art und Weise, sich und dem Weg auf die Spur zu kommen. Das för-dert die Wahrnehmung des Außen und die Auseinandersetzung mit dem Innen.

Trotzdem ist es für viele erklärungsbedürftig, wenn man alleine aufbricht. Ich ernte oft erstaunte Blicke, wenn ich von meinen ein-samen Pilgervorhaben berichte. Ob ich denn keine Angst habe?! Denn zugegebenermaßen birgt das Alleine-unterwegs-Sein ein gewisses Gefahrenpotenzial. Es könnten ja Räuber im Wald lauern, Landstreicher die Straßen unsicher machen oder Männer mit fragwürdigem Charakter nur darauf warten, eine einsame Pilgerin abzuschleppen?!

Stimmt. All das kann tatsächlich passieren, aber obwohl ich mittlerweile etliche Kilometer ohne Begleitung gegangen bin, habe ich mich selten in Gefahr gefühlt.

Letztendlich habe ich nur ein Mal eine unangenehme Situation erlebt, die mir ein wenig Angst gemacht hat: Ich übernachtete in Spanien in einer kirchlichen Herberge. Das Ganze war ein riesiger Schlafsaal in einem alten, halb verfallenen Kloster, den ich nur mit einem anderen, älteren Pilger teilte. Ich hatte ihn schon gesehen, als ich am Kloster ankam, wo er muffelig auf der Mauer hin und her lief. Er wirkte nicht besonders kommunikativ, darum versuchte ich gar nicht erst, ein Gespräch anzufangen. Im Schlafsaal belegte er ein Bett direkt an der Tür – eine beliebte Strategie der Pilger, die morgens ganz früh verschwinden wollen.

Ich ging dann erst mal in den Ort was essen. Doch als ich wiederkam, hatte mein Mitpilger seinen Schlafplatz gewechselt und war mir deutlich näher gekommen. Da er schon vorher so finster dreingeblickt hatte, bekam ich tatsächlich Angst, er könne mir zu Leibe rücken. Eigentlich passiert nichts unter Pilgern – Ehrensache! Aber wir befanden uns in einem einsamen, abgelegenen Schlafsaal, die Mönche weit weg in einem anderen Gebäudetrakt. Da war mir doch etwas mulmig. Ich legte mir einen Notfallplan zurecht, beschloss, in meinen Klamotten zu schlafen, und präparierte meinen Rucksack so, dass ich im Bedarfsfall mit zwei Handgriffen verschwinden konnte.

Doch als ich dann mein Nachtlager bereiten wollte, saß der ältere Mann recht traurig auf seiner Bettkante und stierte vor sich hin. Vielleicht hatte er einfach nur einen schlechten Tag?

Letztendlich stellte sich heraus, dass er wegen des Luftzugs an der Tür sein Bett gewechselt hatte. Und seine Muffeligkeit kam daher, dass die Mönche ihn während ihrer Mittagspause aus dem Kloster ausgesperrt hatten und er draußen warten musste, bis sie wieder aufschlossen. Außerdem verriet er mir seine traurige Geschichte: dass er den Jakobsweg eigentlich mit seiner Frau gehen wollte, die aber ein paar Monate zuvor gestorben war.

Wahrscheinlich hätte er nicht im Traum daran gedacht, mit mir anzubandeln.

6. Grund

Weil man mal ausprobiert, wovon alle Welt redet

Jeder tut es. So zumindest der Eindruck, wenn die Rede auf das Pilgern kommt. Wenn man selbst nicht schon mal unterwegs war, kennt man zumindest jemanden, der's gemacht hat, oder irgendwo im Bekanntenkreis hat jemand gerade vor, es zu tun.

Pilgern liegt zurzeit absolut im Trend, obwohl es eigentlich eine mittelalterliche Tradition ist. Die Motive für eine Wallfahrt früher waren meist religiöser Natur: Es ging darum, Buße zu tun, man pilgerte aus Dankbarkeit, für das Seelenheil oder um ein Gelübde zu erfüllen. Dann jedoch brachten viele Straftaten unter den Pilgern sowie die Reformationsbewegung die ganze Bewegung in Verruf und damit zum Erliegen.

Das Pilgern heute ist lockerer – jeder macht sich aus ganz individuellen Gründen auf den Weg, er geht, wie und wann er mag und in seinem eigenen Rhythmus. Diese Freiheit macht den Reiz der Fußreise aus und erklärt ein Stück weit ihre Popularität. Die Sehnsucht nach Einfachheit, Entschleunigung und Orientierung tut ein Übriges, um dem Trend Auftrieb zu geben.

Heutzutage pilgern Hunderttausende von Menschen auf den Jakobswegen. Und viele davon sind Deutsche. Logisch, dass da jeder jemanden kennt, der schon mal unterwegs war. Oder zumindest jemanden kennt, der jemanden kennt ...

Viele Rückkehrer erzählen ganz begeistert von dieser tollen Erfahrung. Und auch wenn man selbst nicht der Typ ist, bei dem Pilgern bisher ganz oben auf der Urlaubsliste stand, wird man doch ein bisschen neugierig: Wie kommt es, dass so viele unterschiedliche Menschen, die eigentlich weder mit Religion noch mit Wandern was am Hut haben, nach einer Pilgerreise nahezu euphorisch sind?

Irgendwas muss da doch dran sein. Irgendwas, was man nicht auf Anhieb versteht. Aber vielleicht muss man dazu einfach selbst mal losziehen? Obwohl es ja eigentlich ein bisschen lächerlich ist, einem Trend hinterherzujagen, nur weil alle es machen. Aber irgendwie ...

Auch ich hatte mich von dem Trend anstecken lassen. Ich fing erst im näheren Umkreis an zu pilgern, später weiter weg. Ich pilgerte im Inland und im Ausland, auf einsamen und populären Wegen. Ich habe das erlebt, was Hape Kerkeling so amüsant in seinem Pilgerbuch schildert, aber auch ganz andere Dinge. Denn jeder Pilgerweg ist einzigartig mit seinen Landschaften, Orten, Kirchen und Menschen, denen man begegnet. Alle Wege, die ich gegangen bin, haben Spuren hinterlassen und unauslöschliche Erinnerungen. Jede Pilgerreise war einmalig und hat sich gelohnt. Es gibt also durchaus einen nachvollziehbaren Grund, warum das Pilgern so populär ist. Unbedingt mal ausprobieren!

7. Grund

Weil man Teil einer großen Bewegung ist

Pilgern gilt längst nicht mehr als Geheimtipp; dennoch haftet der Fußreise immer noch das Image eines außergewöhnlichen Individualtrips an. Doch das ist sie genaugenommen nicht, denn als

Pilger folgt man der Tradition der christlichen Wallfahrt, die seit Jahrhunderten ganze Heerscharen von Menschen zu fernen Orten aufbrechen lässt.

Ziel von Wallfahrten waren von jeher neben den Reliquien auch Geburts-, Lebens- und Begräbnisorte bedeutender Heiliger. Doch vor allem wurde und wird auch heute noch weltweit zu Stätten gepilgert, die auf Wunder oder Marienerscheinungen zurückgehen. Diese Marienwallfahrtsorte verzeichnen gigantische Besucherzahlen, die das Pilgeraufkommen in Santiago de Compostela mit knapp 330.000 registrierten Pilgern jährlich bei Weitem in den Schatten stellen. Da gibt es eine richtige Hitliste:

An der Spitze der meistbesuchten Wallfahrtsorte der Welt steht unangefochten das mexikanische Guadalupe. Rund 20 Millionen Pilger besuchen jährlich das Marienheiligtum am Rand von Mexiko-Stadt.

Mit fast 8 Millionen Pilgern pro Jahr steht das brasilianische Aparecida im Bundesstaat São Paulo auf Platz 2 der größten Marienwallfahrtsorte. Ein stetig wachsender Strom von Gläubigen pilgert zur Nationalheiligen Brasiliens, »Unserer Lieben Frau von Aparecida«.

Der drittgrößte Marienwallfahrtsort der Welt und zugleich der größte Europas ist das französische Lourdes. Etwa 6 Millionen Pilger kommen jährlich in das kleine Pyrenäenstädtchen mit der berühmten Heilquelle.

Über 5 Millionen Pilger pro Jahr verzeichnet Fátima, der bekannteste Wallfahrtsort Portugals, wo drei Hirtenkindern Prophezeiungen wie die des berühmten Sonnenwunders verkündet wurden.

Auch das polnische Tschenstochau (Częstochowa) liegt mit etwa 4,5 Millionen Besuchern pro Jahr deutlich über den Pilgerzahlen von Santiago de Compostela. Dort wird das Bildnis der weltberühmten Schwarzen Madonna verehrt, die heiligste Reliquie des Landes.

Die Gemeinde Loreto mit jährlich rund 4 Millionen Besuchern gilt als wichtigster Marienwallfahrtsort Italiens. Der Legende nach trugen Engel im Jahr 1295 das Haus der Gottesmutter Maria von Nazareth nach Loreto. Das als »Heiliges Haus« bekannte Bauwerk bildet heute den Mittelpunkt der Wallfahrtsbasilika.

Als »Lourdes des Ostens« und wichtigster Wallfahrtsort Indiens gilt das im Westen wenig bekannte Velankanni. Jahr für Jahr wird der Marienwallfahrtsort am Golf von Bengalen von mehr als 2 Millionen Pilgern besucht. Um 1600 soll es dort insgesamt drei Marienerscheinungen gegeben haben.

Und auch Deutschland taucht in der Hitliste der größten Marienwallfahrtsorte der Welt auf: Mit mehr als 1 Million Pilgern pro Jahr zählt auch das oberbayerische Altötting das »religiöse Herz Bayerns« mit der Altöttinger Schwarzen Madonna dazu.

Selbst in Afrika gibt es einen Wallfahrtsort, der an Besucherzahlen demjenigen in Nordspanien überlegen ist. Nach Schätzungen pilgern jährlich etwa 500.000 Gläubige in den kleinen Ort Kibeo im Südwesten Ruandas, wo die Gottesmutter drei Mädchen erschienen sein soll.

Vergegenwärtigt man sich diese Massen an Gläubigen, die alljährlich die Wallfahrtsorte besuchen, wird man ein wenig demütig als kleiner Pilger, der gerade mal zwei Wochen auf einem Jakobsweg gelaufen ist. Andererseits aber fühlt man sich auch aufgehoben. Denn man ist nicht allein, sondern Teil einer großen Bewegung, die Menschen auf der ganzen Welt umtreibt.

Weil man sich mit großen Lebensfragen beschäftigen kann

Das Leben ist anstrengend. Ständig will irgendetwas erledigt werden. Es gilt, den Alltag zu bewältigen und Geld zu verdienen. Ein guter Partner zu sein, die Kinder zu erziehen und die Eltern zu betreuen. Daneben Freundschaften und Hobbys zu pflegen. Bei diesem Wust an Aufgaben kommt man oft gar nicht dazu, sich mit den großen Fragen des Daseins zu beschäftigen. Im normalen Alltag hat das keinen Platz. Vielfach erinnern erst Schicksalsschläge daran, sich damit auseinanderzusetzen, was man wirklich will. Oder eventuell sogar nachzuforschen, worin der Sinn des Lebens besteht?!

Doch wie diese Fragen für sich beantworten? Wie macht man das? Alltagsentscheidungen kann man mit Pro- und Contra-Listen lösen oder spontan treffen. Bei Liebesdingen hört man meist auf sein Herz. Aber die wirklich großen Fragen des Lebens?

Grübeln hilft oft nicht weiter – die Gedanken drehen sich im Kreis, und man kommt nicht von der Stelle. Da hilft es, zu Fuß unterwegs zu sein. Das Schöne am Gehen ist, dass die Gedanken sich nicht festhängen können. Als würde es der Bewegung der Füße folgen, fließt auch das Denken stetig weiter. Mal motiviert durch die Außenwelt mit ihren Reizen, mal aus dem Inneren heraus ploppen die Gedanken hoch. Es werden Fragen und Probleme an die Hirnoberfläche geschwemmt, die bearbeitet werden wollen, die vielleicht schon lange in der Tiefe schlummern und sich nun Bahn brechen.

Das Schöne: Im Rahmen des Pilgerns hat man auch Zeit, sich mit ihnen auseinanderzusetzen. Sie nicht wegzudrücken, sondern ihnen Raum zu geben. Denn in der Regel nimmt man sich wenn schon nicht mehrere Wochen, so doch zumindest einen ganzen

Tag, um seinen Anliegen nachzugehen. Außerdem bieten Pilgerwege allein aufgrund ihrer Bestimmung einen geeigneten Rahmen, um sich mit wichtigen Lebensfragen zu beschäftigen. Denn von jeher wurden sie auf der Suche nach Gott und Spiritualität beschritten.

Das Gehen bewirkt ein Übriges. Der Körper ist beschäftigt; der Geist läuft mit und arbeitet sich so ganz nebenbei an seinen Themen ab. Scheinbar lenkt die stetige, gleichmäßige Art der Fortbewegung auch die Gedanken in Bahnen, die sie handhabbarer, geordneter und geradliniger machen. Sie bekommen einen äußeren Rahmen, der sie im Innen in Schach hält.

Hat man einen Gehrhythmus gefunden, passiert auch das Denken automatisch, ohne dass man eingreifen oder steuern muss. Das starre Grübeln lässt sich beim Gehen gar nicht aufrechterhalten; man lässt ein Stück weit los. Und ist dann erstaunt, was man so denkt, wenn die Kontrollmannschaft oben Pause hat. Dabei kommt es schon mal zu Einsichten oder auch Erkenntnissen, die sich einfach richtig anfühlen. Dann wieder stößt man erstaunliche Wahrheiten, gegen die man sich bisher gesträubt hat.

Wie auch immer – auf alle Fälle kommt man ganz tief drinnen bei sich an. Darum ist für die meisten die Pilgerreise tatsächlich eine wichtige Denk-Station auf ihrem Lebensweg.

9. Grund

Weil man eine Mission hat

Im Urlaub ticken die Uhren anders. Denn schließlich sollen die Ferien eine Auszeit sein und darum entspannter und weniger hektisch. Man steht später auf und frühstückt lange. Man schlendert durch die Straßen, anstatt zu hetzen, und macht Dinge, die sonst zu kurz kommen. Gemütlich Zeitung lesen zum Beispiel oder endlich mal wieder die Fotoausrüstung hervorholen, die im Keller verstaubt.

Und um schon rein äußerlich Abstand zum Alltag zu bekommen, fliegen viele Menschen in die Ferne oder fahren weit weg. Meistens dorthin, wo man gut entspannen kann.

Auch beim Pilgern will man entspannen, doch es ist anders als ein normaler Urlaub. Das beginnt schon mit dem Ziel. In der Regel gibt es keinen festen Ort, an dem man bleibt, sondern man wählt eine Strecke, den Pilgerweg. Der eine Distanz darstellt, die man mittels Gehen oder Radeln in einer bestimmten Anzahl von Etappen überwinden will.

Das Pilgern bedeutet automatisch nicht nur den Wechsel des Ortes, sondern betrifft die ganze Urlaubsgestaltung. Im Gegensatz zu Touristen, die Entspannungsrituale pflegen oder sich bewusst dem Müßiggang hingeben, ist man als Pilger aktiv: Man läuft den ganzen Tag. Und das nicht nur auf Wanderwegen fernab, sondern auch in Orten und Städten mitten durch den Alltag der Einheimischen.

Das fand ich zu Anfang meiner Pilgerreisen befremdlich, denn ich war nicht in diesen Alltag eingebunden. Meiner sah anders aus: Wenn andere zur Arbeit gingen, schnürte ich meine Wanderschuhe. Wenn Mütter die Kinder zur Schule brachten, spazierte ich mit dem Pilgerführer durch den Park, und wenn Angestellte mittags einen schnellen Salat im Restaurant aßen, löffelte ich dort in aller Seelenruhe mein Süppchen.

Dachdecker deckten Dächer, Gärtner pflegten Gärten, und Bauern bestellten die Felder, während ich durch diese Alltagswelt pilgerte, ohne Teil davon zu sein. Am Wochenende spazierte ich an Rentnern vorbei, die Hecken schnitten, Familienvätern, die Autos wuschen, und Hausfrauen, die Unkraut zupften. Und obwohl das alles Dinge waren, die ich auch tat, wenn ich zu Hause war, schien mich das alles in dem Moment nichts anzugehen. Ich fühlte mich entkoppelt. Ich bewegte mich in einer Parallelwelt, in der ich mich zunehmend einrichtete und wohlfühlte.

Zu Anfang verspürte ich noch ein schlechtes Gewissen, wenn ich scheinbar unbedarft einer Freizeitbeschäftigung nachging, während andere schufteten. Doch mit der Zeit gelangte ich mehr und mehr zu der Überzeugung, dass ich auch etwas tat.

Für manche ist eine Pilgerreise tatsächlich reiner Geh-Urlaub, aber im Grunde genommen steckt ja mehr dahinter: Wenn man pilgern geht, hat das meist einen Grund, und dieser Grund birgt eine Berechtigung dafür, sich dem Alltag zu entziehen. Man verfolgt eine Mission.

Wie die aussieht, ist für jeden verschieden. Sie kann darin bestehen, sich selbst zu finden, Gott oder dem Sinn des Lebens ein Stück näher zu kommen. Für gläubige Menschen besteht die Mission des Pilgerns mitunter auch darin, für fremdes Seelenheil zu sorgen, wie ich in Österreich feststellen durfte.

Als ich am Arlberg pilgerte, traf ich einen Einheimischen, einen hageren Mann mit wettergegerbtem Gesicht und Wanderstock. Der alte Mann grüßte, und wir unterhielten uns über dies und das. Wir sprachen über das Wetter und darüber, wie der bevorstehende Arlbergpass am besten zu bewältigen sei.

Dass ich pilgerte, konnte man zwar an meiner Muschel erkennen, aber ich wusste nicht, ob mein Gesprächspartner sie gesehen hatte. Umso verblüffter war ich, als wir uns verabschiedeten. Bevor er auf die Almwiesen abbog, bat der alte Mann mich nämlich, für ihn mit zu gehen und am Abend ein Vaterunser zu beten. Er schien vollstes Vertrauen zu haben, dass ich meine Pilgermission ernst nahm und dass mein Gebet für ihn erhört würde.

Irgendwie pilgerte ich von da an anders. Der Glaube daran, dass eine Pilgerreise mehr ist als ein Abenteuertrip, verleiht dem Ganzen eine neue Dimension. Und auch wenn man vorher »einfach nur so« gepilgert ist – in den Momenten, wo man für jemand anderen mitpilgert, verändert sich was. Dann wird man sich der Tiefe und Ernsthaftigkeit einer Pilgerreise bewusst und dass man damit vielleicht eine Aufgabe erfüllt.

Weil man es für einen guten Zweck tun kann

Wenn man nicht einfach nur zur eigenen Erbauung pilgern möchte, kann man sich durch das Gehen auch für karitative Zwecke engagieren. Dabei gibt es die unterschiedlichsten Möglichkeiten, Gutes zu tun:

Man kann politisches Engagement zeigen und auf globale Missstände hinweisen. So geschehen beim Klimapilgern im Jahr 2015, zu dem ein ökumenisches Bündnis aus kirchlichen Institutionen und Verbänden aufgerufen hatte. Auf zwölf Etappen konnte man damals von Flensburg nach Paris laufen und so seine Unterstützung für mehr Klimagerechtigkeit zeigen.

Doch nicht nur Gruppen, sondern vor allem einzelne Pilger machen sich auf den Weg, um Gehen und Gutes tun zu verbinden. Durch ihre Fußreise wollen sie auf Notlagen aufmerksam machen und Spenden für einen wohltätigen Zweck generieren. Die Charity-Pilger engagieren sich in den unterschiedlichsten Feldern: Für eine Seenotrettungsstation im Mittelmeer wird genauso gesammelt wie für Krebsstiftungen; manche pilgern, um Eltern und pflegende Angehörige von behinderten Kindern zu unterstützen, andere spenden an Institutionen, die eine bestimmte Krankheit bekämpfen.

Dann gibt es Menschen, die ihre Pilgerleidenschaft mit einem sehr persönlichen Anliegen verbinden: Sie erbitten finanzielle Unterstützung, um einem lieben Menschen eine teure Therapie oder eine lebensrettende Operation zu ermöglichen.

Unter dem karitativen Pilgern gibt es auch sehr berührende Aktionen wie zum Beispiel »Paulinchens Jakobsweg«. Um Spenden für brandverletzte Kinder zu sammeln, lief ein Mannheimer Feuerwehrmann den französischen Jakobsweg in Einsatzkleidung mit Helm und Atemschutzgerät.

Auch haarsträubende Aktionen findet man, die an die Tradition der mittelalterlichen Bußpilger erinnern. So lief der Deutsche Aldo Berti im Jahr 2017 barfuß von Rügen bis nach Einsiedeln. Über die Alpen ohne Schuhe. Das mag man sich kaum vorstellen, doch der Extrempilger ging 2.000 Kilometer auf nackten Sohlen durch Deutschland und die Schweiz, um Spenden für Kinderhilfsorganisationen zu sammeln. Das Ganze überschrieben als Barfußweltrekord-Charity-Pilgertour.

Doch auch wenn man nicht so extrem pilgern möchte: Sponsorenläufe sind heute gang und gäbe. Viele Menschen spenden gerne, wenn sie sehen, dass andere sich tatkräftig engagieren. Warum also nicht die körperliche Ertüchtigung mit einem guten Zweck verbinden?

11. Grund

Weil man mal wieder in die Kirche geht

Mal ehrlich, wann sieht man die Kirche von innen? Zu Weihnachten? Zur Hochzeit der besten Freundin? Zur Taufe des Patenkindes? Zur Konfirmation des Neffen?

Das sind zumindest bei mir die wenigen Anlässe, bei denen ich die heiligen Hallen betrete. Nicht weil ich grundsätzlich was gegen Kirchen hätte. Doch irgendwie hat man sonntagmorgens immer was Besseres vor: Die Sonne scheint – da muss man unbedingt mal wieder joggen gehen. Die Freunde haben zum Brunch geladen, oder das Familienfrühstück ist gerade so gemütlich.

Doch beim Pilgern ist alles anders. Da fällt es plötzlich gar nicht mehr so schwer, in die Kirche zu gehen. Zum einen, weil man auf den Pilgerstrecken fast automatisch an Gotteshäusern vorbeikommt. Das allein verführt dazu, zumindest mal die Klinke runterzudrücken und zu probieren, ob die Kirche geöffnet ist. Und im positiven Fall einen Blick hineinzuwerfen.

Ein weiteres Argument, in die Kirche zu gehen, ist der Stempel – die Wanderplakette des Pilgers! Oftmals liegen diese kleinen Druckwerkzeuge im Foyer aus; manchmal in Kombination mit einem Pilgergästebuch. Spannend ist dann nicht nur das Konterfei des Stempels, sondern auch zu schauen, wer sonst noch so unterwegs ist. Und manchmal tritt man einfach aus einem Impuls heraus über die Kirchenschwelle und schreitet dann andächtig durch den Mittelgang. Warum auch immer – für viele Pilger fungieren Kirchen als Ankerpunkte ihrer Route.

Auch für mich gehört es dazu, beim Pilgern in die Kirche zu gehen. Und erstaunlicherweise hat dieser Besuch eine andere Wirkung, als wenn ich meine Heimatkirche betrete. Zu Hause ist alles vertraut, die Kirchen auf dem Pilgerweg sind fremd. Darum nimmt man sie per se schon mal anders wahr, ist aufmerksamer. Vielleicht hat man auch im Führer darüber gelesen. Man ist neugierig auf die beschriebenen Schätze und bestaunt Statuen, Bilder und Altar.

Auch die Funktion der Gotteshäuser ist anders als zu Hause. In der Heimat besuche ich die Kirche, um einem Gottesdienst beizuwohnen; in der Regel mit vielen anderen Menschen. Da sind Kirchen vor allem Orte, in denen bestimmte Riten und Gebräuche praktiziert werden und in denen man sich gemeinschaftlich zum christlichen Glauben bekennt. Beim Pilgern hingegen gibt es sehr viele private Kirchenmomente. Gerade in kleinen Orten ist man oft der einzige Besucher und kann seinen Aufenthalt individuell gestalten.

Kirchen am Pilgerweg sind auch schützende Orte, in denen man entspannen kann. Da gibt es dann eine Welt draußen und eine Welt drinnen. Draußen geht man seinen Weg und setzt sich mit dessen Widrigkeiten auseinander. Mit Wind und Wetter, mit körperlichen Befindlichkeiten und Bedürfnissen. In der Welt drinnen wechselt der Fokus, verlagert sich vom Außen zum Innen. Man horcht in sich hinein.

Schlüpft man beim Pilgern in eine Kirche und lässt sich in den Bänken nieder, nimmt man sofort die Stille wahr, die dort herrscht. Die ruhige, feierliche Atmosphäre legt sich wie ein Mantel um den Körper, man spürt die Kraft des Ortes. Wer weiß? Vielleicht ist man Gott dort ein wenig näher als anderswo?

2. Kapitel

Das Setting

Weil man den Tag
in seinem Verlauf erlebt

Wann – bitte schön – ist man schon mal den ganzen Tag über draußen? Außer man legt den Garten neu an, arbeitet als Förster, macht eine Rad- oder Wanderreise.

Wenn man pilgert, richtig. Denn zwangsläufig muss man sich draußen bewegen, wenn man die Distanz zum Etappenziel überwinden will. Für viele ein ganz neues Erlebnis.

Man wandelt durch die Landschaft, freut sich darüber, unterwegs zu sein und nicht zu wissen, was hinter der nächsten Kurve liegt. Und genießt das größte Privileg überhaupt: sich Zeit zu nehmen, um den Tag in seinem Verlauf zu erleben. Den Morgen, wenn die Sonne aufgeht, den Mittag, wenn sie leuchtet, den Abend, wenn sie untergeht. Und all die Stunden dazwischen.

Ein unglaublicher Luxus, wenn man sich das klarmacht: Man darf den ganzen Tag draußen sein! Kein Papierkram, der an den Schreibtisch zwingt, kein Putzplan, der ins Haus verbannt. Man spaziert durch die Welt und genießt die frische Luft, die Gerüche, Farben und Geräusche.

Es fühlt sich an, als würde man durch einen Naturfilm laufen, eine Kulisse, die man mit jedem Schritt neu und vielfältig erlebt. Wie schön es doch da draußen ist!

Ich habe festgestellt, dass das Naturerlebnis proportional zur Dauer des Gehens steigt. Will heißen: Je länger ich in der Natur unterwegs bin, desto intensiver erlebe ich sie. Und umso mehr habe ich in Folge das Gefühl, den Tag auch wirklich ausgeschöpft zu haben.

Auf dem Pilgerweg Loccum-Volkenroda erlebte ich einmal, wie es ist, rund um die Uhr unterwegs zu sein; am Abend verspürte ich ein Gefühl der Erfülltheit wie selten zuvor.

Ich war schon frühmorgens um sechs in Bodenwerder losgelaufen. Der Zauber der frühen Morgenstunde liegt darin, dass außer
frühen Gassigehern noch niemand unterwegs ist. So hatte ich die
Altstadt mit den netten Fachwerkhäusern und die Weser fast für
mich. Beobachtete, wie sich minütlich der Morgennebel lichte-
te und Stück für Stück den Blick auf den ruhig dahinfließenden
Strom freigab. Für diese unvergleichliche Atmosphäre hatte ich
das Touristenprogramm geopfert: Ein Besuch des Münchhausen-
Museums (denn hier in Bodenwerder hatte der »Lügenbaron«
gelebt) und seine Begräbnisstätte in der Klosterkirche St. Marien
Kemnade. Dafür erwartete mich ein unvergleichlicher Blick, als
ich wenig später zur Königszinne hochlief, einem Aussichtspunkt
hoch über der Stadt. Von dort aus hatte man einen wunderbaren
Blick ins Wesertal. Dann stapfte ich durch den Wald. Auch der ist
morgens besonders, finde ich. Er riecht würzig nach Erde und Laub
und fühlt sich frisch und angenehm kühl an.

So schritt ich weiter durch den Tag. Legte eine spätmorgendliche
Kaffeepause auf einer Caféterrasse ein und setzte dann meinen Weg
entlang alter Schienen fort. Im gleißenden Sonnenlicht kam ich
mir vor wie ein Cowboy, der auf seinem unergründlichen Weg ins
Nirgendwo an alten Bahngleisen entlangläuft.

Die größte Mittagshitze verbrachte ich in der Kirche in Kirchbrak,
dann setzte ich meinen Weg über den Vogler fort. Ein harmloses
Waldgebiet, wenn man nur flüchtig auf die Karte schaute, aber bei
genauerer Betrachtung ein kleines Mittelgebirge mit einer durchaus
nennenswerten Erhebung von 460 Metern Höhe. Eine schweißtrei-
bende Angelegenheit, die aber auf einem Aussichtsturm gipfelte, der
einen überwältigenden Blick auf das Weserbergland bot.

Dann ging's an den Abstieg – es war mittlerweile schon Nachmittag geworden. Die Luft wurde kühler, die schlimmste Mittagshitze war vorbei.

In den Abendstunden erreichte ich dann das Kloster Amelungs-
born, mein Etappenziel. Hier gab es einen wunderbaren Garten,

in dem man die Abendsonne genießen konnte. Mit Blick auf die Kräuterbeete ließ ich den Tag Revue passieren. Ich hatte verfolgt, wie sich das Licht im Laufe des Tages veränderte, von der aufgehenden Sonne bis hin zu langen abendlichen Schatten. Ich hatte die Temperatur der Luft gespürt. Hatte erlebt, wie sich die morgendliche Frische in mittägliche Hitze, dann in milde Wärme und schließlich in angenehme Kühle wandelte. Hatte immer wieder neue, frische Farben gesehen.

Zwar war es anstrengend gewesen, denn ich war viel gelaufen, doch ich hatte das befriedigende Gefühl, den Tag in all seinen Facetten erlebt zu haben.

13. Grund

Weil man seine Heimat neu entdeckt

Mit meinem ersten Pilgerweg habe ich nicht angegeben. Ich habe nicht jedem davon erzählt. Eigentlich nur denjenigen, die es wissen mussten, da ich für einen Tag nicht erreichbar sein würde. Genauer gesagt: Ich erzählte nur meinem Mann, dass ich von Herford nach Bielefeld pilgern würde. Eine Strecke, die man normalerweise bequem in zwanzig Minuten mit dem Auto zurücklegen kann, sodass es keinen guten Grund gibt, sie freiwillig zu Fuß zu laufen. Außer man will das Pilgern mal ausprobieren. So wie ich. Und von Herford nach Bielefeld führte der nächstgelegene Jakobsweg, sozusagen ein heimatliches Übungsterrain.

Start war an der Jacobikirche in Herford. Schon von außen deutete eine goldene Muschel darauf hin, dass es sich um eine Pilgerkirche handelt; drinnen wurde dies belegt durch die Darstellung drei rastender Pilger im sogenannten Brudtlachfenster. Aha. Noch nie gesehen. Weder hatte ich gewusst, dass dies eine Pilgerkirche war, noch dass es hier ein besonderes Fenster gab. Das war bisher nicht mein Fokus gewesen. Um ehrlich zu sein, hatte ich die Kirche auch noch nie von innen gesehen.

Als ich sie betrat, wurde ich von einer netten Frau begrüßt, die dort den nächsten Gottesdienst vorbereitete. Sie führte mich sofort zu einem Pilgerbuch. Ein Pilgerbuch! Auch davon hatte ich noch nie was gehört, aber anscheinend trugen sich die vorbeiziehenden Pilger dort ein. Und tatsächlich hatten das schon einige vor mir getan. Ich war erstaunt. Erst durch Zufall war ich überhaupt darauf gestoßen, dass es hier einen Jakobsweg gab, aber dass schon etliche vor mir ihn begangen hatten, verblüffte mich vollends. Es gab eine Pilgerszene, von der ich nicht einmal etwas geahnt hatte! Sowohl die Kirche als auch der Weg erschienen mir plötzlich in einem anderen Licht.

Doch dann ging es los mit dem Gehen. An einem Straßenschild- pfosten klebte die erste gelbe Muschel auf blauem Grund – hier wie in Spanien der Wegweiser des Pilgers.

Ich passierte das Finanzamt, Brax und die Eisbahn, lief durch eine Siedlung und tauchte unter der B61 hindurch. Dann wurde es ländlich. Felder mit weißem Kohl säumten den Weg, daneben grüne Rüben mit rotem Klatschmohn drin. Ich staunte. Auch so konnte man von Herford nach Bielefeld kommen? Wahrscheinlich nicht der kürzeste Weg, aber sehr idyllisch. Dann kam ein kurzes Waldstück mit Teich – noch nie gesehen, und ehrlich gesagt wusste ich zu dem Zeitpunkt auch nicht mehr, wo ich war. Definitiv hatte das nichts mehr mit der Hauptverkehrsachse zu tun, die die Kreis- stadt Herford mit dem Oberzentrum Bielefeld verbindet. Aber es war spannend, die kleinen Wege und Straßen und ihre Besonder- heiten zu entdecken. Da gab es zum Beispiel eine lila Bank mit weißem Schriftzug, »Muh«, oder eine Sitzecke mit Holzschlitten.

Erstaunlicherweise hatte man auch der Pilger gedacht. Denn als ich an einem Haus mit Windspielen und Vogelhäuschen vorbei- kam, sprang mir eine Tafel vom bemalten Garagentor entgegen: »Dem Pilger auf dem Weg: Jeder Garten ist nicht Eden. Jedes Glas ist nicht voll Wein. Jeder aber soll für jeden jederzeit ein Engel sein. James Krüss«.

Wie viele Pilger, bitte schön, liefen denn hier her, sodass sich solch ein außergewöhnliches Schild lohnte? War da etwas an mir vorbeigegangen?

Dann kam die Engerstraße. Die Straße, auf der ich normalerweise mit dem Auto nach Bielefeld fahre. Nun aber ging ich sie zu Fuß. Das fühlte sich merkwürdig an. Sehr merkwürdig und irgendwie falsch. Ich hatte das Gefühl, dass alle Autofahrer mitleidig lächelnd an mir vorbeifuhren. Welcher Idiot läuft schon freiwillig an einer Hauptverkehrsstraße entlang?

Zum Glück wurde es bald wieder ländlich: Blumen, Gemüse und Kräuter gediehen auf den Feldern rechts und links. Eine Gärtnerei. Ein riesiges Areal. Müsste ich die kennen?

Am Obersee stimmte es dann wieder. Nicht nur ich ging da zu Fuß, sondern auch viele andere bewegten sich laufender- oder spazierenderweise fort. Obwohl … die Muschel machte mich schon ein bisschen zum Außenseiter. Ich erntete so manch verwunderten Blick. Pilger erwartete man nicht im örtlichen Naherholungsgebiet. Selbst das Etappenziel, die Kirche, fühlte sich anders an. Es war nicht einfach nur eine Kirche, sondern ich hatte auch gleich einen Fokus: Vielleicht bekam ich hier einen Stempel?

Doch leider war sie verschlossen; sodass ich statt auf dem Kirchengestühl auf den bunten Bänken davor rastete. Ich sah mich um. Die Kirche hatte ich schon oft gesehen. Schräg gegenüber lag die Eisdiele, in der der italienische Kellner alle Damen so nett mit »Signora« anredete. Aber hier, auf dem Vorplatz der Kirche, war ich noch nie gewesen. Schon gar nicht mit Rucksack und Muschel hinten drauf.

Das schien die Wahrnehmung komplett zu verändern. Plötzlich sah ich ganz andere Dinge: die hölzerne Kirchentür, die Sandsteinfassade, die hohen Fenster mit den gotischen Bögen. Und es war auch keine normale Kirche, sondern mein Etappenziel für heute.

Dadurch bekam sie eine ganz besondere Bedeutung. Mein erstes Etappenziel!

Ich bin später noch oft im Auto an der Kirche vorbeigekommen. Doch nie bin ich vorbeigefahren, ohne mich an die Verwunderung und das Staunen zu erinnern, die mich erfassten, als ich merkte, dass ich meinen Pilgerblick entdeckt hatte.

14. Grund

Weil man auf den Spuren von Heiligen wandelt

Als ich anfing zu pilgern, war mir nicht bewusst, dass es außer den Jakobswegen noch etliche andere europäische Pilgerwege gibt, die Heiligen gewidmet sind.

Doch je tiefer ich in die Materie einstieg, desto mehr interessante Alternativen entdeckte ich zu den *caminos*.

In Norwegen zum Beispiel gibt es den Olavsweg. Der Hauptweg startet in Oslo und führt zum Nidarosdom in Trondheim, der Grabstätte des heiligen Königs Olav. Schon im Mittelalter war dies eines der wichtigsten Pilgerziele Skandinaviens.

In Italien kann man auf den Spuren des heiligen Franz von Assisi nach Rom gehen, um dort die Geburts- und Grabesstätte des Begründers des Franziskanerordens zu besuchen.

Der Paulusweg in der Türkei ist dem Apostel Paulus gewidmet. Er führt vom Mittelmeer über die anatolische Hochebene bis zur heiligen Stadt Antiochia in Pisidien, wo Paulus missionarisch gewirkt haben soll.

Auf dem Benediktweg wandelt man auf den Spuren des Ordensgründers Benedikt von Nursia von Spital am Pyhrn in Österreich bis nach Gornij Grad in Slowenien. Aus diesem Ort nämlich machte sich eine Gruppe von Benediktinermönchen auf den Weg, um das Stift St. Paul in Kärnten, das 1789 auf Geheiß des Kaisers geschlossen werden sollte, wiederzueröffnen.

Daneben gibt es Pilgerwege, die den Spuren von Heiligen folgen, aber keinen eindeutigen Verlauf haben. Auf dem Martinsweg beispielsweise läuft man quer durch Mitteleuropa von Szombathely in Ungarn, dem Geburtsort des heiligen Martin, bis hin zu seiner Grabstätte nach Tours in Frankreich. Doch Pilger können verschiedene Strecken laufen, denn der heilige Martin gelangte nicht direkt in einem Stück von Ungarn nach Frankreich, sondern war auch in Slowenien und Italien unterwegs.

Der wohl kürzeste europäische Pilgerweg ist ein irischer. Der »Tochár Phadraig Pilgrim Walk« ist nur 35 Kilometer lang und führt von der Kirche Ballintubber Abbey zum 762 Meter hohen Berg Croagh Patrick. Oben steht eine Statue des Nationalheiligen St. Patrick, der hier auf dem Berg fastete, die Nähe zu seinem Gott im Gebet suchte und die Dämonen in Form von Schlangen vertrieb.

Was es so besonders macht, auf den Wegen von Heiligen zu pilgern? Allein durch die Bezeichnungen identifiziert man sich ein Stück weit mit den Namensgebern. Meist bekommt man im Pilgerführer einen Einblick in das Leben und die Geschichte dieser besonderen Persönlichkeiten und hat sofort Bilder im Kopf. Sieht vor sich, wie König Olav auf einsamen Wegen durch das wilde Norwegen stapfte, wie die Benediktinermönche über Berg und Tal von Österreich nach Slowenien liefen. Man versucht sich vorzustellen, was es für die Heiligen wohl bedeutet haben mochte, zu pilgern, welche Entbehrungen sie dafür auf sich nahmen und wie sie sich dabei fühlten.

Wenn man dann auf dem Weg noch mit besonderen Kirchen und Stätten in Berührung kommt, die den Heiligen gewidmet sind, taucht man immer mehr ein in faszinierende alte Welten.

Weil man Orte kennenlernt, die man sonst nie freiwillig besucht hätte

Ich war nicht darauf vorbereitet gewesen, denn eigentlich hatte alles ganz gut angefangen. Ich wollte auf dem Weg der Jakobspilger nach Wuppertal laufen und war von Münster aus gestartet. Es hatte eine idyllische Strecke am Hiltruper See gegeben, durch schattige Eichen-Hainbuchen-Wälder, durch das nette, kleine Rinkerode, vorbei an alten Fachwerkscheunen, an einem imposanten Wasserschloss. Dann über den idyllischen Kirchplatz von Werne und am Cappenberger See entlang.

Gut, der Datteln-Hamm-Kanal bei Lünen hatte es schon angedeutet, und das Teilstück nach Dortmund ließ erahnen, dass der Weg nicht immer nur schön sein würde.

Aber dann hatte es ja den Rombergpark gegeben, den Dortmunder Stadtforst und schließlich die Burganlage Hohensyburg, von der man einen atemberaubenden Blick ins Sauerland hatte. Und dann war ich am Hengsteysee entlanggelaufen und durch die nette Altstadt von Herdecke.

Doch spätestens am Rangierbahnhof Hagen-Halle wurde klar, dass die Idylle nicht ewig währt. Der Blick auf über 50 Gleise, auf denen täglich mehrere Tausend Güterwagen zu neuen Zügen zusammengestellt werden, zeigte, dass hier wirtschaftliche Belange über die Erhaltung der Natur dominierten. Dies äußert sich oftmals in Form von schmutzigen Fabrikhallen, hässlichen Industriebauten oder eben einem monströsen Schienennetz. Einerseits war die Anlage beeindruckend, doch andererseits ist der Weg über einen Güterbahnhof keine Pilgerstrecke par excellence. Das reißt einen erst mal raus aus dem Gehen. Doch es wurde noch schlimmer.

Denn auch Orte, an denen sich viele Menschen aufgrund wirtschaftlicher Gegebenheiten niederlassen, zählen nicht immer zu den schönsten. Dies traf auch auf Hagen-Haspe zu, das ich kurz darauf erreichte. Der Vorort von Hagen wurde durch die Hasper Hütte geprägt, ein Stahlwerk, das 1982 stillgelegt wurde. Obwohl in grüne Wald- und Feldstücke eingebettet, ist das kleine Örtchen an der Ennepe derart hässlich, dass ich da eigentlich nur noch weg will. Sofort fällt mir angesichts der schmutzigen Fassaden, der marode wirkenden Häuser und der trist-grauen Stimmung der Spruch ein: »Da will man nicht tot über dem Zaun hängen.« Und obwohl das Wegstück durch den Ort nur kurz ist, fühle ich mich total ernüchtert, ja fast deprimiert, als ich es durchquere. Selbst die Menschen scheinen lustlos und müde, die Atmosphäre ist bedrückend. Da hilft es auch nicht zu wissen, dass der Vorort durchaus eine gewisse Berühmtheit erlangt hat, denn hier wird der überregional bekannte Doppelwachholder (sic!) »Hasper Maggi« gebrannt. Außerdem weiß der Pilgerführer, dass in Hagen-Haspe die Zwiebackfirma Brandt gegründet wurde.

Mit einem Kaffee in einer Bäckerei versuche ich, meine Stimmung ein wenig aufzuhellen, aber das nützt nichts. Es ist, als würde sich die Trostlosigkeit dieses Ortes wie ein Film auf die Haut legen; auch durch Koffein lässt sie sich nicht abschütteln. Da bleibt nur eins: schnell aufbrechen und weiter. Doch letztendlich gehören auch solche Abschnitte dazu. Denn ohne diesen Ort, den ich als so hässlich empfand, hätte ich auch nicht die Schönheit wertgeschätzt, die mich gleich darauf wieder umfing.

Als ich nach der Strecke durch Hagen-Haspe weiter aufstieg im Ennepetal, lief ich nämlich stundenlang durch ein idyllisches Waldstück im Naturschutzgebiet. Der Weg nach Gevelsberg führte mich vorbei an diversen »Köpfen«, das heißt kleinen Bergkuppen, die ich in großen Schleifen umrundete. Das Laub raschelte unter meinen Füßen, die Vögel sangen, und es gab nette Rastbänke am Weg. Was will man mehr? Die schöne Strecke durch den Wald machte die ernüchternde Erfahrung von Hagen-Haspe sofort wieder wett. Hier oben gab es sogar einige Aussichtspunkte, von denen man einen fantastischen Blick ins Tal hatte. Und, was soll ich sagen? Von hier oben war Hagen-Haspe irgendwie gar nicht so schlimm.

16. Grund

Weil man Völker besucht, von deren Existenz man nicht mal was ahnte

Um es gleich vorwegzunehmen: Ich war weder im tiefsten Amazonien noch auf Papua Neuguinea. Und auch an keinem anderen Ort der Welt, wo man exotische, unbekannte Völker vermuten würde. Wir pilgerten einfach auf dem Ökumenischen Pilgerweg in Sachsen. Und obwohl Deutschland mein Heimatland ist, erfuhr ich hier von einem Völkchen, dessen Existenz mir bis dato vollkommen verborgen geblieben war.

Schon gleich auf der zweiten Etappe wurden die Straßenschilder zweisprachig. Neben den deutschen Bezeichnungen gab es plötzlich unaussprechliche Aneinanderreihungen von Buchstaben, auf denen oft ein Häkchen oder ein Akzent thronte. Solche Schriftzeichen hatte ich noch nie gesehen. Ich tippte auf Polnisch, wurde dann aber aufgeklärt, dass es sich um die sorbische Sprache handelt. Sorben? Nie gehört.

Ich blätterte im Führer. Da stand was über ein altes slawisches Völkchen, das schon 1.500 Jahre alt war und eisern an seinen Traditionen und Bräuchen festhielt. Auch heute gibt es noch um die 60.000 Sorben, von denen jedoch nur 20.000 bis 30.000 aktiv die sorbische Sprache sprechen. Dennoch gelten sie als eigenständige nationale Minderheit und haben nicht nur eine offiziell anerkannte Flagge, sondern auch eine eigene Hymne, es gibt sorbische Zeitungen und einen sorbischen Rundfunk. Ferner zweisprachige Schulen, in denen auf Sorbisch unterrichtet wird. Sieh an!

Bautzen beziehungsweise »Budšin«, wie es auf Sorbisch heißt, outete sich dann als kulturelles Zentrum der Sorben. Hier gab es nicht nur Restaurants, in denen man sorbisch essen konnte, sondern auch ein sorbisches Museum sowie ein sorbisches Nationalensemble. Später lernte ich, dass es in Leipzig sogar ein Institut für Sorabistik gibt, in dem Sorbischlehrer ausgebildet werden, zudem ein Sorbisches Institut mit Bibliothek und Kulturarchiv.

Ein durchaus präsentes und lebendiges Völkchen also, von dem ich aber noch nie was gehört hatte. Dennoch war ich beeindruckt, dass diese nationale Minderheit sich so wacker geschlagen und seine Kultur allen Unterdrückungstendenzen zum Trotz über die Jahrhunderte gerettet hatte. Nun wollte ich sie aber auch sehen!

Gut, eine Pilgerreise ist kein Touristentrip. Darum fiel der Besuch von Theater und Museum flach – das kollidierte mit dem Tagesrhythmus des Pilgers.

In Bautzen wurde es somit nichts mehr mit den Sorben, aber als wir nach Kamenz einliefen, wurden wir Zeuge einer sorbischen Hochzeit. Mit Kutsche und Menschen in alten Trachten fuhr ein Pferdegespann über die Straße. Ich freute mich, als hätte ich in der Lotterie gewonnen.

Es waren nicht die Sorben an sich, die mich so faszinierten. Letztendlich hatte ich ja nur einen kurzen Blick in die Kultur erhascht. Das eigentlich Spannende war, ganz ahnungslos über ein kleines altes Völkchen inmitten des zivilisierten Deutschlands gestolpert zu sein.

Gut. Hätte ich meine Hausaufgaben gemacht und den Führer gelesen … Aber das ist ja nur der halbe Spaß. Solche unerwarteten Entdeckungen machen einen Pilgerweg besonders.

Weil das Wetter irgendwann egal ist

Wetter ist ja irgendwie immer. Und das ist mal gut und mal schlecht. Erst scheint die Sonne, dann verdunkeln Wolken den Himmel, dann regnet es. Und das in unvorhersehbarer bunter Folge. So ist das eben mit dem Wetter.

Wenn man eine Zeit lang gepilgert ist, wird diese Freiluftkulisse immer unbedeutender. An einem Pilgertag ist es schön, an einem anderen weniger. An einem ist es trocken, am anderen nass. Man nimmt es, wie es kommt, denn das Wetter ist nicht der Hauptfokus. Man pilgert schließlich nicht, um schön braun zu werden oder mit beeindruckenden Urlaubsfotos zu prahlen, sondern weil man laufen will. Und da ist das Wetter eine Begleiterscheinung wie andere auch. Man geht das Ganze pragmatisch an und arrangiert sich.

Morgens schaut man hinaus in den Himmel und übt sich in einer Wetterprognose. Je nachdem wie die ausfällt, zieht man die Regenklamotten gleich an, packt sie oben in den Rucksack oder lässt sie unten stecken. Und regt sich nicht weiter auf, denn ändern kann man's ja sowieso nicht. Und für den Prozess des Laufens und In-sich-Gehens hat es auch keine entscheidende Bedeutung. Im Gegenteil: Manchmal kann richtig schlechtes Wetter auch ungeahnte Erlebnisse und Erkenntnisse befördern. Wie in Spanien.

Wir pilgerten in Küstennähe, als uns eine böse Schlechtwetterfront erwischte. Beim morgendlichen Milchkaffee war es noch grau, aber trocken. Als wir aufbrechen wollten, fing es leicht an zu tröpfeln. Zeit für das Regenequipment also.

Im Nieselregen loszulaufen macht nicht richtig viel Spaß, ist aber auch nicht weiter schlimm. Das drückt etwas auf die Stimmung, ist aber kein Grund, sich den Tag vermiesen zu lassen. Deswegen plant man keinen Ruhetag oder legt die Strecke mit dem Bus zurück. Der Pilgerethos will, dass man geht. In guten und in schlechten Zeiten.

Also macht man das, was man jeden Morgen aufs Neue tut: Man setzt einen Fuß vor den anderen.

Doch an diesem Tag war der Wettergott recht garstig; nach dem anfänglichen Nieseln ließ er alle Facetten von Feuchtigkeit auf uns niederprasseln. Von gemäßigtem Landregen über harte, schnelle Schauer bis hin zu peitschenden Sturmböen und Gewitterregen. Da kommt man dann schon ins Grübeln, ob es eine weise Entscheidung war, vom Dorf weg und auf die einsame Landstraße zu stapfen, die so gar keinen Schutz vor den stürzenden Wassermassen bot.

Zuerst zieht man den Kopf ein, als könnte man sich so vor der Sintflut schützen, dann flucht man, weil das natürlich unmöglich ist. Und irgendwann gibt man auf. Das ist der eigentlich spektakuläre, der erlösende Moment, denn dann wird's lustig. Du bist nass? So what? Jeder ist nass. Durch alle Schichten und bis auf die Haut. Das ist der Augenblick, wo schiere Verzweiflung in ausgelassene Albernheit umschlägt, wo man noch mal extra in die große Pfütze springt, weil es egal ist! Schlimmer geht's nicht, denn nasser kann man nicht werden.

Nie werde ich den Moment vergessen, als Maria ihren Poncho ausbreitete, als hätte sie Flügel, das Gesicht zum Himmel hob und lachte! Sie schüttelte sich vor Lachen und konnte gar nicht wieder aufhören. Sie lachte, weil sie keinen trockenen Faden mehr am Leib trug und weil das Wasser in ihren Wanderschuhen so hoch stand, dass jeder Schritt darin laut quatschte. Weil alles so grotesk war und wir das ganze Szenario freiwillig gewählt hatten.

Nie wären wir auf die Idee gekommen, umzukehren. Denn irgendwie gehört es dazu, auf einer Pilgerreise auch mal tüchtig nass zu werden – schließlich ist das ja keine Spaßveranstaltung!

Nein, im Ernst. Ich finde, alles gehört dazu, wenn man sich auf den Weg macht. Komische Typen, unfreundliche Kellner, schmutzige Herbergen, überteuertes Essen und auch schlechtes Wetter! Was sollte man auch sonst zu Hause erzählen? Gerade diese negativen Erlebnisse machen die Pilgererfahrung so vielschichtig, so intensiv. Das fühlt sich echt an und bleibt im Gedächtnis.

Weil es über Berg und Tal geht

Eigentlich, so könnte man meinen, ist es egal, welchen Weg man nimmt. Denn beim Pilgern geht es ums Gehen. Und die Selbsterfahrung, die man macht – sei es mit den eigenen Grenzen oder mit der Spiritualität –, hängt nicht unbedingt davon ab, wo man herläuft. Auch außergewöhnliche Begegnungen oder Herbergen sind nicht an die Pilgerstrecke gekoppelt. Und dennoch haben die Beschaffenheit des Wegs und die Landschaft einen Einfluss darauf, wie man das Gehen wahrnimmt und was in Erinnerung bleibt.

Ein besonderer Reiz des Pilgerns besteht natürlich darin, einen schönen Weg zu laufen. Dort unterwegs zu sein, wo andere Urlaub machen. Der Münchner Jakobsweg durchs Allgäu ist solch eine Strecke oder der österreichische Jakobsweg, der durch die Alpen führt. Dort stellt sich dann unweigerlich neben der Lust am Pilgern ein Feriengefühl ein. Selbst wenn das Gehen mit schwerem Rucksack in den Bergen recht schweißtreibend sein kann, machen das Panorama und die idyllische Kulisse die Anstrengung wieder wett.

Besonders eindrücklich erlebte ich dies in der Schweiz, als ich auf dem Thurweg pilgerte. Eigentlich sollte man meinen, dass ein Weg am Fluss entlang eben ist; nicht so jedoch bei der Thur. Zumindest nicht die ganze Zeit. Nach dem ersten flachen Abschnitt im Toggenburger Land galt es, einige Schluchten zu überwinden, was sich in etlichen Auf- und Abstiegen niederschlug. Die beschauliche Wanderung bekam den Charakter einer anstrengenden Bergtour, die nicht nur Trittsicherheit, sondern auch Kondition erforderte. Dies ist bei einer Außentemperatur von über 30 Grad nicht gerade das, was man sich unter einem gemütlichen Pilgertag vorstellt. Aber letztendlich war die Tour jeden Tropfen Schweiß wert, denn die Landschaft toppte alles.

Schon morgens der Start in Wildhaus bot ein unvergleichliches Panorama von Churfirsten und Säntis. Das Bergmassiv begleitete den Weg, doch irgendwann hatte ich nicht mehr die Muße, es zu betrachten, denn je näher ich dem Etappenziel Wattwil kam, desto anspruchsvoller wurde die Strecke.

Es ging mal neben der Thur her, dann oben drüber; ich lief über steinige Wege und knorrige Wurzeln, Treppenanlagen und kleine Brücken. Die Wanderung glich einem Abenteuertrip, denn ständig ging es rauf und runter, und man wusste nie, welche Steigung, Stufen oder schmalen Pfade oder Aussichten sich hinter der nächsten Ecke verbargen. Mal wand sich der Fluss durch dicke Felsbrocken, dann wieder stürzte er tosend und schäumend in die Tiefe. Ständig gab es unerwartete Blicke aufs Wasser, auf idyllische Kiesstrände und Bäume, deren Äste tief im Wasser hingen.

Ich konnte nicht umhin, immer wieder innezuhalten, um die stetig wechselnden, überraschenden Eindrücke des Flusses in mich aufzunehmen und zu fotografieren, doch eigentlich hatte ich keine Zeit dazu. Denn das Abendessen im Kloster war für sechs Uhr angesetzt; wenn ich pünktlich dort sein wollte, musste ich ordentlich Strecke machen. Ein bisschen ärgerte ich mich über mich selbst, da ich wieder mal das Höhenprofil nicht ernst genommen hatte und meine Zeitplanung darum ziemlich daneben war.

Doch irgendwann beschloss ich, in den Pilgermodus umzuschalten und mich zu entspannen. Ich würde das mit dem Abendessen irgendwie hinkriegen – oder auch nicht. Auf alle Fälle galt es jetzt, die wunderbare Kulisse zu genießen, die ich durchlief. Ich ging langsamer, schaute mich in Ruhe um, machte Pause, spürte wieder den Boden unter den Füßen, sah die Sonne auf der Thur tanzen und hörte das Strömen des Wassers. Und fühlte mich wunderbar dabei.

Auf einmal waren die vielen Steigungen und Abstiege auch gar kein Problem mehr, denn das alles gehörte dazu und machte den Reiz der Strecke aus. Ich war rundum zufrieden mit diesem wunderbaren Weg und empfand im Gegenteil meine Anstrengung als gerechten Preis für die einmaligen Ausblicke.

Das mit dem Abendessen hätte ich natürlich nicht mehr geschafft. Doch wie sich alles auf dem Pilgerweg fügt, so auch dieses Mal: Als ich in den nächsten Ort kam, fuhr dort ein Bus, der wenige Hundert Meter vor dem Kloster hielt. Um halb sechs, sodass ich es sogar noch schaffte, vor dem Abendessen zu duschen!

19. Grund

Weil man durch große Städte und kleine Dörfer läuft

Beim Pilgern hat man ja alles. Landschaft, Gegend, Dörfer, große und kleine Städte. Besonders den Städten entkommt man nicht, da Kirchen ein zentrales Element der Pilgerreise darstellen und diese sich nun mal meistens in größeren Orten befinden. Keine guten Voraussetzungen für einen schönen Weg, könnte man meinen, denn Städte bedeuten Straßen.

Und auf Straßen oder Bürgersteigen zu laufen macht nur bedingt Spaß. Pilgert man durch große Städte, potenziert sich das Ganze, denn die Asphaltwüsten wollen oftmals in Gänze durchquert werden. Das bedeutet unter Umständen kilometerlange, nicht enden wollende Straßenschluchten, die recht viel Langmut und Liebe zur Sache erfordern.

Doch zum Glück stellen nicht alle Metropolen solch eine harte Prüfung für den Pilger dar. Es gibt Ausnahmen, bei denen es Spaß macht, durch die Stadt zu laufen. Das ist beim Pilgern durch Hamburg der Fall. Denn auf der »Via Baltica« durch die Metropole passiert man verhältnismäßig wenige Straßen, dafür aber viele schöne Flusslandschaften und den Elbstrand.

Schon wenn man sich dem Stadtgebiet von Norden nähert, erlebt man eine angenehme Überraschung. Denn entgegen aller Erwartungen wird man nicht über eine seelenlose Straße in die zweitgrößte Stadt Deutschlands geleitet, sondern über den schönen Alsterwanderweg. Im weiteren Verlauf läuft man durch Laubwald im Alstertal, man passiert Naturschutzgebiete und Parks. Nach Ohlsdorf wird's noch mal städtisch; doch bald darauf folgt man dem rechten Elbufer flussabwärts. Es geht über Panoramawege mit tollem Blick auf die Hafenanlagen, durch Grünanlagen und über den Altonaer Balkon. Auf dem Elbuferweg schließlich durchquert man Övelgönne, folgt der Elbchaussee und kann dann den Elbstrand genießen. Von dort ist es nicht mehr weit zur Schiffbegrüßungsanlage Willkomm Höft, wo die großen Frachtschiffe mit lautem Tuten und der Nationalhymne des jeweiligen Landes begrüßt beziehungsweise verabschiedet werden. Dies ist gleichzeitig der Anleger der Lühe-Schulau-Fähre; von hier aus kann man auf die andere Elbseite in den Landkreis Stade fahren.

Und da ist Hamburg zu Ende, denn hinter dem Elbdeich liegt das Alte Land. Hier beginnt dann das Kontrastprogramm, denn jetzt geht's über die Dörfer – eine andere Welt. Sie bilden einen wohltuenden Kontrast zur Großstadt und haben ihren eigenen Charme. In Stade sind sie geprägt von der besonderen Architektur der Fachwerkhäuser, aber irgendwas Besonderes findet man eigentlich immer.

Auch wenn ein Dorf auf den ersten Blick trostlos erscheint, stößt man überall auf kleine Dinge, die ein wenig über die Seele des Ortes verraten: einen herrlich bunten Blumengarten, ein witziges Türschild oder eine außergewöhnliche Skulptur. Erstaunlicherweise findet man auch hin und wieder eine gekachelte Jakobsmuschel am Weg oder sogar eine Bank, die extra für Pilger aufgestellt wurde.

Wenn man die Augen aufhält, entdeckt man sogar den eigenen Charakter der Orte, die man durchläuft. Manchmal sind es nur ein paar zusammengewürfelte Höfe, die durch ihre imposante Architektur beeindrucken, dann verströmt ein Weiler mit Picknickbank am Dorfteich ein besonderes Flair. Manchmal sind es auch akkurat geharkte Vorgärten oder liebevoll arrangierte Blumenkübel, die den Ort prägen. Wenn man die Augen öffnet, ist jeder Ort einzigartig und unverwechselbar.

20. Grund

Weil man an Straßen entlangläuft

Um es gleich vorwegzunehmen: Pilgern ist nicht gleich Wandern. Wenn ich wandern gehe, habe ich andere Ansprüche, als wenn ich pilgere. Wenn ich wandere, möchte ich, bitte sehr, einen schönen, abwechslungsreichen Weg – wenn möglich einen gewundenen, verschlungenen Pfad, der mich auf natürlichem Untergrund aus Erde, Laub und Steinen durch ein lauschiges Waldgebiet führt. Wahlweise an einem idyllischen Flüsschen entlang, durch malerische Städte, vorbei an historischen Gemäuern und einem gemütlichen Café mit göttlichem, selbst gebackenem Kuchen.

Oder ich erwarte einen aussichtsreichen Höhenweg mit weitem Blick ins Tal und einem schönen Panorama. Oder doch zumindest eine Strecke, die größtenteils aus naturbelassenen Wegen besteht. Ist dies alles nicht der Fall, bin ich enttäuscht und fühle mich um ein einzigartiges Wandererlebnis betrogen.

Beim Pilgern sind meine Anforderungen weitaus geringer. Denn ich weiß, dass Pilgerwege nicht dazu gemacht sind, eine abwechslungs- und facettenreiche Region vorzuführen, sondern dass ihr Zweck im Großen und Ganzen darin besteht, dass man auf ihnen geht. Früher benutzte man sie schlicht und ergreifend, um von A nach B zu kommen. Punkt. So einfach war das.

Ursprünglich orientierten sich die Pilger im Mittelalter an Handelsrouten oder Heerstraßen. Denn diese viel befahrenen Wege boten mehr Schutz vor Überfällen als einsame Pfade.

Die Grundlage der heutigen Jakobswege sind nun diese alten Handels- und Heereswege aus dem Mittelalter, die aber inzwischen vielfach zu Straßen geworden sind. Darum ist es nicht verwunderlich, dass gerade im zersiedelten Deutschland die Jakobswege oft an Straßen entlangführen.

Ein Fluch, dachte ich, als ich auf einem westfälischen Pilgerweg stundenlang an einer Bundesstraße entlanglief. Und das bei flirrender Mittagshitze neben waberndem, stinkendem Asphalt. Zuerst glaubte ich, jemand hätte sich einen blöden Scherz erlaubt. Welcher Pilgerhasser hatte hier die Muscheln angeklebt?

Mehr als einmal blieb ich an der Bushaltestelle stehen, um die Möglichkeit zu eruieren, dieses ätzende Wegstück per ÖPNV zu überbrücken. Allein die Tatsache, dass der Bus am Wochenende nicht fuhr, hielt mich davon ab.

Doch je länger ich an dieser endlos grauen, schnurgeraden Straße entlanglief, desto mehr kehrten sich meine Sinne nach innen. Ein Phänomen, das ich seitdem öfter beobachtet habe: Je reizloser und trostloser die Umgebung, desto mehr zieht der Geist die Wahrnehmung vom Außen ab und wird ganz still. Die Welt draußen weicht zurück, und man kommt ganz tief drinnen an. Mechanisch setzt man einen Fuß vor den anderen und verfällt in einen stetigen, gleichmäßigen Rhythmus. Das Gehen bekommt einen meditativen Charakter. Gefördert wird dieser Trance-ähnliche Zustand eindeutig durch lange, gerade Straßenabschnitte, bei denen man sich nicht auf den Weg oder die Beschilderung konzentrieren muss, sondern einfach nur geht.

Die Erkenntnis: Habe ich zu Anfang meiner Pilgerreisen immer geflucht, wenn es galt, lange Asphaltstücke zu überwinden, sehe ich sie heute als Möglichkeit, sich fallen zu lassen und dem Weg ein Stück weit hinzugeben.

Gut. Vielleicht muss es nicht mitten im Sommer sein. Mittags. Bei 35 Grad. Aber irgendwas ist ja immer …

21. Grund

Weil man auf historischen Wegen läuft

Obwohl das Gehen an Straßen manchmal eine ganz spezielle Qualität birgt, ist ein Pilgerweg keine Büßerstrecke per se. Der Pilger soll nicht durch einen besonders harten Weg für seine Sünden bestraft werden. Darum orientiert man sich heute bei der neuen Zeichnung von Pilgerwegen nicht nur an deren ursprünglichem Verlauf, sondern versucht auch, schöne Strecken in die Wegführung zu integrieren. Das bedeutet einen Spagat zwischen landschaftlich reizvoll und historisch korrekt.

Landschaftlich reizvoll heißt, dass oft bereits existierende, schöne Wanderwege in die Pilgerstrecken miteinbezogen werden.

Doch woher weiß man, was historisch korrekt ist, das heißt, wo die Pilgerwege ursprünglich herführten? Die genaue Rekonstruktion der alten Trassen gestaltet sich schwierig, denn diese wurden oftmals verlagert, wenn sie nicht mehr befahrbar waren.

Es gibt jedoch Indikatoren, die darauf hinweisen, dass eine Trasse schon im Mittelalter existierte. An großen Handelswegen beispielsweise gab es oft Leprosen- oder Siechenhäuser, wo die Kranken um Almosen bettelten. Oder es lagen Gasthäuser am Weg, alte Siedlungen und Kirchen.

Manchmal ist es auch die Kombination mehrerer Relikte, die vermuten lässt, dass es sich um einen alten Pilgerweg handelt. Am südlichen Hang des Wiehengebirges beispielsweise zeugen tief eingegrabene Hohlwege von einer mittelalterlichen Nutzung der Trasse durch Fuhrwerke. Außerdem stand unten am Hang ein Relief-stein, der einen Pilger darstellte und in die 1530er-Jahre datierte. Und auch Schriftquellen belegten die Betreuung von Pilgern durch Franziskanermönche im 14. Jahrhundert. Auf diesem westfälischen Jakobsweg sind also anscheinend tatsächlich im Mittelalter Pilger entlanggelaufen.

Auch die Alte Salzstraße auf der »Via Scandinavica« ist so ein Fall. Zwischen Alt-Mölln und Hornbek pilgert man ungefähr sieben Kilometer lang auf einer original erhaltenen alten Heerstraße.

Meist braucht es ein bisschen Fantasie, um sich das Szenario vor-zustellen, das sich einstmals auf solch einer Handelsstraße abspiel-te. Sicherlich waren viele beladene Pferdefuhrwerke unterwegs, die sich mehr oder weniger mühsam den Weg durch Sand und Schlamm und dann später über unebene Pflastersteine bahnten. Und auch Fußreisende wie Pilger liefen auf der Alten Salzstraße, gestützt auf ihren Pilgerstab vielleicht und langsam Schritt für Schritt dem Weg folgend.

Wenn man mit diesen ganzen Bildern im Kopf selber auf solch alten, historisch belegten Wegen läuft, beschleicht einen so etwas wie Ehrfurcht vor dieser längst vergangenen Pilgergeschichte. Und man hat das Gefühl, dass man selber gerade zum Teil dieser His-torie wird.

22. *Grund*

Weil man oft zum Grenzgänger wird

Dass man beim Pilgern in die Fremde zieht, ist nicht ungewöhn-lich. Nicht umsonst hat das spanische Wort für Pilger *peregrino* die Bedeutung von »Fremder«. Denn oftmals musste man auf dem Weg zum Pilgerziel in ein anderes Land gehen und wurde dort als Fremder wahrgenommen. Einerseits ein Unsicherheitsfaktor, aber andererseits macht die Begegnung mit fremden Ländern und Kulturen das Ganze ja auch spannend.

In der Regel verlaufen Pilgerstrecken ohne allzu große Umwege, sodass man die Länder hin zum Pilgerziel mehr oder weniger auf kürzestem Weg durchquert. Doch es gibt auch weniger geradlinige Strecken, die zwischen den Ländern hin und her mäandern, sodass man zum multiplen Grenzgänger wird. Dies macht die Vielfalt Europas erlebbar und impliziert besondere Grenzerfahrungen.

Der luxemburgische Jakobsweg ist so ein Fall; im Süden des Landes berührt er immer mal wieder die Grenze zu Frankreich, ohne dass man groß was davon mitkriegt. Gerade noch war man im beschaulichen luxemburgischen Altwies – schon schwappt man hinüber ins französische Mondorff. Und schließlich läuft man in Schengen ein, dem Ort, wo die europäische Binnen-Grenzenlosigkeit sozusagen erfunden wurde.

Dann, wenig später, pilgert man über die Moselbrücke und ist auch schon in Deutschland, denn hier bewegt man sich im Dreiländereck. Ein spannendes Erlebnis, bei dem man auf einer kurzen Strecke recht eindrücklich erfährt, wie länderübergreifend ein Pilgerweg sein kann.

Auch weiter im Süden durchquert man in schneller Folge mehrere Länder. Auf dem österreichischen Jakobsweg läuft man nicht nur durch Österreich, sondern weiter durch Liechtenstein und dann nach ein paar Kilometern in die Schweiz. Teilweise ist der Übergang von einem Land ins andere kaum wahrnehmbar. Nur ein paar im Boden eingelassene Steine markieren die Grenze zwischen Deutschland und Liechtenstein. Wenig später dann steht man auf einer riesigen Brücke und muss sich vorstellen, dass die eine Hälfte des Rheins in Liechtenstein fließt, die andere in der Schweiz.

Grenzgänge der besonderen Art erlebt man auch, wenn man den Jakobsweg in den Niederlanden beschreitet. Der Rhein-Maas-Weg pendelt zwischen Deutschland und Holland hin und her. Auf dem

Prinsendijk in Swalmen läuft man sogar fünf Kilometer auf dem Grenzstreifen.

Auch der südostbayerische Jakobsweg hat in Sachen mehrfache Grenzüberschreitung eine Menge zu bieten. Läuft man auf dem Jakobsweg Böhmen – Bayern – Tirol, startet man in Tschechien und läuft zuerst durch den Böhmerwald, danach durchs österreichische Mühlviertel, und schließlich gelangt man nach Passau in Deutschland.

Normalerweise merkt man kaum, dass man Grenzen überschreitet, da diese oftmals ohne Kontrollen daherkommen. Man pilgert also unbehelligt von einem Land ins andere. Eine grandiose Eigenschaft des vereinten Europa, die solch ein länderübergreifender Pilgerweg erlebbar macht.

3. Kapitel

Das Einfache

Weil man nur gehen und
der Muschel folgen muss

Das Urlaubskonzept des Pilgerns ist ebenso einfach wie genial: Man geht den ganzen Tag und folgt dabei immer dem Wegzeichen. Bei gut ausgeschilderten Strecken braucht es noch nicht mal eine Karte, um sich zu orientieren. Man begibt sich auf den Weg und hält fortan an Laternenmasten, Pfählen von Straßenschildern, an Häuserecken oder Mauern Ausschau nach der Muschel oder dem Pfeil. Nach kurzer Zeit weiß man auch, wo man besonders aufpassen muss – an abzweigenden Straßen oder Kreuzungen nämlich –, aber ansonsten kann man sich dem Weg hingeben und selbstvergessen in Gedanken versinken.

Bei welcher anderen Urlaubsart ist das der Fall? Wo sonst lässt man sich fallen und folgt vertrauensvoll den Zeichen, die am Wegrand auftauchen? Beim Wandern vielleicht. Aber wie bereits erwähnt, erhofft man beim Wandern auch lohnenswerte Höhepunkte und hat seine Sinne darum auf das Außen eingestellt.

Beim Pilgern hingegen kann man ohne schlechtes Gewissen einfach vor sich hin laufen. Einfach nur gehen. Was ja auch viele Leute tun. Tendenz steigend.

Erstaunlich, dass so viele Menschen einen vordefinierten Weg beschreiten, bei dem die einzige selbstbestimmte Aktion darin besteht, anzuhalten oder weiterzulaufen. Natürlich kann man auch andere, parallele Wege gehen und somit der Pilgerstrecke eine individuelle Note verleihen, aber in der Regel halten sich Pilger an die vorgegebene Markierung. Allein schon weil sich jemand was dabei gedacht haben muss. Weil es sicherlich einen Grund dafür gibt, warum der Weg durch ein bestimmtes Dorf führt, einen Schlenker an der alten Feldkirche vorbei macht und schließlich am Rand des Sees verläuft. Und im Glauben daran, dass das alles Sinn macht, dass es schon richtig sein wird, setzt man voller Gottvertrauen einen Schritt vor den anderen und folgt wie selbstverständlich dem Wegzeichen.

Wenn man es recht bedenkt, ist dies eine wunderbare Art, seinen Urlaub zu verbringen. Sobald man sich für einen Weg entschieden hat, dorthin gefahren und losgelaufen ist, ist die eigentliche Arbeit schon getan. Denn fortan kann man einfach in den Tag hineinleben. Man muss sich nicht damit auseinandersetzen, was man die ganze Zeit über machen soll, denn das ist klar definiert: Man wird gehen. Man muss sich nicht mit dem Wetter beschäftigen, mit möglichen Ausflügen, mit der Frage, wann man wo speisen möchte und welche Sehenswürdigkeiten es abzuarbeiten gilt. Denn all das wird sich im Laufe des Weges finden.

Natürlich kann (und sollte) man sich im Vorhinein mit dem Weg beschäftigen: Man sollte ungefähr wissen, worauf man sich einlässt, ob es warm oder kalt wird, ob man eine bestimmte Ausrüstung braucht, ob man vorsorglich einkaufen muss und wo die Nachtquartiere sind. Auch macht es Sinn, sich grob zu orientieren, ob größere Städte am Weg liegen, wo man zur Not einen Arzt aufsuchen kann oder besondere Dinge kaufen. Und wer die Pilgerreise als Kulturtrip versteht, auch der muss sich natürlich detailliert mit dem Weg auseinandersetzen. Doch will man nur gehen, ist das eigentlich nicht nötig. Viele Sachen ergeben sich.

Zu Anfang meiner Pilgerreisen war ich ehrgeizig. Wenn ich schon mal da war, wollte ich – bitte schön – auch die besondere Höhle sehen, die Kirche aus dem 12. Jahrhundert besuchen und in der einzigartigen Gaststätte Rast machen. Doch das stresst. Wenn man mehrere Öffnungszeiten im Blick hat und es wirklich klappen soll, muss man sich einen Plan machen, der oftmals mit den eigentlichen Pilgerbedürfnissen korreliert. Ich erinnere mich an einen Tag, an dem ich mich in einem kleinen Ort mit schlechter Infrastruktur in einem abschreckenden Supermarktcafé herumdrückte; nur um darauf zu warten, dass der Pfarrer seine Mittagspause beendete und ich mir den Schlüssel für die ach so berühmte Feldkirche holen konnte.

Letztendlich war der Pfarrer krank, und ich ärgerte mich, dass ich – anstatt im eigenen Rhythmus weiterzugehen und die Kirche Kirche sein zu lassen – unnötig herumgesessen und viel Zeit mit Warten vertrödelt hatte. Zeit, die mir hinterher fehlte.

Um mich nicht zu stressen, nehme ich es mittlerweile, wie es kommt. Falls eine schöne Kirche oder Sehenswürdigkeit geöffnet ist, wenn ich gerade vorbeikomme, nehme ich das wahr. Und wenn sie geschlossen ist, dann soll es wohl nicht sein. Das hat dazu geführt, dass ich sehr entspannt bin. Jede offene Kirche und jeden Stempel, den es dort gibt, nehme ich dankend an. Und wenn dem nicht so ist, ist es auch gut. Ich vertraue darauf, dass mir der Weg genau das gibt, was ich im Moment brauche. Ich plane nicht, sondern folge einfach nur der Muschel.

24. Grund

Weil man gleich um die Ecke pilgern kann

Die gute Nachricht: Man muss nicht in die Ferne fahren, um pilgern zu gehen. Denn Pilgerwege gibt es überall. Sie durchziehen Europa wie ein Spinnennetz, und egal wo man wohnt – meist liegt der nächste Pilgerweg nicht allzu weit entfernt.

Vielleicht ist das nicht der Traumweg, derjenige, um den sich Mythen ranken, der eine ganz besondere Magie verspricht oder den jeder zumindest vom Hörensagen kennt. Vielleicht ist es nur ein kleiner, verschwiegener, der einem Heiligen gewidmet ist, von dem man noch nie was gehört hat. Oder ein alter Mönchsweg. Oder doch tatsächlich ein Jakobsweg, der in Richtung Santiago de Compostela führt. Wie auch immer – wenn man einmal den Fokus auf das Pilgern gesetzt hat, merkt man, dass selbst in der unmittelbaren Umgebung viele Wege dazu locken, das Pilgern zu testen. Ohne viel Tamtam und ohne große Ambitionen. Einfach mal ausprobieren, wie das ist.

Eine recht abenteuerliche Pilgerreise in Sachen »Pilgern um die Ecke« erlebte ich im Ruhrpott im Herzen Deutschlands. Das Problem: Es gab zwar einen Führer für den Weg, doch dieser war nicht eigens beschildert. Mittels Beschreibung und grob skizzierter Karten musste man sich über Straßen und Pfade hangeln. Einzige Fixpunkte waren die Kirchen – da kam man tatsächlich immer vorbei –, aber ansonsten schien es keinen roten Faden zu geben.

Pilgern im Pott hieß das Begleitwerk zum Weg, untertitelt mit: *20 Etappen von Dinslaken bis Holzwickede.* Ziel des evangelischen Pilgerwegs war, quer durch das Ruhrgebiet an die christliche Tradition des Pilgerns anzuknüpfen. Man wollte die Ruhrpöttler dazu bewegen, vor der eigenen Haustür von Kirche zu Kirche zu laufen, sozusagen im »Schlappenbereich«.

Also gehörte ich genaugenommen gar nicht zur Zielgruppe, da ich nicht im Ruhrgebiet wohnte. Dennoch fand ich die Idee vom Pilgern in Schlappen lustig; außerdem liebe ich den Ruhrpott. Zwar versprach die Region nicht die idyllischste Pilgererfahrung, aber da ich Industriedenkmäler und deren Charme schätze, war das kein Problem.

Nur wie man diesen Weg am besten begehen sollte, war etwas unklar. Denn schon gleich in der »Gebrauchsanweisung« wurde man dazu ermuntert, einfach so loszustiefeln, den Führer nur für den Notfall im Gepäck. Auch gab es nur eine grobe Übersicht zur Streckenführung: Der Pilgerweg orientiere sich an der Emscher, hieß es, die in Holzwickede entspringt, durch das Ruhrgebiet fließt und dann in den Rhein mündet. Doch man hatte sich bewusst gegen GPS-Tracks entschieden und einkalkuliert, dass der Pilger sich verlief und zwischendurch nach dem Weg fragen musste. Was dann zu netten Begegnungen und Begebenheiten mit fremden Menschen führen würde. So der Plan.

Und die Sache mit dem Pilgern schien auch nicht sooo ernst zu sein. Denn der Führer sollte bewusst auch zweckentfremdet werden, indem man ihn verschenkte, sein Glas darauf abstellte, ihn ins Bücherregal einsortierte, Kleeblätter darin presste oder ihn in den Kamin schmiss. Es tatsächlich als Pilgeranleitung zu gebrauchen, war nur eine der vielen Optionen für das Buch.

Auch die Streckenbeschreibung war nur ein Vorschlag – man könne stattdessen auch ganz andere Wege gehen, wenn die einem besser gefielen, hieß es. Sehr variabel also – alles war möglich! Viel falsch machen konnte man also nicht, aber wie machte man es richtig?

Das wusste ich nicht, aber auf alle Fälle fand ich das Projekt spannend. So ganz anders als alle Pilgerreisen, die ich bisher unternommen hatte. Hier musste man sich nicht sklavisch an einen vorgegebenen Weg halten, sondern konnte seiner Intuition folgen!

Ich guckte mir eine Teststrecke aus, die von Herne nach Dortmund führte. So stand ich dann an einem schönen Sommertag morgens um neun an der Kreuzkirche in Herne mit meinem Buch in der Hand. In diesem war der Weg als blaue Linie dargestellt, die über eine graue Karte führte. Auf der Karte waren auch »Landmarks« der Strecke wie Kirche, Friedhof, Reithalle, Wäldchen und Park verzeichnet, was der zusätzlichen Orientierung dienen sollte.

Was auch bitter nötig war, denn die Beschreibung des Wegs ging in etwa so: »In die erste Straße rechts abbiegen …«, »in der scharfen Linkskurve rechts abbiegen …«, »den Trampelpfad zwischen den Feldern nehmen …«, »vor dem Waldrand rechts …«.

Für jemand, der über einen guten Orientierungssinn verfügt und sich Dinge leicht merken kann, mag das eine passable Wegbeschreibung sein, doch da bei mir beides nicht der Fall ist, musste ich immer aufs Neue überlegen, wo ich gerade war, das Buch zücken und wieder anfangen zu lesen. Eine sehr ermüdende Tätigkeit, die das reine Geherlebnis sehr minderte. Das sowieso nicht besonders erhebend war, da ich viel Straße lief. Gut, das hatte ich vorausgesehen, aber Straße laufen in Kombination mit ständig den Weg prüfen macht wenig Spaß. Und obwohl ich mir Mühe gab, kam es, wie es kommen musste: Ich verlief mich. Laut »Gebrauchsanweisung« ja kein Problem. Dann würde ich eben fremde Menschen nach dem Weg fragen, woraus sich nette Begebenheiten entwickeln würden. Nur leider stellte sich raus, dass die fremden Menschen, die ich ansprach, selber sehr fremd dort waren, das heißt, sie konnten mir auch nicht helfen!

Irgendwann gab ich auf und ließ mich einfach treiben. Ab und zu rief ich eine Karte von Bochum auf dem Handy auf, sodass ich zumindest die grobe Richtung einhielt. Ansonsten versuchte ich das Gehen zu genießen und mich ein bisschen locker zu machen. Doch irgendwie gelang mir das nicht. Ständig hatte ich Angst, zu weit vom Weg abzukommen und darum unnötige Kilometer zu machen. Dann starrte ich wieder abwechselnd in das Buch und auf das Handy. Entspanntes Pilgern? Fehlanzeige. Doch irgendwann kam ich tatsächlich in Bochum-Harpen an. Die Vinzentiuskirche war geöffnet, ich bekam ein Glas Wasser und ruhte ein wenig aus. Dann erhob ich mich schwer seufzend – die Reise sollte ja weitergehen, ich wollte noch bis Dortmund. Wie groß war meine Erleichterung, als ich dann plötzlich an einem Laternenpfahl eine gelbe Pilgermuschel sah! Ich war auf den Jakobsweg NRW gestoßen, der von Höxter nach Aachen führt, also entgegengesetzt meiner Richtung. Doch um mir weitere Auseinandersetzungen mit dem Buch zu ersparen, lief ich dann einfach diesen Weg rückwärts.

Obwohl recht anstrengend, vielleicht weil es so anders war, ist mir das Pilgern im Pott in guter Erinnerung geblieben. Das Buch ist für mich zu einem Symbol dafür geworden, dass man für ein Abenteuer gar nicht weit fahren muss, sondern dass man es auch im »Schlappenbereich« erleben kann.

Weil es manchmal reicht, den ganzen Tag zu laufen, um glücklich zu sein

Glück ist heutzutage ein viel bemühter Begriff. Jeder, so scheint's, will glücklich sein. Und wer das nicht schafft, hat was falsch gemacht. Nicht glücklich zu sein kommt einer Niederlage gleich.

Dabei ist die Glücksformel recht simpel: Man muss einfach nur bestimmte Bedürfnisse befriedigen. Dazu zählen natürlich zuerst einmal die grundlegenden körperlichen wie Atmung, Essen, Trinken, Schlafen und Wärme. Dann gilt es, das Bedürfnis nach Sicherheit und Schutz vor Gefahren abzudecken. Ebenfalls elementar sind die Bedürfnisse nach sozialen Beziehungen, Liebe, Fürsorge und Gemeinschaft. Und auch die Wünsche nach Wertschätzung, Akzeptanz und Selbstverwirklichung wollen erfüllt werden.

Doch was ist, wenn all diese Bedürfnisse abgedeckt sind und man trotzdem nicht glücklich ist? Wenn es einem im Grunde genommen gut geht, sich ein dauerhafter Zustand von Glück aber nicht einstellen will? Dann ist man selber schuld, sagen die einschlägigen Ratgeber und bieten eine Menge Anregungen, wie man dem abhelfen kann. Dankbarer sein soll man, altruistischer, sich für andere einsetzen, sich selbst mehr lieben, Ballast abwerfen oder unglückliche Beziehungen beenden. Die Anzahl der Empfehlungen ist schier endlos. Das verwirrt, denn wenn es so viele Rezepte gibt, um glücklich zu sein, welches ist dann das richtige? Rausfinden muss das jeder für sich, denn nur man selbst kennt die individuellen Bedürfnisse, deren Erfüllung zum Glück beitragen.

Abgesehen davon – da sind sich die Experten einig – ist Glück nicht von Dauer. Dieses Gefühl, diese überschäumende Freude oder das Kribbeln im Bauch, das einen strahlen und jauchzen lässt, tritt nur sporadisch auf. Doch vielleicht reicht ja im Normalfall schon, zufrieden zu sein? Ein angenehmes Gefühl von Behagen und Frieden, bei dem die Welt in Ordnung ist, wie sie ist?

Um diesen Zustand zu erreichen, hält das Pilgern ein einfaches Patentrezept bereit: Gehen. Besonders das lange Gehen hat eine überaus beruhigende und befriedigende Wirkung. Sicherlich ist es die körperliche Entspannung, die dazu beiträgt, dass man ruhiger und friedlicher wird. Dazu kommt die Tatsache, dass man auf der Pilgerstrecke ständig etwas Neues entdeckt. Fühlt sich angeregt und freut sich über die vielen schönen Dinge am Wegrand. Und auch die Tatsache, dass man sich anstrengen muss, wirkt sich positiv aus. Proportional zur körperlichen Erschöpfung steigt der Grad der Zufriedenheit.

Schließlich kommt das Finale in der Herberge oder Pension, im Hotel oder einer anderen Pilgerunterkunft. Hat man diese erreicht, lässt man sich erst mal erschöpft aufs Bett fallen, streckt alle viere von sich und fühlt sich … glücklich und zufrieden! Zufrieden über die körperliche Leistung, die man vollbracht hat, und glücklich darüber, dass man einen Schlafplatz hat und duschen kann! Glück kann so einfach sein!

26. Grund

Weil es nichts kostet
(zumindest das Gehen nicht)

Einer der Hauptgründe für das Pilgern auf den Jakobswegen in Spanien ist die immer wieder heraufbeschworene besondere Atmosphäre, die hier herrscht, der Zauber, die Magie. Daneben gibt es jedoch auch weit weniger romantische Motive, die für eine Pilgerreise in Spanien sprechen. Ganz profan gesagt: Es ist günstig. Klartext: Pilgern auf dem Jakobsweg ist eine preiswerte Art, Urlaub zu machen.

Für manche Pilger scheint es ein regelrechter Sport zu sein, möglichst wenig Geld auszugeben. Dabei ist es nicht der Geiz, der sie treibt, es ist das Prinzip. Armut wird mit Authentizität gleichgesetzt. Dieser Authentizität sind kaum Grenzen gesetzt, denn sparen kann man immer. Beim Essen, beim Kaffee, bei der Übernachtung.

Sicher, man muss erst mal hinkommen zum Pilgerweg. Doch im Zeitalter der Billigflieger oder der Fernbusse ist das kein ernst zu nehmender Kostenfaktor. Zumindest im Vergleich zu anderen Urlaubsreisen.

Und ist man erst mal in Spanien oder Portugal angekommen, wird's noch besser. Richtet man den Fokus darauf, so günstig wie möglich zu reisen, ist das Urlaubsbudget sehr überschaubar. Das liegt zum einen daran, dass die Lebensmittelpreise auf der Iberischen Halbinsel niedriger sind als in Deutschland. Der Tagesproviant fällt also monetär gesehen nicht groß ins Gewicht. Und auch ein Pilgermenü im Restaurant reißt mit 10 bis 12 Euro kein großes Loch in die Urlaubskasse.

Ähnlich preiswert gestaltet sich die Übernachtung in einer öffentlichen Pilgerherberge. Für kleines Geld im ein- bis zweistelligen Bereich bekommt man meistens ein Bett. Manchmal revanchiert man sich für das Nachtlager auch durch eine Spende nach Gutdünken. Private Herbergen, die ein bisschen mehr Luxus versprechen als die Massenschlafsäle der kommunalen oder kirchlichen Herbergen, sind etwas teurer. Doch legt man es wirklich darauf an, die Pilgerreise möglichst kostengünstig zu gestalten, kommt man mit einem Tagesbudget von 30 bis 40 Euro aus. Bei welcher Urlaubsart – außer man geht zelten – schafft man das sonst?

Ich habe da nicht so den direkten Vergleich. Aber auf dem portugiesischen Jakobsweg traf ich ein paar Briten. Sie erzählten, sie seien schon überall wandern gewesen. In Italien, in Frankreich und in der Schweiz, im Himalaya, in Südamerika und in den Vereinigten Staaten. Doch nirgendwo sei es so günstig zu laufen wie in Südeuropa. Deshalb kämen sie immer wieder hierher zurück.

Weil ein kleines Extra viel ausmacht

In Zeiten des Minimalismus ist es chic, sich zu beschränken, bewusst zu kaufen und mit möglichst wenigen Dingen auszukommen. Auch beim Pilgern geht es darum, für einen bestimmten Zeitraum seine Besitztümer zu minimieren, nur krasser. Denn alles, was man mitnimmt, muss man auf dem Rücken tragen und wird somit bei jedem Schritt mit dem konfrontiert, was man für nötig erachtet hat. Da stellt sich schnell die Erkenntnis ein, dass weniger mehr ist. Das bedeutet im Umkehrschluss, dass man sich mit jedem einzelnen Teil beschäftigen muss, das man mitnehmen möchte.

Bevor ich meine erste größere Pilgerreise unternahm, setzte ich mich intensiv mit dem Thema auseinander, was ich wirklich brauche und was ich zu tragen bereit bin. Ich suchte Rat bei meiner Mitpilgerin, die schon öfter mit dem Rucksack unterwegs gewesen war, sogar in SPANIEN!!! Auf dem legendären französischen Jakobsweg! Das flößte mir damals tiefsten Respekt und große Ehrfurcht ein. Also: Wenn es eine wissen musste, dann Ulrike.

Ich war verblüfft, wo und was man alles einsparen konnte. Dass man im Sommer nicht unbedingt eine Regenhose braucht, fand ich nachvollziehbar. Auch dass man sich das vierte T-Shirt sparen konnte, erschien mir verständlich. Und dass man nicht die Großpackung Duschgel und Shampoo mitschleppen muss, versteht sich von selbst. Aber war es nötig, sich von 100 auf 0 zu beamen und nur ein halbes Stück Kernseife mitzunehmen? Mit dem man sowohl die Haare shampoonierte als auch den Körper einseifte und zudem auch noch die Wäsche wusch?

Doch Ulrike hatte noch mehr optimiert. Ihr zweites Handtuch beispielsweise hatte sie auf die Größe eines Waschlappens verkleinert. Mehr brauche man zum Gesichtabputzen sowieso nicht, sagte sie. Ich war skeptisch und behielt meine Ursprungsgröße bei. Und so machte ich es mit anderen Sachen auch. Ich minimierte nur so weit, dass ich mich noch wohlfühlte.

Im Laufe der Zeit tummelte ich mich in vielen Pilgerforen und las dort immer mal wieder die Packlisten. Was unbedingt mit muss, ist klar. Darüber hinaus … tja, das ist eine Frage, die jeder für sich beantworten muss. Wo liegt der Kompromiss zwischen Gewichtsoptimierung und persönlichem Wohlbefinden? Und da wird es spannend.

Je öfter man pilgert, desto verblüffter wird man sein, mit wie wenig man auskommt. Andererseits aber auch ein gutes Gespür dafür entwickeln, was darüber hinaus noch dieses gewisse Etwas darstellt, das einen Hauch von Luxus verspricht. Das das Gefühl vermittelt, dass man sich nicht nur in Selbstkasteiung und Askese bewegt, sondern sich auch ein kleines bisschen Komfort gönnt.

Wie dieses kleine Extra aussieht, stellt sich mit der Zeit heraus. Für den einen ist es das Ersatzwäscheset, das saubere Unterwäsche garantiert, auch wenn es mit dem Waschen mal nicht so klappt. Für den nächsten ist es das Tuch, das sich nicht nur am Hals so schön kuschelig anfühlt, sondern das man zur Not auch übers schmuddelige Kopfkissen legt. Für jemand anderen muss vielleicht der E-Book-Reader mit für ein paar entspannte Lesestunden.

Das alles ist nicht lebensnotwendig, trägt aber ungemein zum Wohlbefinden bei.

28. Grund

Weil man plötzlich freiwillig in einer Massenunterkunft schläft

Genauso wie das Pilgern umweht auch die Pilgerunterkünfte, die Herbergen, ein besonderer Mythos. Spätestens seit der Jakobsweg-Bestseller von Hape Kerkeling verfilmt wurde, kann sich jeder vorstellen, wie es in den spanischen Herbergen aussieht. Oftmals wie in einem Jugendlager. Und viele wissen mittlerweile auch, mit welchen Problemen solch ein Pilgerlager behaftet ist. Seien es unsägliche Schnarcher, die einen nicht zur Ruhe kommen lassen, oder der Schlafnachbar oben drüber, dessen Stockbett bei jeder Bewegung unangenehm knarzt.

Auch Pilger-Profis liefern bei interessierter Nachfrage massig Geschichten von haarsträubenden Erlebnissen in Herbergen. Die harmloseste Version handelt von ignoranten Pilgern, die schon in aller Herrgottsfrühe aufbrechen und dabei so vehement mit ihren Plastiktüten rascheln, dass an Schlaf nicht mehr zu denken ist. Dann ist von überfüllten Herbergen die Rede, bei denen man gezwungen war, sein Nachtlager im Flur aufzuschlagen, oder von bärbeißigen Herbergsvätern.

Manch einer der interessierten Zuhörerschaft winkt dann dankend ab und beschließt, auf komfortablere Unterkünfte auszuweichen. Doch für die Unerschrockenen schwingt bei der Vorstellung, sich in solch ein gruseliges Szenario zu begeben, auch ein Hauch von Abenteuer mit. Und irgendwie scheint das Übernachten in Herbergen ja auch dazuzugehören zum »richtigen« Pilgern: dass man sich in einfache Schlaflager mit einem Haufen anderer Menschen begibt, die man nicht kennt. Dass man sich mit rudimentären Sanitäranlagen zufrieden gibt und auch sonst keine gehobenen Ansprüche an die Unterkunft stellt. Wenn man »richtig« pilgern geht, muss man das alles mal mitmachen, allein schon um mitreden zu können.

Mitreden können. Wissen, wie das ist. Wahrscheinlich ist dies ein Grund, warum auch solche Menschen es tun, von denen man das vorher nie geglaubt hätte. Personen, die normalerweise im Hotel sofort das Bett testen und im Bad prüfen, ob unter der Klobrille auch geputzt wurde. Doch beim »richtigen« Pilgern verbringen sie ohne zu zögern jede Nacht auf einer harten, mit Plastik überzogenen Pritsche, die wenig Schlaf und noch weniger Komfort verspricht. Und stopfen sich vor der Nachtruhe klaglos Stöpsel ins Ohr, um wenigstens die Geräuschkulisse zu minimieren. Genauso stehen sie ohne zu murren stundenlang an, um in einem Badezimmer, das aussieht, als wäre ein Orkan darüber hinweggefegt, zu duschen. All diese Strapazen gehören irgendwie dazu.

Belohnt wird man für diese heroischen Taten mit Storys, eine der Hauptwährungen unter Pilgern. Hält man durch, hat man irgendwann sein ganz eigenes Repertoire an Gruselgeschichten, in denen brechend volle Herbergen, überstrenge Herbergseltern und verstopfte Toiletten die Hauptrolle spielen. Dabei gilt: Derjenige mit den krassesten Geschichten hat den größten Heldenstatus!

Außerdem gehört man irgendwie dazu, weiß, wovon die anderen reden und qualifiziert sich so automatisch für die Mitgliedschaft im Club der Profis.

Doch für viele Pilger gibt es auch praktische Gründe, die dafürsprechen, in den Massenunterkünften zu übernachten. Es geht darum, Weggefährten kennenzulernen, sich auszutauschen und zusammenzuschließen.

Und für das alles, für die tollen Geschichten, für das Gefühl, dazu zugehören und viele andere Pilger zu treffen, nimmt man in Kauf, dass der Komfort zu wünschen übrig lässt und die Nachtruhe erholsamer sein könnte. Aber es ist ja nur für eine Nacht, und dann geht's weiter zur nächsten Unterkunft, zum nächsten Abenteuer!

29. Grund

Weil eine Heizung den Himmel
auf Erden bedeuten kann

Im Nachhinein war es vielleicht ein Fehler, mitten im Winter in Nordspanien pilgern zu gehen. Doch ich hatte unter allen Umständen vermeiden wollen, rudelartig mit anderen Pilgern auf dem

Jakobsweg gehen zu müssen und mich in überfüllten Herbergen um Schlafplätze zu streiten.

Doch was ich unterschätzt hatte, waren die Temperaturen. Es war kalt. Bitterkalt zum Teil. Besonders nachts, da viele der öffentlichen Herbergen nicht geheizt waren. Zum Glück gibt es überall Decken, von denen man sich zur Not ein paar Lagen über den Schlafsack packen kann. Dennoch hatte ich das Gefühl, dass die Kälte von unten, vom kalten Steinfußboden, hochkroch, dass sie an den nackten Wänden klebte, und dass ein eisiger Hauch im Raum hing. Teilweise war es schon am späten Nachmittag so kalt, dass ich selbst in der Herberge alle Schichten (nebst Regenkombi) anziehen musste und dann in dieser Montur zu Abend aß. Umso mehr wusste ich Wärme zu schätzen.

Ich erinnere mich an einen Pilgertag, nach dem ich in einer kleinen Jugendherberge übernachtete. Etwas schmuddelig zwar, aber ich bewohnte allein ein Viererzimmer, und – ich konnte mein Glück kaum fassen – in diesem Zimmer gab es einen fahrbaren Heizkörper, nur für mich!

Ich war glücklich wie selten zuvor und beschloss auf der Stelle, diesen wunderbaren Ort nie mehr im Leben zu verlassen. Okay. Irgendwann vielleicht, aber nicht so bald. Hier würde ich endlich einen Ruhetag einlegen, denn nach mehr als zwei Wochen Laufen am Stück kam langsam die Erschöpfung durch. Umso mehr ließ ich mich hier, an diesem behaglichen Ort, fallen. Ich sank auf mein Bett und genoss die Wärme, ließ die ganze Müdigkeit hochkommen. Und schlief so gut und tief wie selten in den Nächten davor.

Am nächsten Morgen frühstückte ich gemütlich im Bewusstsein, einen faulen Tag vor mir zu haben, an dem ich dösen und schlafen konnte. Anschließend schlenderte ich bei meinen Mitpilgern vorbei, die schon eifrig packten. »Morgen soll es Gewitter geben«, Philipp zeigte auf seine Wetter-App. Oh! Bei Gewitter sollte man sich wenn möglich nicht draußen aufhalten – somit wäre der morgige Tag ideal, um auszuruhen. Und darum würde es weitaus mehr Sinn machen, am heutigen Tag weiterzulaufen, anstatt eine Pause zu machen.

Der bestechenden Wetterlogik hatte ich nichts entgegenzusetzen. Und auch wenn ich liebend gern geblieben wäre, schnürte auch ich wenig später schwer seufzend meine Wanderschuhe und machte mich wieder auf den Weg. Nicht ohne tiefstes Bedauern, diesen Ort, der allein durch die Wärme zu einem Glücksort geworden war, wieder verlassen zu müssen.

30. Grund

Weil Pilgerwege so sind, wie sie sind

Vielleicht hat man sich lange vorher mit dem Pilgerweg beschäftigt. Hat einen Führer gekauft und darin gelesen. Hat sich in Foren getummelt und nach Erfahrungsberichten gestöbert. Man hat sich also vorbereitet.

Und dann geht's los. Wenn man das erste Mal pilgert, ist sowieso alles neu. Man erprobt das Gehen, versucht, mit dem Gewicht des Rucksacks klarzukommen und einen Rhythmus zu finden, der das alles erträglich und erbaulich macht. Der Weg, auf dem man läuft, ist … na ja, der Weg halt.

Hat man sich einen der berühmten *caminos* zum Probieren ausgesucht, erwartet man natürlich auch, dass etwas von dem viel zitierten Zauber überspringt. Doch ansonsten ist der Weg der Weg, und man nimmt ihn so, wie er kommt. Weil man noch keinen anderen kennt und darum nicht weiß, wie die anderen sind.

Ist man schon öfter mit der Muschel losgezogen, steigen die Ansprüche. Man möchte vielleicht in den Bergen pilgern oder am Meer; es soll eine Strecke mit großen Kathedralen sein oder ein Geheimtipp, den sonst noch niemand kennt.

Doch egal warum und für welche Strecke man sich letztendlich entscheidet: Der Weg ist, wie er ist. Und der Charakter einer Pilgerstrecke entfaltet sich oft erst, wenn man den Weg geht. Auch wenn man noch so oft den Führer und die Karte studiert hat: Man kann nie voraussagen, wie das Wetter wird, wen man trifft und ob man gesund bleibt. Sowie vieles andere mehr, was beeinflusst, wie man den Weg wahrnimmt. Und letztendlich ist das auch nicht sooo entscheidend. Denn eine wichtige Lektion des Pilgerns besteht darin zu lernen, alles so zu nehmen, wie es ist.

Mancher glaubt an Schicksal oder Fügung. Oder dass irgendwas dahintersteckt. Dass die Seele Lernerfahrungen machen will und man darum einen bestimmten Menschen auf dem Weg trifft oder eine anstrengende Wegstrecke bezwingen muss. Um zu lernen.

Wer's einfacher mag: Man muss es nehmen, wie es kommt. Der Weg ist manchmal steinig, manchmal eben. Mal regnet's, mal scheint die Sonne. Mal trifft man nette Menschen, dann wieder niemanden. Kein Grund, sich aufzuregen, sondern eine gute Schulung darin, sich in Akzeptanz zu üben. Denn ändern kann man es sowieso nicht. Darum tut man sich keinen Gefallen, wenn man sich an den Widrigkeiten der Strecke reibt, jammert und stöhnt. Außerdem gehört auch eine gewisse Portion Demut zum Pilgern dazu. Anzunehmen, was ist. Hört sich nach Achtsamkeitstraining an – ist es ja vielleicht auch.

Wie dem auch sei: Eine schwierige Strecke beim Pilgern ist ein guter Gradmesser dafür, inwieweit man bereit ist, sich einzulassen und zu akzeptieren, was der Weg bringt. Eine Gelegenheit, um ein wenig Abstand zu nehmen vom Kontrollwahn und die Dinge laufen zu lassen im Vertrauen darauf, dass alles schon seinen Sinn hat.

Auf mich wartete solch eine Übung in Sachen Demut und Akzeptanz auf dem Pilgerweg Berlin–Wilsnack–Tangermünde.

Nach einem phänomenalen Blick auf die Elbe in Arneburg hatte ich mich frohen Mutes nach Tangermünde aufgemacht. Laut Karte verlief der Weg in Sichtweite zur Elbe, und ein paar kleine Dörfer lagen am Weg. In der Beschreibung des Pilgerführers hieß es, dass man dem Rad- und Fußweg zum nächsten Ort folge, und dass der mit Buschwerk besäumte Feldweg immer wieder malerische Blicke auf die linksseitig gelegene Flusslandschaft der Elbe öffne. Das klang vielversprechend.

Wenig später jedoch fand ich mich auf einem schnurgeraden Radweg wieder, der gerade neu betoniert wurde. Leider war auch das Buschwerk, das tatsächlich den Weg säumte, mittlerweile so dicht geworden, dass es keinerlei malerische Blicke mehr auf die linksseitig gelegene Flusslandschaft der Elbe öffnete. Also die schlechteste beider Welten: weder eine angenehme Wegstrecke noch schöne Blicke.

Zugegeben: Der Pilgerführer war schon etwas älter, und die Wegbeschreibung entsprach nicht mehr ganz den aktuellen Gegebenheiten. Aber das war eigentlich auch egal, denn man muss dann ja irgendwie da durch. Und vielleicht sollte mich diese Wegstrecke ja auch was lehren? Also trabte ich los. Schwitzend und innerlich fluchend bastelte ich mich vorbei an stinkenden Teermaschinen und über harten Asphalt. Der Weg zog sich wie ein langes graues Band bis zum Horizont – kein Ende in Sicht. Und leider konnte ich mich auch nicht fallen lassen und einfach nur gehen; ich fand keinen Rhythmus.

Innerlich immer noch grummelnd, kam ich nach zig gefühlten Stunden Asphalttreten in einem kleinen Dorf an. Dort setzte ich mich auf den einzig sichtbaren Rastplatz – die Bushaltestelle mitten im Ort. Ich streckte die Beine aus und biss erst mal kräftig in meine Stulle. Plötzlich hörte ich lautes Klappern. Als ich mich umsah, entdeckte ich ein Storchennest über mir. Keine 20 Meter entfernt spazierte ein Storch in seinem Nistplatz auf und ab und klapperte dabei eifrig mit dem Schnabel.

In dem Moment fühlte ich mich reich beschenkt. Vergessen war, dass ich mich gerade noch so über den Radweg geärgert hatte. Wieder einmal wurde mir bewusst, dass das Auf und Ab beim Pilgern ganz nah beieinanderliegt und dass es wahrscheinlich das eine braucht, um das andere wertschätzen zu können. Morgens noch hatte ich den fantastischen Blick auf die Elbe genossen, und dann, ja, dann war es ein wenig dröge geworden. Aber ein paar Stunden später wurde ich schon wieder mit einem Highlight belohnt. Besser hätte ich den Tag nicht choreografieren können. Und wahrscheinlich wäre er noch besser gewesen, wenn ich mich nicht über den Asphaltweg geärgert, sondern ihn einfach akzeptiert hätte. Im Vertrauen darauf, dass alles gut ist, wie es ist.

31. Grund

Weil man Wunder neu definiert

Was ist ein Wunder? Laut Wörterbuch ein »außergewöhnliches, den Naturgesetzen oder aller Erfahrung widersprechendes und deshalb der unmittelbaren Einwirkung einer göttlichen Macht oder übernatürlichen Kräften zugeschriebenes Geschehen oder Ereignis, das Staunen erregt«. Etwas also, was ungewöhnlich ist, was man sich nicht erklären kann und was darum staunen lässt.

Dem Jakobsweg werden viele solcher Phänomene zugeschrieben; erstaunliche Ereignisse oder Fügungen, die man nicht erklären kann. Das Buch des brasilianischen Schriftstellers Paulo Coelho, der im Jahr 1986 den französischen Jakobsweg lief, ist voll davon.

Meiner Meinung nach ist die Hoffnung auf solch ein Wunder sogar eine der größten Motivationsquellen für die Pilgerschaft. Denn wer würde nicht auf unerklärliche (natürlich positive!) Zufälle hoffen, wenn er sich auf den Weg begibt? Inwieweit solche Wunder passieren und ob es tatsächlich Wunder sind, ist Interpretationssache.

Ich habe eine neue Definition für Wunder, seit ich pilgern gehe. Wunder – das sind nicht mehr die großen, unerklärlichen Dinge, die plötzlich und unerwartet über mich hereinbrechen und mein Leben auf nie gekannte Weise verändern. Es sind vielmehr die vielen kleinen Dinge, die am Wegrand liegen. Die einfach so passieren, über die ich mich freue und die wie Geschenke daherkommen.

Ein solches Wunder kann sein, dass gerade wenn ich von einem Kaffee träume, ganz unvermittelt eine Bar am Weg liegt. Oder dass just in dem Moment, wo ich um die Ecke biege, der Herbergsvater die Unterkunft nach der Mittagspause wieder aufschließt. Oder dass ich unverhofft einen netten Mitpilger am Weg wiedertreffe, von dem ich in der Nacht davor intensiv geträumt habe.

Man könnte das als Zufall oder glückliche Fügung bezeichnen, doch für mich sind es kleine Wunder, die man nur als solche erkennen muss.

Eins meiner größten Wunder erlebte ich, als ich im Norden Deutschlands pilgerte. Wie immer war ich morgens früh losgelaufen, um schon vor der größten Tageshitze einen Großteil der Strecke hinter mir zu haben. Das bedeutete andererseits, dass ich keine Chance hatte, das Otto-Modersohn-Museum in Fischerhude zu besuchen, das am Weg lag. Dieses öffnete erst um 10 – zu einer Zeit, wo ich das Künstlerdorf längst passiert haben würde. Dennoch wollte ich mir das Museum zumindest von außen ansehen, und, wer weiß, vielleicht konnte man ja doch den einen oder anderen Blick ins Innere erhaschen?

Also marschierte ich morgens um halb neun zu der alten Fachwerkscheune, in der die Werke von Otto und Paula Modersohn ausgestellt waren. Verblüfft registrierte ich, dass die Eingangstür zum Museum sperrangelweit offen stand. Na ja, vielleicht konnte man ja Prospekte im Foyer mitnehmen oder Veranstaltungshinweise anschauen. Doch noch erstaunter war ich, dass ich vom Foyer geradewegs ins Museum marschieren konnte. Seltsam. Aber vielleicht prüfte ja ein Mitarbeiter die Kasse oder bereitete eine Veranstaltung vor?!

Doch nichts dergleichen. So spazierte ich in aller Seelenruhe durch die Ausstellung, lernte etwas über die Geschichte der Worpsweder Malerkolonie, besah mir Ottos Staffelei und die Gemälde von Paula Modersohn-Becker. Ein bisschen mulmig war mir schon, weil ich mich unbefugt im Museum aufhielt. Andererseits fühlte ich mich privilegiert, freute mich unbändig und genoss den unerwarteten Kunstgenuss.

Warum die Tür geöffnet war, habe ich nie erfahren. Ich verließ das Museum genauso unbehelligt, wie ich gekommen war. Aber Wunder brauchen keine Erklärung.

4. Kapitel

Die Vielfalt

Weil man ungewöhnliche Wege gehen kann

Vor der Jacobikirche in Hamburg steht ein Wegweiser mit dem Titel: »Pilgerwege in Europa«. Darunter zeigen weiße Schilder in verschiedene Richtungen, je nach Pilgerziel. Eines weist nach Jerusalem, ein anderes nach Rom, ein drittes nach Santiago de Compostela. Doch es gibt auch Wegweiser nach Trondheim und Loccum. Denn auch wenn hierzulande der Jakobsweg als *der* Pilgerweg schlechthin gilt, kann man auf der ganzen Welt pilgern und dabei auch recht ungewöhnliche Wege beschreiten.

Doch dies scheint gewagt, denn es gibt ja sicherlich einen Grund dafür, warum alle die *caminos* laufen!? Ja, den gibt es. Weil es so schön einfach ist. Die Beschilderung ist lückenlos, es gibt eine verlässliche Infrastruktur und günstige Herbergen. Bei den weniger populären Pilgerwegen hingegen begibt man sich auf unsicheres Terrain. Mit einem Führer zur Strecke bleibt das Abenteuer noch einigermaßen überschaubar, aber was ist mit den Wegen, die nicht perfekt ausgeschildert sind und zu denen es auch keine detaillierte Beschreibung gibt? Da beginnt dann die echte Herausforderung.

Ein gutes Beispiel für solch einen exotischen Weg ist der »Jizopad«. Sein »Schöpfer«, der Niederländer Dirk Beemster, beschreibt ihn als ersten buddhistischen Pilgerweg Europas. Das insgesamt 6.000 Kilometer lange Streckennetz folgt einer japanischen Tradition, denn dort sind die buddhistischen Tempel und heiligen Plätze durch Hunderte von Wegen verbunden. Für den Jizoweg suchte Beemster schöne und ruhige Verbindungen zwischen buddhistischen Zentren in Westeuropa. Das Ganze besteht aus mehreren Strecken in den Niederlanden, Belgien, Frankreich, Italien, Deutschland und Spanien und funktioniert wie eine optionale Reiseroute. Teils verläuft diese auf bestehenden Wanderwegen, dann wieder müssen ganz neue Wege beschritten werden. Doch letztendlich bleibt es jedem Pilger selbst überlassen, wie er von einem Zentrum zum nächsten gelangt; die Routen dazwischen verstehen sich nur als Vorschläge, die jeder nach Belieben abwandeln kann. Fixpunkte sind lediglich die Pilgerstätten in Form von buddhistischen Zentren, Tempeln oder Gemeinschaften. Diesen kann man auf dem Weg einen Besuch abstatten, dort kann man meditieren, die Nacht verbringen oder auch arbeiten. Zu ihnen zählen so bekannte Zentren wie das Plum Village des vietnamesischen Zen-Meisters Thich Nhat Hanh in Frankreich, doch genauso kleine Gruppen und Initiativen in der deutschen Provinz. Der Jizopad – ein lohnendes Projekt, bei dem man sicherlich viel über buddhistische Achtsamkeit und Gelassenheit lernt!

Es gibt auch ungewöhnliche Pilgerweg-Projekte, die viele Abenteuer verheißen. Eines davon ist der »Jerusalem Way«, das der österreichische Polizist Johannes Aschauer initiierte. Der Jerusalemweg führt vom Kilometer 0 in Finisterre vorbei an historischen und kulturellen Orten durch das Herz Europas bis nach Jerusalem. Auf einer Länge von circa 7.500 Kilometern verbindet er die Kontinente Europa und Asien und damit die unterschiedlichsten Religionen und Kulturen. Der Jerusalemweg führt durch 15 Länder und stellt somit, laut Aschauer, den längsten Friedensweg der Welt dar. Sein Credo: »Was Religionen und Völker trennt, können wir Menschen in Liebe verbinden.«

Obwohl grob beschildert, bietet der Weg keine starke Infrastruktur, was bedeutet, dass man ihn schlecht im Voraus planen und Quartiere reservieren kann. Wodurch man aber andererseits – laut Initiator – lernt, dem Weg zu vertrauen.

Doch selbst wenn man nicht ganz so abenteuerlustig ist, muss man nicht auf den immer gleichen eingefahrenen Wegen laufen. Ständig werden auch in Deutschland und im europäischen Ausland neue Pilgerwege eröffnet und geben reichlich Gelegenheit, Unbekanntes zu erkunden.

Weil man nur einen Tag,
aber auch ein paar Wochen gehen kann

Als ich mit dem Pilgern anfing, hatte ich keine Ahnung, worauf ich mich einließ. Natürlich hatte ich einschlägige Literatur zum Thema gelesen, aber was genau das bedeutete, den ganzen Tag zu laufen und mit sich und seinen Gedanken allein zu sein, konnte ich mir nicht vorstellen. Weder wusste ich, ob ich dem körperlich gewachsen sein würde, noch ob es mir gelingen würde, mich selbst auszuhalten. Außerdem wurde mir allein bei dem Gedanken mulmig, allein irgendwo zu übernachten. Darum startete ich zuerst mit Tagestouren.

Vorzugsweise samstagmorgens fuhr ich an den Startort einer Etappe, lief den Tag über und fuhr abends vom Zielort wieder zurück nach Hause. Das war gut, um sich in das Laufen einzufühlen und eine Vorstellung davon zu bekommen, was es heißt, pilgern zu gehen. Ich genoss es, in aller Herrgottsfrühe aufzustehen, den Tag auf Straßen, Wegen und Pfaden zu verbringen und dann abends wieder in mein vertrautes Bett zu kriechen. Oft fühlte ich mich dann, als hätte ich den Tag auf einem anderen Planeten, in einer anderen Welt verbracht, weil mein Tagesgeschehen sich sehr von dem eines normalen Samstags unterschied.

An einem normalen Samstag ging man einkaufen, putzte, kochte, wusch, schaute sich das Fußballspiel des Sohnes an und bereitete den Salat fürs Grillfest vor. Ich jedoch hatte nichts von alldem gemacht, sondern war einfach durch Wald und Flur, Städte und Dörfer gelaufen. Ich fühlte mich, als hätte ich einen Urlaubstag seeehr weit weg von zu Hause verbracht, und das machte mich glücklich und zufrieden.

Doch irgendwann wollte ich länger unterwegs sein und brach zu mehrtägigen Touren auf. Und stellte fest: Es ist anders. Je länger man unterwegs ist, desto mehr verschreibt man sich dem Weg, taucht ein und lässt sich fallen.

Und so hat beides sein Gutes. Auf einer Tagesetappe steigt man kurz aus dem Alltag aus und taucht ab in eine Parallelwelt. Auf einer längeren Pilgerreise begibt man sich im wahrsten Sinne des Wortes auf einen Weg, und damit auch immer ein bisschen auf eine Reise zu sich selbst.

In der Hierarchie der Pilger stehen Langzeitpilger besser da als Kurzzeitpilger, denn – Toleranz hin oder her – es gibt einen Unterschied in der Bewertung der Fußreise: Hochachtung auf dem *camino* erntet nur, wer mindestens von den Pyrenäen aus gestartet ist, besser noch in Frankreich oder zu Hause.

Der Pilger-Profi Raimund Joos, der viel auf spanischen Jakobswegen unterwegs war, spricht von gewissen Phasen, die man beim Langzeit-Pilgern durchlebt: Nachdem man die erste Begeisterung und die ersten Blessuren hinter sich gelassen habe, stelle sich ein gewisser Pilgeralltag ein, schreibt er. Das Gehen werde zum Alltag, und man entwickle einen gewissen Automatismus.

Der französische Schriftsteller Jean-Christophe Rufin hält es sogar für unabdingbar, länger zu pilgern. Er bezeichnet das Gehen als eine Alchimie der Zeit, die auf die Seele wirke. Ein Prozess, der nicht auf die Schnelle passiere. »Der Stein bleibt roh, denn um ihn zu bearbeiten, braucht es ein längeres Bemühen, mehr Kälte und mehr Dreck, mehr Hunger und weniger Schlaf«, meint Rufin.

Außerdem lehrten lange Pilgerauszeiten, den Weg zu akzeptieren. Nach mehreren Hundert Kilometern stelle man nichts mehr in Frage, begehre nicht mehr auf, man sei in eine Art buddhistischen Geisteszustand eingetreten, der einen Dinge einfach so akzeptieren lasse, wie sie sind, meint Rufin.

Wenn möglich sollte man sich also auch mal eine längere Zeit des Gehens gönnen, bei dem man das ganze Spektrum des Pilgerns erleben kann.

Weil jeder es so tun kann, wie er will

Es gibt sie überall. Man trifft sie in Mutter-Kind-Gruppen und in Fotoclubs, in Kochkursen, beim Laternebasteln und beim Lauftraining: diejenigen, die Bescheid wissen. Die man eigentlich nur hätte fragen müssen, dann hätten sie es einem gleich sagen können …

Schon im Alltag sind sie schwer zu ertragen, diese Mitbürger des Genres »Alleswisser«. Doch im Urlaub treten sie besonders unangenehm in Erscheinung. Trifft man sie im Hotel beim Essen, können sie genauestens Auskunft über das Buffet geben. Sie wissen, welches Fleisch gut ist und welches man besser nicht isst. Sie kennen die Sehenswürdigkeiten, die man auf keinen Fall verpassen darf. Und selbst bei der Schlossführung am Urlaubsziel können sie der kleinen, einheimischen Studentin noch helfend zur Seite springen, indem sie lückenlos den Stammbaum des dortigen Königsgeschlechts herunterbeten oder mal eben eine Geschichtszahl korrigieren, die nicht ganz präzise war. Kann ja mal passieren.

Noch Fragen? Sie sind zudem natürlich jederzeit herzlich gerne bereit, Tipps nach rechts und links zu verteilen. An Mitreisende, die vielleicht noch nicht ganz im Thema sind und gerne ungefragt auch an solche, die den Eindruck machen, als wären sie einfach zu blöd.

Auch beim Pilgern trifft man natürlich auf solche kompetenten, besorgten Mitmenschen, die nur zu gerne wohlmeinende Ratschläge und den Profi geben. Die wissen, wie man es richtig macht. Beim »richtigen« Pilgern muss man morgens erst mal richtig frühstücken, bevor man losgeht, man sollte alle halbe Stunde trinken, alle zwei Stunden eine Pause machen, immer dieselben Socken tragen und nie ohne Trekkingstöcke gehen. Das riet mir mal ein Manager, mit dem ich ein Stück zusammen pilgerte. Er war schon etliche Wege gelaufen, kannte sich also aus. Ich hörte mir alles schweigend an, während wir nebeneinander herliefen. Ich wusste: Widersprechen war zwecklos. Würde ich ihm erklären, dass ich morgens noch keinen Hunger hatte und es darum für mich sinnvoller war, erst mal vor dem Frühstück zu laufen, würde er missbilligend den Kopf schütteln. Mein erprobtes System der stündlichen Trinkpausen würde er nicht gutheißen. Genauso wenig wie meinen Sockenwechsel und die Tatsache, dass ich Wanderstöcke lästig fand. Denn er wusste ja, was das Beste war. Für sich und für jeden anderen auch.

Es gibt sie überall, diese Typen, die ihre Umwelt belehren wollen. Am Anfang haben sie mich eingeschüchtert, und ich habe ehrfürchtig zu ihnen aufgeblickt. Inzwischen habe ich mich emanzipiert. Meistens mache ich einen weiten Bogen um diese Leute oder höre schweigend zu, was sie erzählen. Dann drehe ich mich um und tue, was ich für richtig halte.

Denn das ist ja das Schöne am Pilgern. Manche Sachen mögen sich bewährt haben und machen Sinn. Aber das kann und sollte jeder für sich selbst erproben und herausfinden: wie und wann er am besten läuft, wann und was er am besten isst und trinkt, und unter welchen Bedingungen das Laufen am meisten Spaß macht. Denn eine Pilgerreise ist immer auch Urlaub. Und da will man sich nicht noch weiteren Regeln unterwerfen, die im Alltag sowieso schon überhandnehmen.

Und warum auch nicht? Es wird schon irgendwie. Wenn man ein paar Blasen bekommt, feststellt, dass man zu viel gegessen hat oder morgens mal nicht ganz so fit ist, dann ist das nicht schlimm. Das alles gehört zum Lernprozess dazu, und was sich nicht bewährt, fliegt sowieso ganz schnell raus.

Weil man Menschen kennenlernt, von denen man nie geglaubt hätte, dass sie auch pilgern

Ich weiß nicht warum, aber lange Zeit hatte ich ein Bild im Kopf. Ein Bild davon, wie ein Pilger auszusehen hat. Fit oder doch zumindest in der Lage, für längere Zeit zu laufen. Doch manchmal kann man sich täuschen. Wie auf dem Jakobsweg in Portugal.

Auf dem Weg zu unserer Unterkunft am Strand begegneten wir zwei korpulenten Frauen in wallenden Sommerkleidern. Sie trugen große Sonnenhüte und leichte Sandalen. Obwohl sie ein wenig mit ihrer Leibesfülle kämpften und behäbig vor uns die Uferpromenade entlangwatschelten, wirkten sie heiter und schienen den Spaziergang zu genießen. Ab und zu hielten sie an, sahen sich um oder blinzelten in die Sonne, um dann wieder ihren Weg fortzusetzen und sich angeregt weiter zu unterhalten. Ein entspannter Abendspaziergang eines ebenso entspannten Strandurlaubs, hätte man meinen können.

Am nächsten Morgen trafen wir die beiden Ladys beim Frühstück in unserer Pension. Was sie denn hier so machten?, wollte ich wissen. Ich war ehrlich interessiert. Pilgern natürlich! Sie lachten. Zum Glück hatten die beiden Amerikanerinnen Humor. Sie wussten selbst, dass sie nicht wie Top-Sportler daherkamen. Eine der beiden erzählte auch sofort, dass sie zum ersten Mal unterwegs sei, und zeigte freimütig ihre Blasen, berichtete über Kreuzschmerzen und wunde Füße. Doch das alles fand sie nicht weiter schlimm. Sie würde die Etappenlänge eben anpassen, beschrieb sie ihr Schonprogramm. Mehr als 15 Kilometer am Tag seien eben nicht drin.

»Beim nächsten Mal geht es dann schon besser«, meinte ihre Begleiterin und lächelte wissend. Sie habe beim ersten Mal auch gelitten, erzählte sie, aber inzwischen sei sie abgehärtet. Ich wurde hellhörig. Inzwischen? Die Lady berichtete daraufhin ganz selbstverständlich von ihren Pilgerreisen, die sie in den letzten Jahrzehnten unternommen hatte. Sie war bereits Anfang der 2000er den französischen Jakobsweg gelaufen, lange bevor der große Run auf den *camino* einsetzte. Und die »Via de la Plata«, den Jakobsweg von Andalusien nach Santiago de Compostela, hatte sie auch schon absolviert. 1.500 Kilometer immerhin, und das bei einem Pilgerweg, der wenig Infrastruktur hat und kaum begangen wird. Und diverse andere, kleinere Wege kannte sie auch.

Ich war beeindruckt. Sofort begann ich die beiden Frauen in einem anderen Licht zu sehen. Von unbedarften Sommerurlauberinnen wurden sie zu Heldinnen. Die »Erstpilgerin«, weil sie sich heroisch durch die Pilgerstrapazen kämpfte und überhaupt nicht daran dachte, klein beizugeben. Die andere, weil sie schon so viele *caminos* gelaufen war.

Als dann die Vielpilgerin noch erzählte, sie sei in den USA öfter mal für ein paar Wochen auf einem Wildnistrail mit Kocher und Zelt unterwegs, wuchs meine Hochachtung ins Unermessliche. Noch dazu, weil sie mit ihren Erfahrungen nicht angab, sondern sie als Fakt hinstellte. Ja, sie war schon viel unterwegs gewesen, und ja, sie hatte schon einige Wege gesehen. Aber warum einen Film davon machen? Es war, als würde sie erzählen, dass sie öfter mal eine Vernissage besucht.

Ich empfand das als äußerst wohltuend. Denn oftmals müssen Pilger, denen man am Weg begegnet, erst mal raushauen, wie lange sie bereits unterwegs sind und was sie schon alles gemacht haben. Und damit unter Beweis stellen, dass sie Profis sind. Doch das alles schien der Amerikanerin nicht wichtig zu sein. Wie angenehm, Menschen zu treffen, die es nicht nötig haben, sich in Szene zu setzen.

Weil jeder Weg seine eigene Magie hat

Je nachdem, warum man pilgert, verknüpft man auch gewisse Erwartungen mit der Reise. Will heißen: Man erwartet oder hofft zumindest, dass was Besonderes passiert auf dem Weg. Nicht ohne Grund geht man ja nicht auf einem stinknormalen Wanderpfad spazieren, sondern begibt sich extra auf einen Pilgerweg. Denn dieser ist per se schon mal behaftet mit einer gewissen Tradition und Geschichte, was ihn wiederum mit einer besonderen Atmosphäre auflädt.

Was genau das ist, was einen Pilgerweg ausmacht, ist schwer zu greifen. Denn rein äußerlich unterscheidet er sich ja oft nicht von anderen Wegen oder Straßen. Doch besonders Menschen, die sich der Esoterik verschrieben haben, sprechen von einer gewissen Magie, die jedem Pilgerweg innewohnt. Die amerikanische Schauspielerin Shirley MacLaine zum Beispiel, die den französischen Jakobsweg lief und ein Buch darüber schrieb. Dort führt sie aus, worauf sich ihrer Meinung nach die Magie des Jakobswegs gründet.

Der *camino*, so sagt sie, verlaufe direkt unter der Milchstraße und folge den sogenannten Ley-Linien, die die Energie des über ihnen liegenden Sternensystems widerspiegeln. Diese Energielinien sollen ihrer Meinung zufolge die Lebenskraft besonders intensivieren. Und so komme es – so ihre These –, dass einem menschlichen Bewusstsein, das diese Energie erlebe, eine besondere Klarheit der Gedanken, der Erfahrung, der Erinnerung und der Erleuchtung zuteil werde. Damit sei zu erklären, so Frau MacLaine, dass dem Pilger auf dem Weg Selbsterkenntnis und das Verständnis seines Schicksals beschert werde.

Ob diese Behauptungen zutreffen, sei dahingestellt. Doch die Schauspielerin hat solche Phänomene auf ihrer Pilgerreise immer wieder erlebt, und eigentlich möchte man ihr gern glauben. Denn – Hand aufs Herz – wer wollte nicht erhellende Einsichten und Erkenntnisse vom Weg mitnehmen und sein Schicksal verstehen?

Auch ob es die Ley-Linien gibt, ist nicht bewiesen. Wenn man daran glaubt, wird man sicherlich mannigfaltige Beweise dafür finden. Doch unabhängig davon, ob das nun stimmt mit den Kraftlinien und den besonderen Energien: Eigentlich wohnt jedem Weg eine bestimmte Magie inne, wenn man sich dieser Vorstellung öffnet. Und das tun die meisten.

Man hat schon so viel darüber gelesen und davon gehört, dass einem auf dem Weg außergewöhnliche Sachen begegnen, dass man eine gewisse Antenne für besondere Vorkommnisse entwickelt hat. Darum sind die Sinne geschärft, und man ist besonders aufmerksam für Eindrücke, Erfahrungen und Ereignisse am Wegrand. Man nimmt Dinge wahr, die einem sonst nicht auffallen würden, weil man ständig auf der Suche ist nach einer bestimmten Bedeutung oder Symbolik.

Der Autor Stefan Albus, der in Deutschland gepilgert ist, beschreibt es als »Dinge, die sowieso schon da sind, mit dem eigenen Leben in Verbindung bringen«. Unbewusst klopfe man alles, was einem begegne, daraufhin ab, was es für das Leben bedeute. Man stelle Zusammenhänge her und bewerte Dinge. Und am Ende komme so eine Art Sinn oder Lektion heraus. Der wache Geist des Pilgers picke sich aus dem Strom der Ereignisse einfach diejenigen heraus, die ihm gerade wichtig erscheinen, sagt Albus, und betreibe somit eine selektive Wahrnehmung.

Das bedeutet im Umkehrschluss, dass man Sachen plötzlich in Zusammenhang bringt, die einem sonst nie aufgefallen wären. Da empfindet man den Titel des Buches, das im Café liegen geblieben ist, auf einmal als bedeutungsvoll, und es kommt sicher nicht von ungefähr, dass man andauernd dieser Pilgerin begegnet, die einen so sehr an die Schwester erinnert, bei der man sich längst wieder melden sollte?!

Ob das alles eine bestimmte Bedeutung hat oder nicht, sei dahingestellt. Fest steht jedoch, dass man in der Regel auf einer Pilgerreise sehr empfänglich dafür ist, an eine gewisse Symbolik zu glauben, und dann versucht, die Zeichen richtig zu deuten. Auf einem Sonntagsausflug hätte man diese Dinge vielleicht gar nicht zur Kenntnis genommen, geschweige denn sie in Bezug zum eigenen Leben gesetzt. Doch als Pilger auf der Suche nach Sinn wartet die Magie überall.

37. Grund

Weil man die Pilgerreise durchplanen kann, aber nicht muss

Eigentlich bin ich ein Sicherheitsmensch. Ich weiß gern, worauf ich mich einlasse, bevor es losgeht. Will alles wissen und durchdringen, damit auch ja nichts schiefgehen kann. Doch beim Pilgern habe ich mir das abgewöhnt. Mit Pilgervorbereitungen gehe ich in gewisser Weise fast schon lässig um; meistens packe ich erst am Tag vor der Tour meinen Rucksack, buche erst am Vorabend mein Zugticket.

Und auch wenn ich unterwegs bin, habe ich gelernt, spontan zu sein. Denn es kommt vor, dass einen der Rentner, mit dem man so nett geplaudert hat, zu einer Tasse Kaffee einlädt und so die zeitliche Planung durcheinanderwirft. Oder man trifft Mitpilger, mit denen man ein Stück zusammen läuft – weiter vielleicht als geplant –, weil man sich gut versteht. Oder es ist brütend heiß, und man mag gar nicht so lange gehen wie geplant. Oder nette Orte mit charmanten Herbergen fordern quasi zum Bleiben auf.

Das alles kann passieren, und dann ist es gut, wenn man nicht strikt einem vorgefertigten Plan folgen muss, sondern spontan auf die Gegebenheiten des Weges reagieren kann. Dennoch habe ich immer ein Grundgerüst im Kopf, denn ein Minimum an Sicherheit finde ich beruhigend: Darum organisiere ich die Pilgerherberge wenn möglich im Voraus, weil ich gerne weiß, dass ich abends einen Platz zum Schlafen habe – notfalls kann man sich ja wieder abmelden. Und auch die Versorgungslage mit Lebensmitteln und Einkehrmöglichkeiten überschlage ich grob, damit ich nicht irgendwo unterzuckert oder dehydriert strande.

Aber das alles ist nicht notwendig, wie ich zu meinem Erstaunen in Spanien festgestellt habe. Dort traf ich zwei Jungs, die noch nicht mal ein Minimum an Planung in ihre Reise investiert hatten. Sie waren aufs Geratewohl losgezogen, ohne sich vorher mit dem Pilgern oder der Strecke zu beschäftigen. Ihr Hauptanliegen war einfach, billig Urlaub zu machen. Darum hatten sie sich kurz entschlossen in einen Billigflieger gesetzt, waren in Bilbao ausgestiegen und dann einfach mal losgelaufen. Weder hatten sie geeignete Schuhe noch Regenzeug dabei. Und auch was Medikamente oder Pflaster anging, waren sie nicht ausgerüstet. Eigentlich trugen sie nur einen Rucksack mit ein paar Wechselklamotten bei sich. Und auch die waren nicht auf »outdoor« getrimmt, sondern Klamotten, die man jeden Tag trägt.

Ich bin auch nicht auf dem ultimativen Level, was die Ausrüstung angeht. Man muss nicht das neueste Hightech-Funktionsshirt tragen, ein Sportshirt tut's auch. Aber andere Sachen sind schon hilfreich. Wenn es nass wird zum Beispiel, finde ich es angenehmer, in einer Funktionshose zu laufen, die schnell wieder trocknet, als in einer Baumwollhose, die ewig an den Beinen klebt. Und gute Schuhe dürfen es auch sein. Aber okay. Da hat jeder seine eigene Philosophie. Man kann einen Jakobsweg auch in Jeans und Chucks laufen. Und wie ich von den Jungs lernte, kann man ihn auch gehen, ohne vorher zu wissen, wie Pilgern funktioniert, geschweige denn in einen Führer geschaut zu haben.

Die Strategie der Urlaubspilger war einfach: Sie fragten abends in der Herberge, wo die Mitpilger am nächsten Tag hin wollten, und das wurde auch ihr Ziel. Den Tag über hangelten sie sich an Muscheln und Pfeilen entlang, und abends kamen sie tatsächlich dort an, wo auch alle anderen sich eingefunden hatten. Wir staunten nicht schlecht, dass es ihnen immer wieder gelang, tatsächlich den Weg zu bewältigen – ganz ohne Vorbereitung! Wir alle glaubten, dass das nicht lange gut gehen könne. Sie mussten doch irgendwann scheitern, sich verirren, verletzen, Blasen laufen …?

Das passierte natürlich. Doch irgendwie kamen sie immer weiter. Wahrscheinlich auch, weil sie recht sorglos und wenig anspruchsvoll waren. Wenn sie sich verliefen, fragten sie nach dem Weg. Wenn sie nass wurden, dauerte es eben ein wenig länger, bis sie wieder trocken waren. Hatten sie Blasen, gab es immer jemanden, der mit Pflastern aushalf.

Fairerweise muss man dazu sagen, dass diese Aktion nur funktionierte, weil in Spanien eine gute Pilgerinfrastruktur herrscht. Zum einen sind die Jakobswege sehr gut ausgeschildert – man kann sich kaum verlaufen, und wenn doch, weiß wirklich jeder Einheimische, wo es weitergeht. Hilfreich ist auch, dass man in vielen Herbergen aufkreuzen kann, ohne sich vorher anzumelden, und überall gibt es Decken als Schlafsackersatz.

Dennoch war das Abenteuer Pilgern für die Jungs nach zwei Wochen zu Ende. Doch sie gaben nicht mangels Vorbereitung, Orientierung oder Ausrüstung auf, sondern einfach, weil sie kein Geld mehr hatten.

Welche Erkenntnis kann man daraus ziehen? Einerseits mag man es naiv nennen, sich so unbedarft auf den Weg zu machen und darauf zu vertrauen, dass alles schon irgendwie hinhaut.

Andererseits aber kann man vielleicht auch davon lernen?! Vielleicht muss man sich nicht bis zum Anschlag ausrüsten, versuchen, alle Risiken abzudecken oder gegen alles Unbill gewappnet zu sein. Vielleicht kann man auch ein wenig darauf vertrauen, dass der Weg einen trägt?! Und vielleicht ist es ja auch gut, dass es noch Arten des Urlaubs gibt, wo das möglich ist.

Weil es fast jeder tun kann

Pilgern kann jeder. Na ja, okay. Fast. Aber zumindest jeder, der gewillt ist, irgendwie am Pilgerziel anzukommen. Denn Pilgern ist weder abhängig von der körperlichen Verfassung noch vom Alter. Will man nicht weit laufen oder ist dazu nicht in der Lage? Kein Problem. Dann passt man entweder die Etappenlänge an seine Laufleistung an oder legt Strecken mit dem Bus zurück.

Der Pilgerrucksack mit der kompletten Ausrüstung ist zu schwer? Auch das kann man lösen, indem man das Gepäck transportieren lässt oder einen Esel als Lastentier mitnimmt.

Fällt einem das Laufen an sich schwer, lässt sich der Weg auch mit dem Fahrrad bewältigen oder auf dem Pferd.

Und selbst mit größeren körperlichen Beeinträchtigungen kann man pilgern, wie der Autor und Redner Felix Bernhard vor einigen Jahren vorgemacht hat. Als erster Rollstuhlfahrer legte er im Jahr 2003 den französischen Jakobsweg zurück. Später dann pilgerte er über Tausende von Kilometern auf der Via de la Plata und dem Pilgerweg nach Jerusalem. Für ihn wurden die Pilgerreisen zu einem Erlebnis der Stärke und zum Beweis dafür, dass man alles schafft, wenn man es wirklich will.

Doch auch wenn man weniger abenteuerlich unterwegs und auf permanente Unterstützung angewiesen ist, geht was. Selbst ältere und kranke Menschen können pilgern. Eine Wallfahrt nach Lourdes zur Grotte der Heiligen Bernadette zum Beispiel wird von vielen Bus- und Reiseunternehmen sowie zahlreichen Hilfsorganisationen in ganz Europa explizit für Menschen mit Handicap angeboten. Die Gruppe der Behinderten stellt sogar die größte Wallfahrtsgruppe, die nach Lourdes pilgert.

Selbst Kinder können pilgern gehen. Und es gibt welche, die das in recht jungen Jahren freiwillig tun …

Zuerst nahm ich nur einen roten Karren wahr, der von einem Mann mit Pilgerhut gezogen wurde und sich stetig bergan bewegte. Ein reichlich großer Karren für eine Pilgerreise, dachte ich zuerst. Dazu noch schwierig zu handeln, denn Pilgerwege sind teilweise recht schmal und unwegsam. Doch je näher ich dem Karren kam, desto detailreicher wurde das Szenario. Ich entdeckte einen kleinen Jungen, der neben dem Mann herlief. Einen Stock in der Hand, mit dem er die Grashalme am Weg köpfte.

Es dauerte noch eine Weile, bis ich die interessante Konstellation erreicht hatte. Der Mann war mittleren Alters, der Junge vielleicht sechs Jahre alt. Auch kein Alter, in dem man Pilgern als spannenden Zeitvertreib empfindet, dachte ich. Doch der Vater belehrte mich eines Besseren. »Die Pilgerreise war nicht meine Idee«, sagte er. Sein kleiner Sohn sei in Santiago de Compostela getauft worden, und jetzt wolle er unbedingt wieder zu *seiner* Kirche. Der Vater war den Jakobsweg schon mal mit seinem Sohn auf dem Rücken gelaufen, doch nun wollte der kleine Kilian den Weg unbedingt allein laufen. Also hatten sich Vater und Sohn auf den Weg gemacht und liefen über zehn Etappen nach Santiago. Den Jungen schien die langweilige Straßenstrecke nicht im Mindesten zu beeindrucken – er suchte sich eine Beschäftigung. Und wenn's gar nicht mehr ging, ließ er sich ein wenig im Karren ziehen. Und auch die anderen Strapazen wie die heiße Sonne und laute Herbergen machte er ohne mit der Wimper zu zucken mit, wie mir der Vater versicherte. Irgendetwas schien den kleinen, braunhaarigen Jungen wie magisch anzuziehen und brachte ihn dazu, seinen Weg zu gehen.

Körperliche Voraussetzungen sind somit nur bedingt ein Hindernis für eine Pilgerreise, und selbst der Glaube bzw. die Konfession spielen nur eine untergeordnete Rolle. Zwar liegen den Pilgerwegen religiöse Traditionen zugrunde, doch auch als Angehöriger einer anderen Konfession oder als Nicht-Gläubiger kann man einen Pilgerweg beschreiten. Mittlerweile trifft man alle auf dem *camino*. Christen, Muslime und Buddhisten.

Pilgerwege in Europa
Pilgrimways in Europe

Rom 1706 km

Santiago de Compostela 2500 km

Trondheim 1418 km
via Fredrikshavn / Oslo

Loccum 185 km

Vadstena 750 km
via Lübeck / Lund

Jerusalem 4000 km

Viele Wege führen nach Rom ...
oder nach Jerusalem oder Santiago
de Compostela (Wegweiser vor der
Jacobi-Kirche in Hamburg).

Oben: Es gibt auch exotische Wege und Ziele (Grund 32). **Unten:** Die weiße Kammmuschel: das wichtigste Erkennungszeichen des Jakobspilgers mit dem roten Emblem des Santiago-Ordens, ehemals Beschützer der Pilger.

Oben: Der *Camino Francés* in Spanien – mehr als ein Pilgerweg, fast schon ein Mythos.
Unten: Alles ist möglich – auch mit dem Fahrrad kann man pilgern (Grund 34).

Manchmal scheinen sie endlos: Pilgerwege ziehen sich bis zum Horizont.

Oben links: Etliche Pilgerwege findet man auch in Deutschland. Hier die Probsteikirche St. Clemens in Telgte auf dem Jakobsweg durchs Münsterland. **Oben rechts:** Speyer: Die Minimalausstattung eines Pilgers im Mittelalter – breitkrempiger Hut, Umhang, Pilgerstab (Grund 88). **Unten links:** Pilgern auf deutschen Wegen … zum Beispiel auf der Via Baltica zum Dom in Osnabrück. **Unten rechts:** Die Muschel ist in jedweder Form – auch als Pflasterstein – der unfehlbare Wegweiser des Pilgers (Grund 23).

Oben: Auch andere Religionen pilgern, die Muslime zum Beispiel zum Felsendom auf dem Tempelberg in Jerusalem, einem der Hauptheiligtümer des Islam (Grund 99).
Unten: Neben Santiago de Compostela gibt es viele andere christliche Wallfahrtsorte wie Fátima in Portugal (Grund 7).

Oben: Pilgern durch pittoreske Dörfer – in Südeuropa ein häufiges Setting.
Unten: Nicht nur die Muschel, auch der gelbe Pfeil ist ein häufiges Wegzeichen auf Jakobswegen in ganz Europa.

Oben: Mittelalterliche Städte und Brücken: Beim Pilgern taucht man oft in vergangene Zeiten ein wie hier in Puenta la Reina auf dem *Camino Francés*. **Unten:** Beim Pilgern durchquert man diverse Landschaften, auch Wald und Heide.

Oben: Auch an Straßen entlang zu laufen kann eine wichtige Erfahrung sein (Grund 20).
Unten: Ruhen – Rasten – Reden: Es gibt immer wieder Pilgertreffs am Weg.

Oben: Hilfsbereitschaft wird beim Pilgern groß geschrieben – notfalls werden diejenigen, die selbst nicht gehen können, geschoben und gezogen (Grund 83). **Unten:** Sonne – Regen: Alles gehört irgendwie zum Pilgern dazu (Grund 17).

Oben: Traumhaft schöne Küstenabschnitte hält der *camino del norte* in Nordspanien bereit.
Unten: Der Pilgerpass: der Passierschein und die Erinnerungsstrecke des Pilgers (Grund 90).

Oben: Pilgern ohne Grenzen: Auch Felsenlandschaften in den Alpen sind kein Hindernis. **Unten:** Unendliche Weiten: Auf den Küstenwegen verläuft die Pilgerstrecke auch schon mal über den Strand.

Oben: Auch große Straßen gehören zum Pilgerrepertoire – kein Grund, um sich aufzuregen (Grund 30). Oben rechts: Kaum zu unterbieten: die Preise für eine Übernachtung in einer Herberge in Spanien (Grund 26). Unten: Souvenirs in Santiago de Compostela.

Oben: Die Vorbereitung steigert die Vorfreude auf die Pilgerreise, es geht aber auch ohne (Grund 37).
Unten: Pilgerstempel, die Wanderplakette des Pilgers – es gibt sie auf allen Wegen.

Mit minimaler Ausstattung klarkommen – auch das lernt man beim Pilgern (Grund 79).

Es gibt also kaum Gründe, nicht zu pilgern oder es zumindest nicht mal zu probieren.

Weil man was über den anderen Glauben lernt

Will man sich mit verschiedenen Ausprägungen des christlichen Glaubens beschäftigen, muss man gar nicht so weit weg. Das kann man oft auch vor Ort tun.

Ich komme aus einer protestantisch geprägten Gegend, aber bei uns in der Stadt gibt es auch eine katholische Kirche. Wäre man wirklich neugierig und wollte etwas über die andere Konfession erfahren, könnte man sich also einfach mal sonntags in die Messe setzen oder mit dem ortsansässigen Pfarrer unterhalten. Aber das tut man natürlich nicht. Weil irgendwie unspannend. Und eigentlich fehlt auch die Motivation. Warum sollte man?

Und überhaupt: Ein bisschen was weiß man ja meist. Die Eckdaten. Weiß, dass bei den Katholiken nur Männer Priester werden können. Dass die nicht heiraten dürfen und Kinder haben schon mal sowieso nicht. Man erinnert sich, dass es bei den Katholiken die Firmung gibt, die Kommunion und die Beichte. Vielleicht hat man auch gespeichert, dass die Protestanten nur Jesus zum Vorbild haben, während die Katholiken auch Maria und andere Heilige verehren. Und dann ist da irgendwo in Rom auch noch der Papst als der große Chef von der ganzen Fraktion.

Das oder Teile davon hat man vielleicht im Hinterkopf, wenn man an den katholischen Glauben denkt. Doch als nicht so religiöser Mensch, der eher aus weltlichen Motiven pilgert, steht man der Sache etwas indifferent gegenüber. Möchte sich vielleicht auch gar nicht so tief einlassen auf die Glaubensdinge.

97

Aber irgendwie kommt man dann doch nicht drum rum. Gerade wenn man auf einem der Jakobswege unterwegs ist, denn hier folgt man ja einer alten Pilgertradition der römisch-katholischen Kirche. Und die Wallfahrtsorte oder Heiligtümer, die man aufsucht, sind diejenigen, die von der katholischen Kirche als solche definiert wurden. Also macht man da schon irgendwie mit. Was dann unter Umständen, wenn auch erst befremdlich, doch ganz interessant sein kann.

In Süddeutschland, wo ich auf dem bayerisch-schwäbischen Jakobsweg pilgerte, fühlte ich mich wie in einer fremden Welt. Allein schon die mannigfaltigen Bildstöcke machten mir zu schaffen. Eigentlich – so habe ich später nachgelesen – sind sie ja Ausdruck der Volksfrömmigkeit. Sie sollen Anstoß geben zum Gebet, gelten als Zeichen der Dankbarkeit für überstandene Gefahren oder Krankheiten sowie zur Erinnerung an Unglücksfälle. Und wenn man von ihrem eigentlichen Zweck absieht, sind diese Bilderstöcke gar nicht so übel, denn oftmals befindet sich daneben eine Bank mit Mülleimer. Also wie gemacht fürs Picknick.

Aber irgendwie fühlt es sich dann doch komisch an, neben dem gekreuzigten Jesus in die Käsestulle zu beißen. So was Profanes an einem irgendwie heiligen oder zumindest geweihten Ort! Ich weiß nicht, ob alle anderen, die dort vorbeikommen, tatsächlich beten oder danken oder sonst wie der Bestimmung dieses Ortes gerecht werden, aber ich fühlte mich ein wenig merkwürdig. So als müsste ich ein schlechtes Gewissen haben, neben dem leidenden Jesus am Kreuz ganz unbedarft mein Pilgerbrot zu verzehren.

Ein ähnlich komisches Gefühl beschleicht mich, als ich in den katholischen Kirchen in Franken stehe. Da hilft es dann auch nicht, wenn man denkt: Ach, alles Christen! Denn irgendwie macht sie sich doch bemerkbar, die andere Glaubensrichtung. Das fängt bereits bei der Ausstattung an. Evangelische Kirchen sind ja schon mal per se schlichter, sahen sich doch die Protestanten als Gegenbewegung zu den Katholiken mit Pomp und Prunk.

Doch vor allem katholische Kirchen aus der Barockzeit verstanden sich als Vorräume des Himmels und sind dementsprechend großzügig mit Gemälden ausgestattet, die Innenausstattung oft reich verziert.

Mich hauen die barocken Kirchen in ihrer Opulenz schlichtweg um. Das ist alles ein bisschen zu viel. Hier ein Himmelsdeckengemälde mit herabschwebenden Engeln, dort ein Heiligenbild, Marien allerorten, Apostelkreuze, verschnörkelte Säulen, Stuck und Schnitzereien, Ornamentschmuck, verspielte Dekors, ... Das nimmt einem den Atem.

Noch heftiger wird's, wenn auch draußen noch was stattfindet. Denn oftmals wird der Leiden Christi zusätzlich mit einem Kreuzweg gedacht, und auf dem Kalvarienberg die Kreuzigungsszene noch mal möglichst detailgetreu nachgestellt.

In Markt Biberbach in Schwaben erwischte mich dann alles zusammen. Zum einen stieß ich dort auf die Wallfahrtskirche St. Jakobus, St. Laurentius und zum Heiligen Kreuz, eine prächtig im Rokoko-Stil ausgestattete Wallfahrtskirche.

Am Aufgang zu St. Jakobus und Laurentius befand sich auch eine Kalvarienberggruppe mit Jesus am Kreuz, Maria, einem römischen Soldaten und einigen anderen Skulpturen.

Ich wohnte in der Pension gegenüber, und von meinem Fenster aus blickte ich direkt auf die Kreuzigungsszene und die dahinter liegende Kirche. Auch eine kleine Lourdes-Grotte gab es da, und irgendwie war es schon merkwürdig. Obwohl nur ein paar Hundert Kilometer von zu Hause entfernt, fühlte ich mich in eine andere Welt versetzt. Die Zinkfiguren vor meinem Fenster schienen mich förmlich dazu aufzufordern, mich mit ihnen zu beschäftigen. Das tat ich dann auch. Las ein bisschen was über die Kirche nach, lernte, dass diese unter anderem deshalb bekannt war, weil es hier im Jahr 1766 zu einem Orgelwettspiel zwischen dem damals zehnjährigen Wolfgang Amadeus Mozart und dem zwölfjährigen Enkel des Biberbacher Organisten kam. Ach!

Wenn man dann noch weiter in die Kirchengeschichte eintaucht, wird es doch irgendwie interessant. Denn ich lerne auch, dass tatsächlich viele Leute hierherkommen, da sie an das Herrgöttle von Biberbach glauben. Das ist ein großes romanisches Kruzifix aus dem 13. Jahrhundert – im Volksmund »Liebes Herrgöttle von Biberbach« genannt, dem viele Wunder zugeschrieben werden. Interessant!

Doch auch über andere Glaubensgemeinschaften lernt man was beim Pilgern. Gerade wenn ich in Klöstern übernachte, nutze ich immer wieder die Gelegenheit, mich ein wenig mit der Geschichte der Kongregation zu befassen, die mich gerade aufnimmt. So habe ich zum Beispiel gelernt, dass die Zisterzienser seit jeher als ein besonders gastfreundlicher Orden galten und sie darum bei den Pilgern beliebt waren, und dass sich die Schwestern von Steijl auf der ganzen Welt für bedrohte und unterdrückte Menschen einsetzen. Ich beschäftigte mich mit den Kapuzinern, dem Orden der Armen Schulschwestern von Unserer Lieben Frau und den Trappisten.

Natürlich setzt man sich nicht intensiv mit den Konfessionen auseinander. Man versucht eher, grob einzuordnen, wo sie herkommen, und rauszukriegen, was sie von den anderen unterscheidet. Doch schon die Tatsache, dass man beim Pilgern mit so vielen Spielarten des Glaubens konfrontiert wird, bereichert das Verständnis von Religion.

Darüber hinaus finde ich es bemerkenswert, dass man unabhängig von seinem Glauben als Pilger fast überall aufgenommen wird. Das macht deutlich, wie groß das Netz der Glaubensgemeinschaften ist und dass es einen irgendwie trägt.

Weil man bis ans Ende der Welt gehen kann

Im Gegensatz zum Wallfahren, bei dem man den Zielort im Blick hat, ja bei dem der Zielort in der Regel das ausschlaggebende Motiv für die Wallfahrt ist, folgt eine Pilgerreise mehr der Prämisse: »Der Weg ist das Ziel.« Das heißt, dass das Laufen und das, was man dabei erlebt, mindestens genauso wichtig sind, wie das Ziel zu erreichen.

Dennoch ist die finale Pilgerstätte nicht ganz unwichtig, denn irgendwie ist der Weg damit verbunden. Selbst wenn man ihn in Etappen erläuft und sich somit nur langsam dem Fernziel nähert, schwirrt es einem doch ständig im Kopf. Schließlich bewegt man sich jeden Tag ein bisschen mehr darauf zu; es fungiert als Vision und Motivation. Man ist neugierig auf den heiligen Ort und nicht zuletzt darauf, wie es einem geht, wenn man den Endpunkt der Pilgerreise erreicht hat. Ob man sich besonders fühlt, ob man sich verändert hat und ob der besondere Ort was mit einem macht.

Zwei der drei großen christlichen Pilgerwege tragen in ihrem Namen schon das Wallfahrtsziel in sich, so der Pilgerweg nach Rom und der Pilgerweg nach Jerusalem. Beim dritten, dem Jakobsweg, ist der Endpunkt am Reliquienschrein des heiligen Jakobus in der Kathedrale von Santiago de Compostela erreicht. Doch man kann die Pilgerreise auch noch um ein paar Etappen verlängern und bis zum Kap Finisterre gehen.

Für manche ist dieser Ort am Meer knapp 100 Kilometer westlich von Santiago der eigentliche Endpunkt der Pilgerreise. Erst hier haben sie das Gefühl, wirklich angekommen zu sein. Vielleicht ist es die natürliche Grenze am Rande des Wassers, an der man wirklich nicht mehr weitergehen kann, die das Gefühl des Endgültigen ausmacht?

Doch wie dem auch sei – ob man nach Finisterre läuft, um wirklich anzukommen, oder einfach nur, um die Pilgerreise noch zu verlängern; es ist ein erhebender Moment, zum Kap hochzulaufen und beim »Nullpunkt« anzukommen. Denn hier hört die Zählung auf, bei der seit Santiago die verbleibenden Kilometer bis zum Kap runtergezählt und auf Stelen vermerkt wurden. Hier hat man den Kilometerstein mit der »0« drauf erreicht, und es geht definitiv nicht mehr weiter!

Früher zogen die Pilger, nachdem sie in Santiago gewesen waren, oftmals bis zum Kap Finisterre, um sich dort ihres alten Lebens zu entledigen und wieder neu anzufangen. Um dies zu tun, verbrannten sie in einer symbolischen Handlung ihre alte Kleidung auf den Felsen des Kaps. Oftmals sammelten sie auch im Meer ihre eigene Jakobsmuschel, die als Beweis für die Pilgerreise diente.

Es gibt Vermutungen darüber, dass der Pilgerweg nach Finisterre schon in vorchristlicher Zeit existierte und vielleicht von Schamanen begangen wurde, die dem Verlauf der Sonne bis zum Kap folgten. Keine ganz unwahrscheinliche Vorstellung, denn wenn man auf dem Kap am Leuchtturm steht, umgeben von Wasser, das in der Ferne mit dem Horizont verschmilzt, ist dem Ort eine gewisse Mystik nicht abzusprechen. Zumal man tatsächlich das Gefühl hat, dass hier alles zu Ende ist. Kein Land weit und breit in Sicht. Nicht ohne Grund galt das Kap im Mittelalter als der westlichste Punkt des Kontinents und symbolisierte das Ende der Welt.

Heute weiß man, dass das nicht stimmt, denn geografisch gesehen befindet sich der westlichste Punkt des europäischen Festlands in Portugal ca. 40 Kilometer westlich von Lissabon am Cabo da Roca.

Und auch den Titel des westlichsten Punkts des spanischen Festlandes kann Finisterre nicht für sich beanspruchen. Denn der liegt gut 15 Kilometer nördlich in der Gemeinde Muxía beim Cabo Touriñán. Dennoch ist die symbolische Bedeutung des Kap Finisterre bis heute ungebrochen.

41. Grund

Weil man alles sieht

Ist man als Tourist unterwegs, will man es nett haben im Urlaub. Darum sucht man sich möglichst ein passendes Ziel: Fährt zum Traumstrand auf die Malediven, geht trekken in Neuseeland oder macht eine Safari in Afrika. Wenn das nicht drin ist, besucht man zumindest eine schöne Nordseeinsel, macht eine nette Wanderung oder unternimmt Tagesausflüge an reizvolle Orte.

Plant man eine Städtereise, sucht man sich schon vorher die Sights raus, die man sehen will: das angesagte Szeneviertel, das spektakuläre Museum oder die historische Altstadt. Keinesfalls jedoch fragt man sich, wo es richtig schön laut und dreckig ist, wo die hässlichsten Häuser stehen oder wo man trostlose, verfallene Industrieanlagen besichtigen kann (außer man ist ein Fan von »Lost places«). Auch fährt man vorzugsweise nicht an Strände, die zugemüllt und mit Hochhäusern zugebrettert sind, man wandert nicht durchs nächste Industriegebiet und plant keinen Ausflug in den tristen Vorort einer Großstadt. Man will wenn möglich den grauen Alltag, das Hässliche und Unansehnliche ausblenden.

Beim Pilgern geht das kaum. Es sei denn, man überbrückt die weniger attraktiven Strecken mit Bus oder Zug. Doch ansonsten liegt *alles* am Weg: die unspektakulären Orte, die nicht als Top Sights im Reiseführer stehen, trostlose Gegenden, die man sich eigentlich lieber sparen würde, oder Asphaltwüsten.

Gerade wenn man große Städte durchläuft, hat man das ganze Programm. Man kommt durch die Viertel mit den Hochhäusern, geht an dreckigen Hinterhöfen vorbei und ungepflegten Vorgärten. Erlebt die Penner im Park und trifft Leute, die vor den hässlichen Mietskasernen rumlungern. Man hat keine Touristenrolle mehr inne, bei der man selektiert, sondern man sieht alles. Zuerst mag man sich sträuben: Nein, das hat man nicht gewollt. Pilgern, das war doch das mit der Muße und der Kontemplation, dem angenehmem Vor-sich-hin-Laufen?! Dies hingegen gleicht einer Bewährungsprobe. Meint man es wirklich ernst mit dem Pilgern? Ist man bereit, auch unter diesen widrigen Umständen weiterzulaufen? Diese Frage stellt sich schon das eine oder andere Mal.

Doch schafft man es, diese dunklen Gedanken beiseitezuschieben, passiert etwas Eigenartiges. Je länger man durch diese unattraktive Umgebung läuft, desto mehr hat man das Gefühl, dass dies hier echt ist. Man bekommt mit, wie die Leute wirklich leben. Wie der Alltag abläuft jenseits von Schickimicki. Sieht Menschen, die nicht in High Heels, sondern in Schlappen einkaufen. Läuft vorbei an den alten, zahnlosen Opis, die auf dem winzigen Bürgersteig an der Straße sitzen, oder schaut hoch zu den faltigen Omis, die auf ein Kissen gelehnt das Leben auf der Straße betrachten. Man kommt an der alten Eckkneipe vorbei und nicht an dem hippen Szeneladen, man kauft ein Brötchen beim lokalen Bäcker, der keine Touri-Spezialitäten in der Auslage hat, sondern wo der Zettel an der Eingangstür auf den nächsten Basar im Gemeindehaus hinweist.

Man durchläuft ein Leben, das so normal und unaufregend ist, wie es in einem Vorort nur sein kann. Die ungeschönte Wahrheit. Irgendwie auch befriedigend. Und oftmals stellt sich nach und nach das Gefühl ein, eine Region oder Stadt wirklich zu kennen. Mit allen Höhen und Tiefen und in all ihrer Schönheit und Hässlichkeit. Man hat alles gesehen, man war wirklich da.

5. Kapitel

Die Erlebnisse

Weil man erstaunliche Begegnungen hat

Dass man beim Pilgern viele unterschiedliche Leute, viele Mitpilger trifft, ist bekannt. Abgesehen von den Weggefährten begegnet man jedoch noch ganz anderen Menschen. Gerade wenn man sich auf die religiöse Seite einlässt, Kirchen besucht, nach Pilgerstempeln fahndet oder in Klöstern schläft, macht man manchmal recht erstaunliche Bekanntschaften und erlebt kuriose Dinge.

Nehmen wir einen heißen Tag im Juli in einem kleinen Ort an der Weser. Der Pilgerweg führte direkt an der lokalen Kirche vorbei. Die lässt man nicht links liegen – der Stempel ruft.

Also stiefelte ich in den Hof. Als ich an der Kirchentür ankam, war die Überraschung groß: Statt eines hölzernen Portals mit großen Flügeltüren war da … nichts. Die Türen waren ausgehängt, und ich blickte direkt in den Innenraum der Kirche. Dort wartete die nächste Überraschung, denn auch dort war … nichts. Weder Kirchenbänke noch Altar. Alles platt. Nur ein gelber Bagger stand am Rand, daneben zwei Männer in roten T-Shirts mit Kaffeebecher in der Hand. Ich blieb erstaunt in der Tür stehen, doch einer der beiden Männer winkte mich hinein. Der örtliche Pfarrer, wie sich herausstellte. Er habe mich gleich an meinem Führer erkannt, sagte er. Ich sei doch Pilgerin? Und wolle einen Stempel? Ich nickte stumm. Ich war immer noch baff. So eine entkernte Kirche hatte ich noch nie gesehen.

Renovierungsarbeiten, so der Pfarrer. Sie wollten die Kirche sanieren. Und heute sei eigentlich Arbeitssamstag, aber die Gemeindemitglieder, die versprochen hatten, tatkräftig zu helfen, waren nicht gekommen. Bis auf einen. Aha.

Doch das hielt den Pfarrer nicht davon ab, mir in allen Einzelheiten zu schildern, was denn in der neuen Kirche alles anders, schöner werden sollte. Fußbodenheizung, ein Vorbau, eine neue

Soundanlage. Fast geriet er ins Schwärmen. Es war so, als hätte mich ein Bekannter eingeladen, den Bau seines neuen Einfamilienhauses zu bewundern. Ich war etwas befremdet, fühlte mich aber auch geehrt, dass ich sofort ungefragt in das Geschehen einbezogen wurde, dass ich anscheinend als Pilgerin so was wie ein adäquater Gesprächspartner war, um die umfangreichen Umbaumaßnahmen würdigen zu können.

Später dann gingen wir ins Pfarrhaus, und ich bekam einen Stempel. Auch hier war meine Expertise gefragt, denn ich war die Erste, die diesen Stempel ausprobierte. Zu groß, wie wir beide befanden, da das Konterfei der Kirche weit über das Stempelfeld hinausragte. Nichtsdestotrotz war ich stolz. Stolz auf den ersten vergebenen Pilgerstempel und diese außergewöhnliche Kirchenbegegnung.

Doch von der Sorte gab es noch mehr. Eine davon in Belgien. Als ich in die Jakobuskirche in Lüttich kam, stieß ich auf ein kurioses Szenario: Eine Frau stand auf der Leiter, neben sich einen Eimer, Putzlappen und diverse Reinigungsutensilien. Sie war emsig damit beschäftigt, die Heiligen abzustauben, deren Statuen an den Mittelpfeilern aufgereiht waren. Ich war ernsthaft verblüfft; über die Putzfrauen in der Kirche hatte ich mir noch nie Gedanken gemacht.

Sie wolle die Heiligen ein wenig herrichten, damit sie einladender wirkten, verriet mir Madame. Statuen abstauben, das mache sie drei Mal die Woche. Ein Minijob. Ach. So was Profanes gibt es für solch heilige Handlungen? Nun gut, vielleicht waren die Handlungen nicht unbedingt heilig, aber es ist schon ein Unterschied, ob jemand nach Feierabend ein Bürogebäude putzt oder dem Jakobus andächtig den Staub aus den Umhangfalten wischt. Aber tja, warum nicht?

So wie diese gibt es viele Begebenheiten auf einer Pilgerreise, die erst mal erstaunlich anmuten, aber bei näherem Hinsehen ganz normal sind.

Weil es unglaubliche Herbergen gibt

In den »klassischen« Jakobsweg-Pilgerländern Frankreich, Spanien und Portugal findet man ein breites Spektrum an Herbergen explizit für Pilger. Es gibt öffentliche, kirchliche und private Herbergen; ihre Einrichtung reicht von nüchternen Schlafsälen mit Etagenbetten bis hin zu netten, gemütlichen Etablissements mit Kaminzimmer und Küche; von separaten Einzel- und Doppelzimmern mit eigenem Bad bis hin zu Herbergen, in denen 120 Pilger untergebracht sind.

Doch auch andere Länder, in denen in den letzten Jahren Pilgerstrecken wiederentdeckt wurden, ziehen nach: In Deutschland zum Beispiel bieten neben Hotels und Pensionen immer mehr Privatleute Übernachtungsmöglichkeiten für Pilger an; auch viele Kirchengemeinden stellen Herbergen.

Herbergen generell hinterlassen bleibende Spuren; noch lange nach der Pilgerreise hat man sofort eine Assoziation, wenn man an eine bestimmte Unterkunft auf der Route denkt. Sofort ist ein Bild da, ein Gefühl. Mit einem Schlag erinnert man sich: Die knarrenden Stockbetten, die durchgelegenen Matratzen, die tröpfelnden Duschen, aber andererseits auch die gut ausgestattete Küche, der gemütliche Aufenthaltsraum oder die nette kleine Sitzecke vorm Haus. Vielleicht taucht am Rand auch noch die Erinnerung an Mitpilger auf, mit denen man dort übernachtet hat, an ein lustiges Frühstück oder die engagierten Gastgeber.

Am lebhaftesten in Erinnerung bleiben natürlich die besonderen Quartiere. Die so sind wie keine davor und keine danach. Einzigartig eben. Eines davon befindet sich in Deutschland auf dem Jakobsweg von Osnabrück nach Wuppertal.

Ein Kleinod, ein Traum, fast zu schön, um wahr zu sein. Ein winziges Fachwerkhaus mit zwei Etagen. Schon von außen wirkt das Häuschen mit den weißen Sprossenfenstern und den schwarzen Balken verwunschen, und auch drinnen sorgen die antiken Holzmöbel, die alten Holzböden und -decken für ein besonderes Flair. Vom großen Wohnraum mit kleiner Küche geht es über eine Wendeltreppe in die oberen Geschosse mit den Schlafkammern.

Drinnen stehen antike Betten wie zu Großmutters Zeiten mit herrlich flauschigen Plumeaus; das alles verpackt in blütenreine weiße Bettwäsche mit Stickerei.

Früher war dies die Bleibe eines Schustermeisters, doch heute gehört das Kleinod einer alten Dame, die die Unterkunft als kleines Hotel betreibt. Das dazu noch an einem lauschigen, von Bächen durchzogenen Platz steht.

Die perfekte Idylle also und nicht das, was man als Pilgerunterkunft erwartet. Und doch ein wunderbares Geschenk, wenn man nach 25 Kilometern mit heftigen Auf- und Abstiegen und unter Auferbietung der letzten Kräfte ins Stadtzentrum strauchelt.

So ging es mir jedenfalls. Als ich nach dieser unglaublich anstrengenden Etappe endlich am Etappenziel ankam, wollte ich erst nicht glauben, dass das schmucke Häuschen vor mir tatsächlich eine Pilgerherberge war. Vorsichtshalber fragte ich noch mal nach. Doch, versicherte man mir. Und den Schlüssel gebe es gleich gegenüber.

Die alte, weißhaarige Dame, die mich kurz darauf in diesen Pilgertraum geleitete, erzählte mir, bis vor ein paar Jahren hätten Pilger sogar noch kostenlos bei ihr wohnen dürfen; aber da sei es auch nur einer alle paar Monate gewesen. Doch heute kämen immer mehr, und darum verlange sie mittlerweile einen kleinen Obolus für Unterkunft und Frühstück.

Den ich nur zu gern zahlte, denn allein schon in diesen adretten weißen Betten zu schlafen glich einem Luxus sondergleichen. Und sich dann noch zu einem Pilgerpreis in diesem wunderschönen gemütlichen kleinen Haus ausbreiten zu dürfen!

Fast wirkte es dekadent, so als würde man etwas Verbotenes tun, als sei ein solcher Luxus für einen asketischen Pilger, als den man sich nun mal verstand, nicht angemessen. In so einer Unterkunft logieren – das machte ein »richtiger« Pilger nicht! Doch wenn man sich erst mal die Erlaubnis gibt, es genießen zu dürfen, ist es wunderbar! Ein ganz besonderes, unauslöschliches Erlebnis!

Ich habe im Laufe meiner Pilgerreisen noch in anderen ungewöhnlichen Herbergen geschlafen, in einem Zirkuswagen, einer Jurte und einer kleinen Ritterkirche. Aber vor allem ist mir diese Nacht in dem kleinen Fachwerkhaus im Gedächtnis geblieben, weil es so überraschend war und sich wie ein riesiges, unerwartetes Geschenk anfühlte.

44. Grund

Weil es unglaubliche Gastgeber gibt

Schon im Pilgerführer wurde sie als besonders bezeichnet. In ihr, so hieß es, sei noch ein bisschen was von dem »alten Geist« zu spüren, von der Willkommenskultur, wie man sie früher an Jakobswegen pflegte. Als es tatsächlich noch eine Herzensangelegenheit war, die Pilger zu beherbergen und ihnen eine gute Zeit zu bereiten.

Das tat unsere Gastgeberin dann auch perfekt. Wir hatten uns vorher angekündigt, dann an eine unscheinbare Tür geklopft, und bald darauf öffnete uns eine Frau um die 50 mit dunklem Wuschelkopf und einem strahlenden Lächeln. Im Hintergrund waren die sanften Klänge südamerikanischer Musik zu hören.

Nachdem wir unsere Schuhe ausgezogen und den Rucksack abgesetzt hatten, wurden wir in ein riesiges Wohnzimmer geleitet und ließen uns erschöpft auf das Sofa fallen. Bei einem Tee machten wir ein bisschen Pilger-Small-Talk. »Wie war der Weg?«, ist natürlich die erste Frage, die beantwortet werden will, ob man Blessuren hat, ob es besondere Härten auf der Strecke gab. Alles, was gerade so hochpoppt.

Dann bekamen wir eine Hausführung. Julia hatte ihr Heim zweigeteilt: Eine Hälfte davon war für sie und ihre Familie reserviert; in der anderen befand sich der Pilgertrakt – beides strikt getrennt. Küche und Wohnzimmer jedoch waren Gemeinschaftsfläche. Und normalerweise, beeilte unsere Gastgeberin sich sofort zu erklären, würde sie auch für die Pilger kochen und mit ihnen essen, aber heute – sie entschuldigte sich mehrmals – sei dies nicht möglich, da sie zu einer Gemeindeveranstaltung müsse. Aber ihre Kinder würden sich um uns kümmern.

Ich war verblüfft, dass sie die Verantwortung für uns Pilger so ernst nahm. Sie hatte einen Termin, keine große Sache. Wir waren schon groß, nicht verletzt oder unfähig, uns von der Stelle zu bewegen. Und nebenan gab es einen Supermarkt, der noch geöffnet war; dort hätten wir uns ohne Probleme selbst versorgen können. Doch das kam in diesem Haus anscheinend nicht infrage.

Als wir geduscht und uns ein wenig ausgeruht hatten, bekamen wir von den beiden halbwüchsigen Kindern das Abendessen serviert: Als Vorspeise gab es Salat, als Hauptgang eine Tortilla, dann Nachtisch. Dazu Brot und Wein. Die Jugendlichen bedienten uns wie Kellner, schauten, dass wir alles hatten, und warteten darauf, zum passenden Zeitpunkt den nächsten Gang zu servieren. Erst nachdem sie uns umfassend versorgt hatten, verabschiedeten sich die beiden Teenager.

Diese Fürsorge war uns ein bisschen unangenehm, doch vor allem waren wir über die Maßen beeindruckt davon, dass die Kinder sich ohne zu murren um uns gekümmert hatten und ihren Abend opferten. Aber hier in diesem Haus schien es ein ungeschriebenes Gesetz zu sein, dass Pilger einen besonderen Status hatten und dementsprechend behandelt wurden.

Am nächsten Morgen hatten wir noch ausführlich Gelegenheit, uns mit der Herbergsmutter darüber zu unterhalten. Sie erzählte uns ihre Pilgergeschichte: Sie war in den 1980er Jahren auf dem zu der Zeit noch unbekannten französischen Jakobsweg unterwegs gewesen. Damals war das ein recht einsames Unterfangen; teilweise hatte sie Mühe gehabt, eine Unterkunft zu finden, weil es schlicht und ergreifend keine gab. Doch den Zauber des Weges hatte sie schon damals gespürt und wollte fortan dazu beitragen, auch anderen dieses Erlebnis zu ermöglichen. Daraufhin hatte sie eine Herberge gegründet, die sie mit vollem Einsatz betrieb.

Früher sei die *albergue* auch das ganze Jahr über geöffnet gewesen, erzählte unsere Gastgeberin. Doch das sei zu Lasten der Familie gegangen, denn teilweise hatte sie im Pilgerflügel so viel Zeit verbracht, dass ihre Kinder schon rüberkommen mussten und mit Kartoffeln schälen, wenn sie ihre Mutter sehen wollten. Darum hatte Julia irgendwann ihr Engagement begrenzt. Jetzt, erzählte sie, mache sie drei Monate im Jahr zu. Eine Maßnahme, die das Ganze etwas entspannte und dem Familienleben sehr zuträglich war.

Dennoch wirkte Julia nicht im Mindesten Pilger-müde oder genervt davon, dass immer so viele fremde Menschen ihr Haus bevölkerten. Die interessierten Nachfragen und lebhaften Erzählungen zeigten, dass ihr Enthusiasmus für den Weg und für die Wallfahrtsbewegung ungebrochen war. Eine sehr eindrückliche Begegnung!

45. Grund

Weil man einen eigenen
Tagesrhythmus entwickelt

Jeder hat sie gehört. Die Horrorgeschichten über Pilger, die schon in aller Herrgottsfrühe aufbrechen, um der sengenden Mittagshitze zu entgehen und auch ja einen Schlafplatz in der Herberge am Etappenziel zu ergattern. Typ: Optimierer.

Oder von den sportlich Ehrgeizigen, die einfach schon so früh losgehen, weil sie 50 oder 60 Kilometer laufen wollen (wobei eine normale Tagesetappe bei 25 bis 30 Kilometern liegt).

Dann gibt's die Pilger, für die die Reise Urlaub ist. Der Fokus liegt auf Genießen, Spaß haben und Geselligkeit. Diese Genusspilger frühstücken erst mal gemütlich, bevor sie sich entspannt und gesättigt auf den Weg machen. Sie kehren gern zwischendurch mal ein, besichtigen, was zu besichtigen ist – in ihrem Tempo. Meist sieht man sie munter plaudernd in Gruppen, zwischendurch auch gern mal beim Bier und abends natürlich bei gutem Wein und erlesenen Speisen im Restaurant.

Weiß man schon vor der Pilgerreise, was man will und was einem guttut, spult man einfach sein Programm ab und muss sich keine Gedanken machen. Doch wenn man keine feste Vorstellung vom Pilgern hat, wenn man offen ist für das, was da kommt, und bereit, sich den Gegebenheiten geschmeidig anzupassen, dann muss man erst mal seinen Pilgertyp entdecken. Der ist nicht immer sofort offensichtlich. Manchmal findet man ihn erst im Laufe der Zeit heraus, indem man ein bisschen rumprobiert.

Vielleicht hatte man sich ganz fest vorgenommen, möglichst viel von der spanischen Kultur mitzunehmen, und überall im Führer stecken kleine gelbe Klebezettel an der Stelle, wo interessante Sehenswürdigkeiten beschrieben werden. Aber dann stellt man fest, dass Pilgern anders ist als ein Städtetrip und es nicht wirklich glücklich macht, das gesamte Kulturprogramm durchzuziehen. Nach etlichen gelaufenen Kilometern verlieren stundenlange Museumsbesuche ihren Reiz, und auch die eine oder andere Kirche spart man sich lieber.

Oder man wollte das frühe Pilgern mal ausprobieren und ist morgens schon vor dem ersten Hahnenschrei aufgebrochen. Doch selbst wenn man in den Sonnenaufgang hineinläuft und dem Ganzen ein Hauch von Abenteuer anhaftet: Eigentlich fühlt man sich um das gemütliche Frühstück mit den Mitpilgern in der Herberge

betrogen. Und irgendwie war es auch nicht ganz so geschickt, loszulaufen, ohne etwas im Magen zu haben …

Oder man hat diese Vorstellung vom »richtigen« Pilger verinnerlicht, der alleine vor sich hin läuft und wichtige Gedanken
denkt und dem sich noch wichtigere Erkenntnisse offenbaren, indem er einsam seiner Wege geht. Doch in Wirklichkeit beneidet
man die kleine Pilgergruppe, die so nett plaudernd daherkommt,
denn wenn man ehrlich ist, lautet das eigene Credo, dass Pilgern
auch Spaß machen darf. Und obendrein ist man eigentlich auch
eher der gesellige Typ.

Oder umgekehrt: Man stellt fest, dass man erst beim Alleine-
Gehen zu sich kommt und richtig durchatmen kann?

Oder es ist mal so, mal so. Man variiert je nach Gelegenheit.
Aber fest steht, dass es ein paar Dinge gibt, die Sinn oder Spaß
machen und einem guttun. Aus diesen Vorlieben und Prioritäten
entwickelt sich nach und nach ein ganz eigener Tagesablauf. Der
sich ändern kann, doch was sich bewährt, behält man meist bei.
Einfach damit man nicht jeden Tag neu gewichten und entscheiden muss. Mit der Zeit findet man seinen ureigenen Pilgerrhyth-
mus. Der durchaus auch von dem abweichen kann, wie man sich
ursprünglich das Pilgern vorgestellt hat. Oder was man von sich
selbst dachte, wie man pilgermäßig drauf ist. Einfach weil so ein
Weg eigene Gesetze hat, weil der Körper anders reagiert als gedacht
und weil sich Dinge auf dem Weg ergeben.

Ich zum Beispiel bin jemand, der gerne frühmorgens losgeht.
Am besten sobald es hell wird. Im Winter ist das manchmal erst
um acht, im Sommer aber auch schon um fünf. Dann ist der Tag
noch groß und weit – voll ungeahnter Möglichkeiten und in der
Gestaltung so offen, wie ein Tag nur sein kann. Außerdem liebe
ich es, schon in aller Herrgottsfrühe auf der Straße zu sein – dann,
wenn die Leute in den Wohnvierteln noch schlafen, wenn der Tau
über den Gräsern hängt, wenn die Sonne sich zögernd zeigt und
alles noch so frisch und unverbraucht ist, als hätte jemand über

Nacht die Welt gewaschen. Das ist für mich mein Moment. Eine Zeit, die ich ganz für mich habe, wo ich staune, genieße und die mich durch den Tag trägt. Und dafür verzichte ich notfalls auch aufs Frühstück, wenn das erst um acht serviert wird. Weil ich diesen Morgenmoment so kostbar und einzigartig finde.

Das weiß ich jetzt. Nachdem ich ausprobiert habe, wie es ist, vor dem Pilgertag dick zu frühstücken. Das hat was von sich selbst verwöhnen, frisch gestärkt in den Tag starten und sich mit Koffein erst mal ein bisschen in Schwung bringen. Urlaub eben. Doch irgendwann musste ich feststellen, dass ein voller Magen mich eher beim Gehen bremst und dass der Kaffee ziemlich bald auf die Blase drückt, was die Toilettenfrage sofort akut macht.

Laufe ich hingegen erst mal ein bis zwei Stündchen, bevor ich etwas zu mir nehme, fühle ich mich wesentlich leichter und beschwingter. Zudem habe ich noch das gute Gefühl, mir mein Frühstück verdient zu haben, wenn ich dann in einem Café einkehre oder am Weg raste und mir die geschmierte Stulle einverleibe.

Und je nach Vorliebe, Kondition, Ausdauer und Gelegenheit gestaltet sich dann der übrige Tag: Ich mache mittags wieder eine Pause und schaue nach Möglichkeit, dass ich am späten Nachmittag im Quartier ankomme. Dann sind meine Batterien leer. Nach dem Duschen starte ich entspannt in den Abend mit einer Besichtigungstour des Ortes, dem Auskundschaften des Supermarkts und der Restaurants, und – je nach Gelegenheit – dem Austausch mit Mitpilgern.

Andere Pilger haben einen anderen Rhythmus, lassen sich mehr Zeit während des Tages und kommen erst spät in der Unterkunft an.

Also: ausprobieren, was am meisten Spaß macht und womit man am besten klar kommt und dann Mut zum eigenen Rhythmus!

Weil man sich aufgehoben fühlt

In Spanien pilgert man nicht unbemerkt, denn man wird registriert. Übernachtet man in einer Pilgerherberge, notieren die *hospitaleros*, die Herbergsbetreuer, die Nummer des Personalausweises und die persönlichen Daten. Dadurch ergibt sich eine Spur, die nachvollziehbar macht, wo man zuletzt gewesen ist. Das ist zwar nüchtern betrachtet nichts weiter als eine Vorsichtsmaßnahme, damit kein Pilger verloren geht, aber doch irgendwie ein beruhigendes Gefühl, so als würde jemand auf einen aufpassen.

Doch auch jenseits der Registrierung bleibt man als Pilger nicht unbemerkt. Es gibt nämlich auch eine Art Pilgertelefon: In Nordspanien hatte ich in einer Herberge zusammen mit Radpilgern übernachtet. Obwohl ich morgens früh aufbrach, holten sie mich im Laufe des Vormittags ein. Aber anscheinend hatten wir dieselbe Einkehrmöglichkeit gewählt. Denn als ich ein paar Stunden später in dem kleinen Café auf dem Hügel ankam, wartete die Wirtin bereits auf mich. Die Radpilger hatten ihr schon von mir berichtet, der *chica, que anda mucho*, dem Mädchen, das viel läuft.

Das machte mich natürlich stolz, weil ich meine Mitpilger anscheinend durch meine Laufleistung beeindruckt hatte. Doch andererseits war ich auch verblüfft, weil die Wirtin mich gleich einordnen konnte. Das kam sicherlich daher, dass nicht viele Pilger dort unterwegs waren. Trotzdem vermittelte es ein warmes Gefühl der Verbundenheit. Auch in Deutschland ist mir Ähnliches passiert. Als ich morgens in Bad Wilsnack Richtung Elbe losging, war weit und breit kein anderer Rucksackträger in Sicht. Über Stunden lief ich allein durch die einsame Flur. Doch mittags stoppte neben mir plötzlich ein Radfahrer mit Muschelkopftuch und sprach mich an: »Ach, du bist die Pilgerin, die heute Morgen an der Wallfahrtskirche losgelaufen ist?!«

Ich war verblüfft. Klar, dadurch, dass niemand sonst hier mit einer Muschel rumlief, war die Wahrscheinlichkeit groß, dass ich die Pilgerin gewesen war, die am Morgen einen Stempel im Souvenirshop abgeholt und der Verkäuferin verraten hatte, dass ich heute noch nach Havelberg wollte. Aber dabei hatte ich mir nichts gedacht, nur ein wenig geplaudert. Doch jetzt im Nachhinein berührte es mich doch ein wenig, dass dieser Radpilger mich so eindeutig identifiziert und angesprochen hatte. Ich fühlte mich als Pilgerin wahrgenommen und Teil einer Gemeinschaft, eines Netzes, das die Pilger untereinander verbindet und in dem niemand verloren geht.

Verloren gehen als Pilger tut man auch in anderen Regionen Ostdeutschlands nicht. Ich erinnere mich noch gut an die Via Regia in Sachsen, wo wir bereits um halb zwölf mittags ein Pilgermahl bekamen. Extra für uns machte die Gaststätte sogar eine halbe Stunde früher auf. Nachdem wir uns an Hochzeitssuppe und Bratkartoffeln satt gegessen hatten, setzten wir unseren Weg fort.

Wo es denn weiterginge?! Der Wirt erklärte uns wortreich die Strecke, aber wegen seines starken sächsischen Dialekts bekamen wir nur die Eckdaten mit. Aber so schwer konnte es ja nicht sein. Schließlich war der Weg vorher gut ausgeschildert gewesen, und wir pilgerten ja zu mehreren.

Doch der Wirt hatte uns wohlweislich nicht getraut. Nachdem wir fröhlich plaudernd losgezogen waren und die ersten Kilometer hinter uns gelassen hatten, kam er mit dem Trabbi hinter uns her. Nicht ohne den Kopf zu schütteln, denn wir hatten tatsächlich die versteckte Abzweigung verpasst, auf die er uns extra hingewiesen hatte. Hm. Anscheinend waren wir nicht die Ersten, die falsch gelaufen waren. Und eigentlich war das ja auch nicht schlimm. Erstaunlich war eher die Tatsache, dass er extra hinter uns hergefahren war, um uns den rechten Weg zu weisen. Warum auch immer – es war eine nette Geste und vermittelte das Gefühl, dass man umsorgt wurde und aufgehoben war.

Weil man plötzlich bei völlig Fremden am Tisch sitzt

Es war noch früh. Doch wegen einer umherschwirrenden Mücke hatte ich schlecht geschlafen und irgendwann im Morgengrauen entnervt aufgegeben. Ich trank in aller Seelenruhe einen Kaffee, machte mich langsam fertig und trottete los. Doch obwohl ich langsam ging, jedes Informationsschild am Weg las und reichlich Pausen einschob, hatte ich bereits nach vier Stunden den Großteil der Tagesetappe geschafft. Keine Eile also. Und genug Zeit, um den einen oder anderen Abstecher zu machen. So leistete ich mir auch einen Schlenker an einem abgelegenen Gehöft vorbei – im Pilgerführer als eines der ältesten der Region beschrieben.

Schön war's, das reetgedeckte Fachwerkgebäude mit den roten Klinkern, dunklen Balken und weißen Sprossenfenstern. Vornedran in der ehemaligen Deele stellte ein regionaler Künstler seine Skulpturen aus, und in einem weiteren Wirtschaftsgebäude war jetzt ein Café untergebracht. Leider geschlossen, wie ich zu meinem Bedauern feststellte, als ich nach den Öffnungszeiten schaute.

Doch plötzlich hörte ich ein Rufen. Ein paar Leute saßen um einen Tisch auf der Wiese vor dem alten Bauernhaus, einer davon winkte mir zu und rief mich heran. »Immer die Frauen«, sagte er, als ich näher kam, und schüttelte den Kopf. »Immer sind es die Pilgerinnen, die um sechs aufstehen und dann so früh hier landen. Und dann ist man schon mittags im nächsten Ort. Und was macht man dann da?« Ich fühlte mich ertappt und setzte schon an, mich zu verteidigen: Es werde ja heute wieder heiß, und außerdem gebe es da doch den See, und überhaupt …

Aber er winkte ab und lud mich stattdessen ein, mit ihnen zu frühstücken. So saß ich denn ein paar Minuten später vor einer dampfenden Tasse Kaffee und plauderte mit den Hausbesitzern über die Hofstelle. Ich erfuhr, wie sie das alte Fachwerkgebäude umgesetzt und zu dem gemacht hatten, was es heute war. Eine Art kleines, privates Heimatmuseum mit wunderschönen alten Dielen, Holzdecken, antiken Möbeln und einem einzigartigen Charme. Wir redeten übers Pilgern und mein Etappenziel, die Galerie und die Gegend.

Ähnliche Szenen habe ich schon öfter erlebt. Als ich im Münsterland unterwegs war, wurde ich von fast jedem, der mir entgegenkam, nett gegrüßt. Manchmal auch mit einem freundlichen *buen camino* – guten Weg!« Ein älteres Ehepaar auf Fahrrädern hielt sogar an und fragte mich, wohin ich denn wollte. Als klar war, dass ich bis zum Etappenziel noch einige Kilometer laufen musste, luden sie mich spontan zu sich nach Hause ein. So kam es, dass ich bald darauf bei einem lauwarmen Stück Apfelkuchen auf einem münsterländischen Gutshof saß und mit Leuten, die ich nicht kannte, angeregt über meine Pilgererlebnisse plauderte.

Und auch als ich im Weserbergland unterwegs war und ein Mühlengebäude besichtigte, lud mich die Müllersfamilie ein, ihnen im Garten bei Kaffee und Kuchen Gesellschaft zu leisten.

Warum es zu diesen spontanen Einladungen kommt? Sicherlich spielt die persönliche Offenheit der Gastgeber eine Rolle. Es gibt Menschen, die gerne neue Leute kennenlernen. Doch darüber hinaus glaube ich, dass so ein Pilger die Leute ein wenig vertrauensseliger macht als sonst. Denn als Muschelträger ist man nicht irgendjemand von der Straße, sondern eine Person, die wallfahren geht. Also grundsätzlich schon mal in ehrenwerter Absicht unterwegs ist. Von jemandem, der auf den Spuren eines Heiligen oder Geistlichen wandelt, erwartet man nicht, dass er Böses im Schilde führt.

Außerdem trägt wahrscheinlich die äußere Erscheinung dazu bei, den Eindruck des Ehrenhaften zu vervollständigen. Jemand, der verschwitzt ist und dreckig, den eine Aura von Erschöpfung und ehrlicher Anstrengung umweht, vermittelt eine gewisse Harmlosigkeit. Dem kann man ruhig trauen!

Weil Gespräche ganz schnell ganz tief werden

Was das Pilgern in der großen Gemeinschaft so verlockend macht? Der Pilgerweg gleicht einer herrlich unkomplizierten Kontaktbörse. Bekanntschaften ergeben sich einfach so nebenbei, ohne Anstrengung und Mühe. Weil jeder in derselben Situation ist, in der Regel neugierig auf fremde Menschen und aufgeschlossen für neue Begegnungen.

Im Allgemeinen ist man als Pilger gesellig, tauscht sich aus über Herbergen und Herbergseltern, über Distanzen, über Schwierigkeiten des Wegs, über günstige Pilgermahlzeiten, Mittel gegen Blasen, die optimale Art, den Rucksack zu packen, Erlebnisse am Weg, Mitpilger, und vieles mehr.

Man erfährt, warum der andere pilgert und was ihm dabei wichtig ist, woher er kommt und wohin er nach dem Pilgern zurückgeht. Häufig erfährt man dabei berührende Lebensgeschichten und Schicksale, die man auf den ersten Blick nie vermutet hätte. Und das oft in allen Einzelheiten und in erstaunlich kurzer Zeit.

Bei Pilgern hat man manchmal das Gefühl, dass sie Zufallsbekanntschaften am Weg mehr anvertrauen als Familie und Freunden zu Hause. Was wahrscheinlich damit zusammenhängt, dass man sich beim Pilgern unter seinesgleichen wähnt. Denn die meisten begeben sich aufgrund einer kritischen Situation auf die Fußreise. Das eint.

Manchmal ist der Aufhänger für ein tiefes Gespräch ganz simpel. Bei Carlotta war es meine ultraleichte Schirmmütze. Nach so einer Kappe habe sie schon lange gesucht, meinte sie, als sie zu uns aufgeschlossen hatte. Dann folgte ein Austausch über Outdoorausrüstung im Allgemeinen und überhaupt, über Rucksäcke und den Weg. Doch aus dem munteren Pilgergeplauder wurde bald mehr.

Als wir am nächsten Café Pause machten, erfuhren wir, dass sie aus München kam, wie lange und wie oft sie schon gelaufen war und dass das Pilgern für sie ein Ventil war. Immer wenn es in ihrem Leben zu stressig wurde, wenn sie schon wieder zu lange am Schreibtisch in der Uni gehockt hatte oder wenn sie einfach wieder unkontrollierbares Fernweh bekam, ging sie ein paar Wochen auf den *camino*. Das war für sie so eine Art Therapie. Sie war ein Pilger-Junkie, der alle großen Wege kannte und schon über 10.000 Kilometer gelaufen war.

Wie die meisten erfahrenen Pilger erzählte sie gerne Anekdoten vom Weg und weihte uns in das eine oder andere Insider-Geheimnis ein. Doch abgesehen von dem oberflächlichen Geplauder ging es erstaunlich schnell in die Tiefe. Von der Aussage, dass sie es nie lange zu Hause aushalte, dauerte es nicht lange bis zu ihrem freimütigen Geständnis, sie sei hyperaktiv, und von dort war es nur ein Sprung bis zu ihrer Familiengeschichte.

Als wir mittags rasteten, kannten wir den Werdegang ihrer Kinder, hatten erfahren, was sie arbeiteten und wo sie studierten. Und als wir uns am Nachmittag dem Etappenziel näherten, wussten wir um die Beziehung zu ihrem Partner Bescheid sowie die übrigen Fallstricke in ihrem Leben. Dies nicht etwa weil wir gebohrt hätten oder darauf erpicht gewesen wären, ihr Familiengeheimnisse zu entlocken. Vielmehr hatte sich das Gespräch so ergeben beim Gehen. Wenn man eine gemeinsame Basis findet, dann erzählt man einfach, und ehe man sich's versieht, ist man in Tiefen abgetaucht, die gar nicht beabsichtigt waren. Was aber nicht schlimm ist. Denn die meisten machen das. Offenbaren sich, reden über Dinge, die sonst nur für vertraute Ohren bestimmt sind. Was eine ungeahnte Nähe schafft. Die aber andererseits für den Weg auch schon wieder normal ist.

Weil es immer irgendwie weitergeht

Eine Besonderheit des Pilgerns besteht darin, dass man ganz anders lebt als sonst und viele Dinge sich nicht steuern lassen wie gewohnt. Man hat längst nicht alles so im Griff, wie man es gerne hätte. Das ist eigentlich nicht weiter schlimm. Doch manchmal wird einem doch ein wenig mulmig. Dann, wenn man nicht mehr weiterweiß.

Solche Situationen können einen überall treffen; dazu muss man noch nicht mal weit fahren. Mich erwischte es einmal in der westfälischen Pampa, nur eineinhalb Stunden von zu Hause entfernt. Ich war an einem ruhigen Sonntag unterwegs, auf einer Strecke, bei der man abwechselnd Wald- und Feldwege und kleine Landstraßen lief. Die Beschilderung war so weit in Ordnung; man konnte sich problemlos von Muschel zu Muschel hangeln. So trottete ich denn zufrieden vor mich hin und hing meinen Gedanken nach. Bis es dann plötzlich nicht mehr weiterging.

Ich weiß nicht, ob ich eine Muschel übersehen hatte oder einfach nur falsch gelaufen war. Doch auf einmal stand ich mutterseelenallein auf einer Kreuzung und wusste nicht mehr weiter. Kein Wegzeichen weit und breit. Ich kramte meinen Führer aus dem Rucksack, aber das war ein hoffnungsloses Unterfangen. Schon seit Stunden hatte ich da nicht mehr reingeguckt und keine Ahnung, wo ich mich befand. Fest stand nur, dass ich irgendwo zwischen Werne und Lünen stand, aber wo?

Auf der Karte war eine blaue Linie zu sehen, die sich durch weiße und hellgrüne Parzellen schlängelte. Wäre ich aufmerksamer gewesen, hätte ich vielleicht die eine oder andere Biegung wiedererkannt. Aber da ich die ganze Zeit über gedankenverloren auf das Wegstück vor mir geblickt und nur aufgeschaut hatte, um nach der Markierung Ausschau zu halten, war ich vollkommen orientierungslos. Auch zurückgehen und nach der letzten Muschel suchen war keine Option, denn ich wusste nicht mehr, wie ich gekommen war. Aber zum Glück hatte ich ja für den Notfall mein Handy mit installiertem Track!

Doch es kam, wie es kommen musste. Der Akku meines Handys war fast leer; das Einzige, was ich noch sah, bevor das Display schwarz wurde, war eine Bahnlinie, unter der der Pilgerweg herführte. Aber als ich mich umblickte, konnte ich nichts entdecken, was nach einer Bahnlinie aussah. Jetzt wurde ich doch unruhig. Zwar befand ich mich im bevölkerungsreichsten Bundesland der Republik, doch gerade in dem Moment wirkte das nicht so. An diesem Sonntagmittag war niemand auf der Straße. Auch Häuser schien es weit und breit nicht zu geben. Ich blätterte noch mal hektisch in meinem Führer, aber da war nichts zu machen. Die Karte blieb genauso rätselhaft wie zuvor.

Ich weiß nicht, was ich mir ausmalte, was mir passieren könnte. Schließlich befand ich mich in der Zivilisation, und da reicht es meist, einfach der Straße weiterzufolgen. Irgendwann kommt man dann schon an einen Punkt, wo man sich wieder orientieren kann. Trotzdem geriet ich leicht in Panik. Alarmiert sah ich mich immer wieder um und überlegte fieberhaft, wo es denn weitergehen könnte. Ging vor und zurück, um vielleicht doch noch zufällig eine Muschel zu entdecken, die ich übersehen hatte. Ohne Erfolg.

Als dann endlich eine Spaziergängerin mit Hund um die Ecke kam, fiel ich ihr fast um den Hals. Doch die Freude währte nur kurz. Jakobsweg? Sie sah mich erstaunt an. Noch nie gehört. Ein Phänomen, das mir schon oft in Deutschland begegnet ist. Hier geht ein Jakobsweg lang??? Irritiertes Kopfschütteln. Komplette Ahnungslosigkeit. Doch die Spaziergängerin war pragmatisch veranlagt. Sie riet mir, weiter der Straße zu folgen. Weiter unten kämen dann irgendwann ein paar Häuser, und da könnte ich ja mal fragen, meinte sie. Das tat ich denn auch.

Es kam wie so oft: Die Situation löste sich auf ganz einfache Weise. Denn als ich mich den Häusern näherte, entdeckte ich plötzlich eine Unterführung. Eine Unterführung, über die eine Bahnstrecke lief. Ich hatte die Bahnstrecke gefunden und damit auch die nächste Muschel! Selten war ich so erleichtert wie in dem Moment. Wieder einmal hatte sich eine alte Jakobsweg-Weisheit bewahrheitet, die besagt, dass es immer irgendwie weitergeht.

Manche mögen dies alles als logische Konsequenz bezeichnen, denn es geht immer irgendwie weiter. Schöner und auch irgendwie romantischer jedoch ist der Glaube daran, dass es mit der Besonderheit eines Pilgerwegs zu tun hat, der für einen sorgt und einen trägt!

50. Grund

Weil es so etwas wie eine Pilgerfamilie gibt

Sucht man sich die Menschen aus, mit denen man pilgert? Einige schon, andere auch nicht. Oftmals ist es der Zufall, der einen zusammenführt. Man begegnet sich am Weg und unterhält sich eine Weile. Und je nach Sympathie wird daraus eine unverbindliche Bekanntschaft oder eine Weggemeinschaft, die zusammenwächst. Und manchmal stolpert man in solch eine Gemeinschaft hinein, ohne dass man sie gesucht hätte.

Ich wollte ihn allein gehen – deshalb hatte ich einen weniger populären Jakobsweg gewählt, der nicht so überlaufen war wie der klassische *Camino Francés*. Und auf keinen Fall hatte ich vor, mich noch einmal mit anderen schnarchenden Pilgern herumzuschlagen – das wusste ich, seit ich in einer dieser unsäglichen Herbergen am Weg geschlafen hatte. Die Nacht in einem engen, muffigen Schlafsaal voller Menschen, die ausdünsteten oder komische Geräusche machten, führte mir sehr schnell vor Augen, dass es genau das war, was ich nicht wollte.

Darum ersann ich am nächsten Morgen einen Trick. Ich würde eine andere Variante des Weges laufen als das Gros der Mitpilger aus der Herberge. Eine, die länger dauerte und darum für die meisten von ihnen aufgrund ihres engen Zeitplans nicht infrage kam. Und daraufhin – so mein Kalkül – würde die Herberge an meinem längeren Alternativweg nicht überfüllt sein. Und in Folge hätte ich dann hoffentlich den größten Pilgerstrom vor mir und müsste mir wegen der Unterkünfte keine Gedanken mehr machen. Zwar würde ich dadurch auch ein paar nette Mitpilger verlieren, aber davon wollte ich mich nicht abhängig machen. Ich würde andere treffen. Oberstes Ziel war, den Massen zu entkommen.

Also brach ich am nächsten Tag alleine auf und schritt einsam durch Eukalyptuswälder und luftige Höhen. Unterwegs traf ich zwar Pilger, doch die gehörten nicht zu dem Schwung aus der letzten Herberge. Außerdem hatten sie ein anderes Etappenziel als ich. So kam ich denn abends alleine in meiner Unterkunft an, und auch sonst hatte sich niemand dort eingefunden. Genauso wie geplant.

Hm. Ein bisschen komisch war's schon. Denn als die örtliche Pilatesgruppe nebenan abschob, war ich tatsächlich ganz allein im Gemeindehaus. Da kommt man dann schon ins Grübeln. War es tatsächlich eine weise Entscheidung gewesen, sich von den anderen loszusagen? So ganz ohne Gesellschaft – das war dann doch nicht so unproblematisch wie gedacht.

Langsam kroch ein Gefühl der Einsamkeit hoch. Die Herberge war düster und kalt. Auch das Dorf machte einen feindseligen Eindruck. Der Wirt in der Bar war unfreundlich gewesen. Erst hatte er mich ignoriert und dann nur recht widerwillig den Schlüssel für die Herberge rausgerückt; allzu erpicht schienen sie hier nicht auf Pilger zu sein.

Aber ich war selbst schuld an meiner Misere. Was musste ich auch mit dem Kopf durch die Wand und das Ding unbedingt alleine durchziehen? Das war nun der Preis dafür.

In der Nacht schlief ich nicht gut, wälzte mich unruhig hin und her. Und morgens um halb sechs war ich schon wieder wach. Dementsprechend früh brach ich auf.

Der Morgen entschädigte für die Nacht – der Weg führte am Meer entlang mit immer wieder traumhaften Blicken auf das Wasser und die Steilküste.

In der nächsten Stadt sollte es mit der Fähre weitergehen, die aber nicht fuhr. Ich müsse stattdessen mit dem Bus fahren, klärte mich eine Einheimische auf. Und zeigte mir auch gleich den Weg zur Haltestelle.

Als ich mich der Schlange vor der Bustür näherte, traute ich meinen Augen nicht: Dort standen doch tatsächlich meine Mitpilger aus der gruseligen Herberge der vorletzten Nacht! Aber die netten! Diejenigen, um die es mir ein bisschen leidgetan hatte, weil ich sie zurücklassen musste. Raul und Maria, Karl und Erik.

Ich war mehr als dankbar, sie wiederzusehen, und sah es als Wink des Schicksals. Das war doch mit Sicherheit kein Zufall, dass sie jetzt alle hier vor mir standen?! Dass sie denselben Bus nahmen wie ich, obwohl sie eigentlich schon eher hätten fahren können?! Vielleicht sollte mir das was sagen? Vielleicht war das meine Pilgerfamilie? Leute, mit denen ich irgendwie verbunden war und mit denen ich zusammenbleiben sollte?!

Ich nahm das als gegeben hin und machte fortan keine Extratouren mehr. Manchmal ging ich zwar tagsüber allein oder wir trennten uns für eine kurze Weile, aber ich versuchte nicht mehr, irgendetwas zu forcieren. Wenn man sich so unverhofft und in einer bestimmten Konstellation wiedertrifft, dann hat das doch sicher einen Grund?! Außerdem macht es Sinn, gerade schwierige Wege nicht allein zu gehen. Denn als Weggemeinschaft fühlt man sich in gewisser Weise füreinander verantwortlich und schaut, wo der andere bleibt. Man kümmert sich.

Es war dann auch okay. Nicht alleine zu gehen, nicht unabhängig zu sein. Später löste sich unsere Weggemeinschaft wieder auf, aber das entwickelte sich ganz automatisch. Wenn es dem Ende der Reise zugeht, hat jeder andere Prioritäten.

Vielleicht war unsere gemeinsame Zeit als Pilgerfamilie vergleichbar mit der einer echten Familie. Auch dort hilft und stützt man sich eine Weile, doch wenn die Kinder groß sind, geht jeder seiner Wege. Aber in einer wichtigen Zeit war man füreinander da, teilte Freud und Leid. Allein für diese Erfahrung hatte es sich gelohnt, zusammenzubleiben.

Weil missliche Lagen zusammenschweißen

Es ist wie in einem dieser Krimis, wo der Ermittler übersinnliche Fähigkeiten hat und Dinge erspürt. Er kann es nicht genau benennen, aber irgendetwas hat ihn gerade an ein entscheidendes Detail zur Auflösung des Falls erinnert.

Genauso fühle ich mich. Wie einer dieser Ermittler. Als wenn aus unglaublichen Tiefen eine Erinnerung hochsteigt, die ich nicht greifen kann. Doch dann macht es plötzlich »pling«, und ich bin mir sicher: Das hast du irgendwo schon mal gesehen.

Bei mir war es der Moment, als ich in Finisterre auf dem Balkon des Bistros am Leuchtturm saß und auf die traumhafte Kulisse aus Meer und Felsen ringsum blickte. Ruhig, entspannt, glücklich. Plötzlich tauchte unterhalb des Balkons etwas Grünes am Weg auf. Dieses Grün ... dieses Grün ... Dieses Leuchten, dieser ganz besondere Farbton. Das kannte ich doch. Aber woher?

Ich legte die Hand über die Augen. Es handelte sich um ein grünes T-Shirt. Ein Mensch in einem grünen T-Shirt. Der Mensch kam näher. Ich sah seinen Gang. Dieser Gang ... diesen Gang hatte ich auch schon mal irgendwo gesehen. Und das in Kombination mit dem T-Shirt ...

Plötzlich hatte ich es, konnte es aber nicht glauben. Nein, das konnte nicht sein! Das T-Shirt sah aus wie das von Enrico, einem Peruaner, mit dem wir ein Stück weit gelaufen waren. Aber nicht lange, denn er hatte sich für ein langsameres Tempo entschieden und machte kürzere Etappen als der Rest der Pilgergruppe. Doch warum war er dann jetzt schon hier? Bei seinem Gehtempo müsste er normalerweise noch Tage hinter uns sein. Nein, unmöglich, das konnte er nicht sein!

Doch je näher die Gestalt im grünen T-Shirt kam, desto vertrauter wirkte sie. Doch, ja! Er war es! Ich beugte mich über die Brüstung des Balkons und winkte wie wild. Er sah hoch und strahlte. Auch er freute sich sichtlich, mich zu treffen. Mehr noch: Wir fielen uns um den Hals, als wären wir allerbeste Freunde und hätten uns seit Ewigkeiten nicht gesehen.

Eigentlich kein ganz ungewöhnliches Szenario am Jakobsweg: Man begegnet Leuten, mit denen man ein Stück weit zusammen läuft. Dann trennt man sich aus irgendwelchen Gründen, doch unter Umständen trifft man sich später unerwarteterweise wieder und freut sich dann wie Hulle. Das passiert öfter und führt zu bewegenden Begegnungen.

Das Kuriose an dieser Geschichte war nur, dass Enrico und ich uns eigentlich gar nicht näher kannten. Ich hätte ihn nicht als Freund bezeichnet, noch nicht mal als einen guten Bekannten. Eine entfernte Bekanntschaft vielleicht. Wir waren einige Male nebeneinander hergelaufen und hatten ein paar Worte gewechselt. Aber da unser Gehrhythmus nicht zusammenpasste, waren wir nie länger ins Gespräch gekommen. Und dennoch – in diesem Moment, als ich ihn so unverhofft wiedersah, fühlte es sich an, als seien wir alte Weggefährten, die unzertrennlich verbunden waren. Denn Missgeschicke schweißen zusammen.

Uns hatte eines in einer Herberge in Kantabrien ereilt. Es war eine private Unterkunft, doch von Anfang an dubios. Der Besitzer knöpfte uns nicht nur reichlich Geld für eine karge Kammer ab, sondern verlangte zusätzlich einen Obolus für die Benutzung des Herdes, der Waschmaschine und des Trockners.

Wenn man nach Wochen des T-Shirt-und-Unterwäsche-mal-eben-durchs-Wasser-Ziehens die Gelegenheit bekommt, alle Klamotten richtig zu waschen und zu trocknen, dann überlegt man nicht lange. Das ist ein Geschenk. Denn – Pilgeraskese hin oder her – es hebt die Stimmung ungemein, wenn man sich zumindest für kurze Zeit mal wieder wie ein normaler, sauberer Mensch fühlen kann. Fast ist es wie ein feierlicher Akt, so als würde man seine Würde wiedererlangen, wenn man in eine ordentlich gereinigte Hose steigt statt in eine nur rudimentär gesäuberte.

Darum wollten wir alle, die wir in der Herberge übernachteten, unsere Kleidung waschen, und die Maschine lief im Dauermodus. Doch es gab ein Problem. Das sich allerdings erst im Nachhinein offenbarte. Dann nämlich, als die ganze Wäsche nass war und der Trockenautomat schon seit zwei Stunden vor sich hin gebrummelt hatte. Der Trockner ging nicht!

Der Vermieter behauptete steif und fest, das Gerät habe nachmittags noch funktioniert, und er habe mit der Sache nichts zu tun. Ärgerlich zwar, zumal er auch das Geld nicht wieder rausrücken wollte, aber wir mussten schnell eine Lösung finden, denn wir wollten am nächsten Morgen weiter. Doch mehrere Maschinen Wäsche waren unwiederbringlich nass. Wie das Dilemma lösen?

Kurze Zeit später hingen in allen Räumen kreuz und quer Leinen mit Wäschestücken drauf und die Fenster waren weit aufgerissen. Was der Trockner nicht leisten konnte, schaffte ja vielleicht die frische Abendluft?

Die Fenster blieben auch über Nacht sperrangelweit auf, aber Wäsche trocknen bei Kälte und hoher Luftfeuchtigkeit funktioniert nicht wirklich gut. Am nächsten Morgen waren die Klamotten zwar nicht mehr klitschnass, aber noch gut feucht. Wenig verlockend, in eine nasskalte Wanderhose und ein klammes T-Shirt zu schlüpfen, aber wohl unvermeidbar.

Wir versuchten, wenigstens die essenziellen Teile wie Socken und Unterwäsche mit einem Notprogramm trocken zu bekommen, und steckten sie kurzerhand in die Mikrowelle. In der Mikrowelle Wäsche trocknen, geht das? Keiner von uns hatte das je probiert, aber schlimmer konnte es ja nicht werden.

Was soll ich sagen? Solche Momente, die man an einem grauen Wintermorgen auf einem zugigen Hausflur vor einer kleinen Mikrowelle verbringt und innig darauf hofft, dass das Gerät wenigstens ein bisschen Feuchtigkeit aufsaugt, sind es, die auf ewig verbinden. Das fast schon hypnotische Starren auf den Teller im Inneren des Geräts, auf dem sich ein Paar nasse Socken in der Runde drehen. Und schließlich die resignierte Verzweiflung und der Galgenhumor, der sich einstellt, wenn man erkennen muss, dass das alles in keinster Weise funktioniert und man doch in die feuchten Klamotten steigen muss.

Diese kleinen Katastrophen verbinden einen dann letztendlich auch mit Menschen, die man vorher gar nicht so auf dem Schirm hatte. In meinem Fall Enrico. Die Erinnerung an das gemeinsame Unbill schafft eine überraschende Nähe, die bei einer neuerlichen Begegnung sofort wieder aufflammt, selbst wenn man sich seit Wochen nicht gesehen hat. Man ist dann einfach nur froh, dass es den Leidensgenossen noch gibt und dass es ihm gut geht. Und man merkt, dass einen die gemeinsamen Erlebnisse doch mehr zusammengeschweißt haben als vermutet.

Wie das dann mit der Wäsche weiterging? So, wie es meistens auf dem Weg weitergeht. Es gibt für alles eine Lösung, und oftmals wartet die schon hinter der nächsten Ecke.

Zuerst einmal geht man mit unangenehm feuchten Klamotten am Körper und einem Beutel voller nasser Wäsche im Rucksack weiter und flucht über sein Schicksal. Doch nach ein paar Kilometern liegt dann wie zufällig ein Hotel mit Wäscheservice am Weg, das natürlich gerne bereit ist, die nassen Bündel zu trocknen, und bei dem man darüber hinaus auch noch ganz hervorragend

Churros mit Kakao frühstücken kann, um sich die Wartezeit zu versüßen!

Aber warum trifft man sich in Finisterre wieder, obwohl das rein zeitlich gesehen gar nicht möglich war? Nun, Enrico hatte sich unbedingt das »Ende der Welt« ansehen wollen. Aber da sein Zeitbudget knapp war und er das Kap laufenderweise nicht mehr erreicht hätte, nahm er den Bus, um die fehlenden Etappen zu überbrücken. Einer der vielen »Zufälle« des Weges. Oder doch nicht? Vielleicht auch eine Fügung des Schicksals. Wahrscheinlich sollten wir uns einfach noch mal begegnen ...

52. Grund

Weil man schon der King ist,
wenn man ein Taschenmesser dabeihat

In der Regel ist man ein Held, wenn man außergewöhnliche oder gefährliche Dinge tut. Wenn man einen Marathon läuft, von einer Felsklippe springt, die Welt umsegelt, als Polarforscher in die Antarktis geht oder sich allein durch die Wildnis schlägt. Oder wenn man Revolutionen oder Friedensbewegungen anführt, Menschen rettet oder Straßenkinder in den Favelas dieser Welt unterrichtet. Wenn man trotz Handicap den Himalaya besteigt, den Ärmelkanal durchschwimmt oder sein trauriges Schicksal dazu nutzt, um anderen zu zeigen, dass das Leben trotzdem toll sein kann. Wenn man eben Dinge tut, die Mut erfordern, besonderen Einsatz oder eine fast übermenschliche Anstrengung.

Auch auf dem Pilgerweg ist das Held-Sein oftmals an eine bestimmte Leistung gekoppelt. Held ist, wer täglich 50 Kilometer läuft, und das bei jedem Wetter. Wer trotz Blasen und ächzender Knie, trotz schmerzender Schultern und eines unfassbar großen Rucksacks wacker weitergeht. Held ist auch, wer sich auskennt mit dem Pilgern, womöglich schon viele Wege gelaufen ist und einige Compostelas ergattert hat.

Doch nicht immer braucht es die großen Dinge, um beim Pilgern einen besonderen Status zu erlangen. Manchmal reicht schon ein kleines Extra, das einen aus der Masse herausstechen lässt.

Schon gleich in den ersten Herbergen in Spanien war mir ein Phänomen aufgefallen. Wenn ich die Besteckschubladen in den Küchen aufzog, kamen mir haufenweise Löffel und Gabeln entgegen, aber in der Messerabteilung herrschte Ebbe. Warum das? Hatten die einfach zu wenig Messer eingekauft?

Zuerst konnte ich mir das nicht erklären, war aber froh und dankbar, dass ich mein Taschenmesser dabeihatte. Denn das ermöglichte mir nicht nur, unterwegs Brot auf- und Käse abzuschneiden, sondern auch in der Herberge Obst und Gemüse zu schnippeln und eine Stulle zu schmieren.

Damit war ich scheinbar allein auf weiter Flur, denn alle anderen schauten neidisch, wenn ich wie selbstverständlich mit meinem Messer hantierte. Die Mitpilger hatten nämlich keins. Da so ein Utensil aber nun mal praktisch ist und in manchen Situationen kaum zu ersetzen, wurde ich immer öfter gebeten, mein Messer doch mal auszuleihen. Ja, teilweise wartete man sogar mit dem Kochen auf mich, da ich das begehrte Werkzeug mitbrachte.

Zuerst fühlte ich mich geschmeichelt. Egal, warum man wichtig ist, auch wenn es nur wegen eines popeligen Messers ist: manchmal tut es einfach gut, sich ein bisschen besonders zu fühlen. Ich, die ich zum ersten Mal auf dem spanischen Jakobsweg ging, eine Pilgernovizin quasi, hatte etwas mit, was andere nicht hatten, warum auch immer. Vielleicht vergessen?! Eine Weile sonnte ich mich in dem erhebenden Gefühl der Überlegenheit und fand mich ziemlich gut.

Doch mit der Zeit fand ich es nervig zu warten, bis alle ihr Frühstücksbrot geschmiert hatten, bevor ich mein Messer wieder einpacken und losgehen konnte.

Als ich bei einer Mittagsrast mal wieder ausharrte, bis auch der Letzte seinen Käse in Scheiben geschnitten hatte, und leicht ungeduldig wurde, kam ich dann mal auf die glorreiche Idee, zu fragen, warum eigentlich keiner der anderen ein eigenes Messer dabeihatte?!

Der Sachverhalt war schnell erklärt: Meine Mitpilger, die mit dem Flugzeug gekommen waren, hatten ihre Rucksäcke mit an Bord genommen. Im Handgepäck waren natürlich keine Hieb- und Stichwaffen erlaubt. Ich hingegen hatte meinen Rucksack eingecheckt und so seelenruhig mein Messer einpacken können.

Bei den Pilgern mit Rucksäcken als Bordgepäck jedoch führte ihr Defizit dazu, dass sie in den ersten Herbergen am Weg die Messer einsteckten, die sie in der Besteckschublade fanden. Eine durchaus übliche Praxis; darum ging der Messervorrat bald zur Neige. Das umgekehrte Phänomen ließ sich dann beobachten, wenn sich das Ende des Weges abzeichnete. Jetzt brauchte man die Messer nicht mehr, und darum waren in den letzten Herbergen vor Santiago die Schubladen wieder voll.

Somit fand mein Triumph, es richtig gemacht zu haben, bald ein natürliches Ende. Dennoch war es schön gewesen, dieses Gefühl auszukosten. Sich einfach gut zu fühlen, weil man top ausgerüstet war.

53. Grund

Weil man in fremde Lebenswelten eintaucht

Wenn man pilgern geht, begibt man sich unter Umständen in ein anderes Land. Wo man eine fremde Sprache spricht, wo es Ungewohntes zu essen gibt und wo unbekannte Sitten und Gebräuche herrschen. Und taucht damit in eine andere Welt ein. Doch auch durch die Mitpilger bekommt man Einblicke in ganz neue Lebenswelten.

So kann es passieren, dass man von einem Kanadier erfährt, was es heißt, wenn in einem Land monatelang meterhoch Schnee liegt. Oder man lässt sich von einem Südkoreaner das ausgeklügelte U-Bahn-System in Seoul erklären. Oder man trifft eine Tschechin, die von ihrem Alltag als dreifache Mutter in Prag berichtet. Um nur einige Beispiele zu nennen von den Lebenswelten der Menschen, die man am Weg trifft.

Das Außergewöhnliche auf dem Pilgerweg – insbesondere auf den viel begangenen Jakobswegen – ist die Tatsache, dass man in relativ kurzer Zeit viele unterschiedliche Menschen trifft und somit diverse Lebenswelten kennenlernt.

Doch die Einblicke beschränken sich nicht nur auf Mitpilger. Auch die Unterkünfte bieten Gelegenheit, sich in andere Universen zu begeben. Übernachtet man in einem privaten Quartier, ergibt sich das ganz automatisch. Denn wenn man mit seinen Gastgebern frühstückt, ist man ja schon mittendrin.

Ich erinnere mich an eine Übernachtung im Norden Deutschlands, als ich mich nach einem Pilgertag bei einem älteren Ehepaar am Abendbrottisch wiederfand. Die Hochzeitsvorbereitungen für die jüngste Tochter waren in vollem Gange, und da wird man dann auch schon mal gefragt, was man von der Einladung hält …

Auch wenn man in kirchlichen Unterkünften übernachtet, bietet das eine ganze Menge Potenzial für ungewöhnliche Einblicke in das Gemeindeleben. Da passiert es schon mal, dass man in Seniorennachmittage reinplatzt, Kinderbastelstunden beiwohnt oder Zeuge von Kirchensitzungen und Chorproben wird, die nebenan stattfinden.

Speziell ist es noch mal, wenn man in Klöstern übernachtet und dort ein wenig Einblick in das Ordensleben bekommt, indem man an Gottesdiensten teilnimmt. Dazu kommen die Gespräche mit den Geistlichen und Kirchenmitarbeitern, die auf einer ganz besonderen Ebene stattfinden. Ich habe mich mit Pfarrern unterhalten, die mir von schwierigen Gemeindemitgliedern erzählten und was sonst noch so schieflief im Ort. Und mit Nonnen geplaudert, die mir ihr Leid über die Mitschwestern klagten und mir verrieten, wie es mit dem Orden weitergehen würde.

Es ist, als sei man als Pilger besonders vertrauenswürdig und habe einen besonderen Status.

6. Kapitel

Das Sinnliche

Weil man sich verbunden fühlt

Es ist etwas, was man nicht beschreiben kann. Ein Gefühl, als würde man sich schon länger kennen, als müsste man nicht ganz von vorn anfangen. Als wäre da schon mal grundsätzlich eine Ebene, auf der man gleich schwingt, über die man sich nicht mehr verständigen muss: Man weiß, was es heißt, zu pilgern.

Und obwohl man womöglich sehr unterschiedliche Erfahrungen gemacht hat und noch nicht mal denselben Weg gelaufen ist, hat man eins gemeinsam: Man weiß, was es heißt, zu gehen, den Rucksack zu tragen und unterwegs zu sein.

Auch die Entscheidung für diese Art der Auszeit verbindet. Die Entscheidung dafür, sich und die Welt zu Fuß zu entdecken. Sich bestimmten Wahrheiten zu stellen und in sich hineinzuhorchen. Das macht nicht jeder. Und selbst wenn sie auf den ersten Blick sehr unterschiedlich wirken: Sobald man ein bisschen gräbt, findet man bei fast jedem Pilger eine tiefe Ebene, die ihn dazu bringt, das zu tun, was er tut, nämlich gehen! Das eint.

Besonders frappierend finde ich, dass man sich auch mit Ex-Pilgern verbunden fühlt. Wenn man beispielsweise bei jemandem übernachtet, der selber bereits gepilgert ist, hat man automatisch das Gefühl, dass man ein Stück weit nach Hause kommt. Hey, das sind meine Leute! Mit diesen Menschen findet man auch immer einen Konsens, auch wenn man sonst nicht viel gemeinsam hat.

Als ich durch Belgien pilgerte, habe ich das oft erlebt. Dort übernachtete ich meist bei Privatleuten, die selber schon mal einen Jakobsweg unter die Füße genommen hatten. Dadurch fanden wir immer Gemeinsamkeiten, die uns verbanden.

Bei Julie war es die Ungebundenheit, die sie auf dem Jakobsweg genossen hatte und so sehr liebte. Diese Freiheit! Genial! Wie gut ich das nachvollziehen konnte! Und durch dieses Verständnis fühlte ich mich ihr gleich ein Stück näher. Bei anderen Gastgebern stellte ich fest, dass es die Neugier war, die uns eine gemeinsame Ebene bescherte. Eine Neugier, die einen immer weitertreibt und dazu führt, dass man auch unbekannte Wege geht.

Und so ist es eigentlich bei allen Menschen, die schon mal gepilgert sind. Man unterhält sich und findet eine Art der Verständigung, die auf der gemeinsamen Pilgererfahrung beruht, auf Wegen, die man gegangen ist, und auf der Pilgerleidenschaft.

55. Grund

Weil es stolz macht, an seine Grenzen zu gehen und es zu schaffen

Ich bin kein Bergsteiger, kein Kraxler, noch nicht mal ein Mittelgebirgstyp. Selbst wenn eine schöne Aussicht lockt, fällt es mir unsagbar schwer, mich zu motivieren, bergan zu laufen. Denn ich mag es nicht, wenn es hoch geht. Während ich auf gerader Strecke recht flott vorankomme, werde ich bei nur wenigen Höhenmetern zur Schnecke. Es ist, als hätte man Bleigewichte an meine Füße gehängt, die das Ganze zusätzlich erschweren. Und bei jedem Schritt frage ich mich, ob das, was mich oben erwartet, die Quälerei zum Gipfel wert ist. Nie käme ich auf die Idee, alpines Wandern zu meinem Hobby zu machen. Einfach weil ich es zu anstrengend finde. Doch manchmal kommt man nicht drum rum.

Bereits ein Blick auf das Höhenprofil der Tagesetappe ließ mich erschauern. Zwei große Erhebungen im Abstand von nur wenigen Kilometern. Diese kleinen Berge in Asturien, bei denen man relativ schnell hintereinander jeweils 400 beziehungsweise 300 Meter steil bergan gehen musste, sahen alles andere als gemütlich aus. Allein schon die Vorstellung, diese Gipfel mit einem neun Kilo schweren Rucksack erklimmen zu müssen, ließ mich laut aufstöhnen. Aber kneifen ist nicht. Noch dazu wenn die Mitpilger einen unerschütterlichen Ehrgeiz an den Tag legen und nicht mal entfernt in Erwägung ziehen, die Hügel zu umgehen oder gar den Bus für die Etappe zu nehmen. Da will man sich dann auch keine Blöße geben. Zumindest versuchen kann man's ja mal …

Der Tag fing dann trotz allem recht vielversprechend an. Nach einem netten Frühstück aus Brot mit Olivenöl und Tomaten sowie einem riesigen *café con leche* fühlte ich mich gut gerüstet für was auch immer da kommen mochte. Doch die Wirklichkeit war dann doch noch härter als befürchtet.

Sobald wir am Fuß des ersten Berges angekommen waren, ging es einfach nur noch hoch. Immer. Ohne auch nur die kleinste Anmutung einer flachen Stelle, auf der man hätte anhalten und sich ausruhen können. Dazu links Gestrüpp und rechts tiefe Böschung – es gab kein Entkommen von diesem Weg. Der führte einfach nur stetig in Serpentinen bergauf. Noch eine, noch eine und noch eine. Es schien kein Ende zu nehmen.

Wir waren zu viert unterwegs, und jeder von uns entwickelte eine eigene Technik, um diese Tortur zu bewältigen. Raul ging stoisch vor sich hin, setzte einen Fuß vor den anderen, guckte nicht rechts, nicht links, sondern immer nur auf den nächsten halben Meter vor seinen Füßen. Ich heftete mich an seine Fersen und tat es ihm gleich. Doch statt auf den Boden vor mir zu schauen, blickte ich stur auf seine Füße. Ließ mich mitziehen von dem gleichmäßigen Rhythmus seiner Schritte und der immer gleichen Vorwärtsbewegung der Schuhe vor mir. Schritt für Schritt. Ohne Pause. Immer weiter bergan. Immer höher. Immer den nächsten Schritt. Und noch einen. Und noch einen.

Rauls Pilgerstab, der auf die Erde klopfte, gab den Rhythmus vor. Ich fühlte mich wie auf einer Galeere, wo alle im selben Takt immer die gleichen Bewegungen ausführen. Ohne zu fragen, ob das alles Sinn macht. Und ohne auch nur daran zu denken, aus dem vorgegebenen Takt auszubrechen. Denn dann wird es nur noch schwerer.

Maria und Karl blieben bald weit hinter uns zurück. Nach ein paar Biegungen sahen wir sie nicht mehr. Wie sich herausstellte, machten die beiden öfter mal Pause, um zu verschnaufen, und kämpften sich so mühsam im Schneckentempo nach oben.

Ich weiß nicht mehr, was mir während dieser gefühlten Ewigkeit ständigen Bergan-Schnaufens durch den Kopf ging. Meistens habe ich in solchen Situationen Visionen davon, wie ich beim nächsten Schritt tot umfalle. Ich fluche innerlich und schwöre mir, niemals, niemals mehr im Leben eine solche Unternehmung auch nur anzudenken. Und vor allen Dingen kann ich mir nicht im Entferntesten vorstellen, dass die Tortur jemals ein Ende nehmen wird und dass ich es bis zum Ende schaffe! Ein absoluter Ausnahmezustand.

Das Problem nur: Wenn man sich einmal entschieden hat, wenn man den Aufstieg begonnen hat, gibt es kein Zurück mehr. Natürlich könnte man rein theoretisch umdrehen und wieder hintergehen. Aber das wäre kaum weniger anstrengend, als den Weg hoch zu laufen. Und irgendwie will man sich ja auch nicht blamieren. Ein bisschen Ehrgeiz schwingt beim Pilgern schon mit, selbst wenn man keine Höchstleistungen vollbringen muss. Aufgeben, während alle anderen sich abmühen, und es dann letztendlich doch schaffen? Hm. Kommt nicht so gut. Außerdem war ich sowieso die Älteste unserer Gruppe und von den anderen schon als »Pilgermama« abgestempelt – darum reizte es mich, ihnen zu zeigen, dass ich doch noch was draufhatte. Auch wenn der Preis hoch war.

Somit ging es weiter, immer weiter nach oben. Ich glaube, irgendwann dachte ich gar nicht mehr, konnte gar nicht mehr denken. Mein ganzer Körper ächzte, ich keuchte, die Beine fühlten sich an wie mit Beton ausgegossen. Eine Tortur. Die kein Ende zu nehmen schien. Nach jeder Biegung hoffte ich auf eine gerade Fläche, doch stattdessen wand sich der Pfad nur stetig aufwärts. Eine elende Quälerei.

Dennoch kamen wir irgendwann oben an. Ich werde nie diesen Moment vergessen. Den Moment, als sich plötzlich eine Lichtung auftat. Zuerst ist es wie eine optische Täuschung, man kann nicht glauben, was man sieht. Dann fühlt man sich unfähig, auch nur einen Meter weiterzugehen, die Strecke bis zum offensichtlichen Ziel zurückzulegen. Man möchte am liebsten auf der Stelle niedersinken. Doch schließlich stolpert man wie von Sinnen vorwärts und lässt sich einfach nur fallen.

Und dann kam erst mal nichts. In mir war dumpfe Leere. Sitzen und die Beine ausstrecken. Das war das Einzige, wozu ich noch fähig war. Da war keine Freude, kein Triumph. Dafür war erst mal kein Platz. Nur Zittern, tiefe Erschöpfung. Nicht mehr bewegen.

Erst langsam sickerte es durch. Ich hatte es geschafft. Ich, die Anti-Bergsteigerin, hatte es geschafft! Einen 400 Meter hohen, steilen Hügel zu erklimmen, dazu noch mit einem schweren Rucksack. Und Raul und ich waren sogar die Ersten! Maria und Karl lagen noch weit zurück.

Doch der Stolz kam erst später. Und gleichzeitig damit auch so was wie Ungläubigkeit. Ich, die Kraxeln hasste, hatte das geschafft?

Wahrscheinlich war es eine Mischung aus allem, die mich durchhalten ließ. Dass man einen Pilgerethos hat, dass man sich etwas beweisen will und nicht die Blöße geben. Außerdem nicht als Einzige einen anderen Weg gehen.

Aber wie und warum ich es geschafft habe, ist nicht wichtig. Was bleibt ist die Erinnerung daran, dass selbst scheinbar unmögliche Dinge machbar sind, wenn man motiviert ist und seine Dämonen im Kopf überlisten kann. Manchmal überrascht man sich selber.

Weil manche Wege sich besonders anfühlen

Gerade Pilgerwege, die bestimmten Personen gewidmet sind, haben ein besonderes Flair. Nicht nur fühlt es sich anders an, ob man den Süd-Ost-Bayerischen Jakobsweg wählt oder den Elisabethpfad. Man wird auch neugierig auf die Person, die NamensgeberIn oder InitiatorIn des Weges waren. Und plötzlich beschäftigt man sich mit Leuten, von denen man vorher gar nichts wusste. Und ist verblüfft, was sie in einem auslösen.

Schon die Einstimmung auf den Weg ist anders. So erlebte ich es zumindest, als ich mich auf den Sigwardsweg vorbereitete, eine Pilgerroute im Wiehen- und Wesergebirge. Zum einen war ich verblüfft, dass es für diesen kleinen Pilgerweg von 170 Kilometern sage und schreibe zwei Pilgerführer gab sowie ein eigenes Pilgerbüro und einen extra für den Weg konzipierten Pilgerpass. Und am Ende der Tour konnte man sogar eine Urkunde mit Nadel für die zurückgelegte Strecke anfordern! Doch damit nicht genug. Es gab auch einen vertonten Segen für den Sigwardsweg, ein Gebet und einen Leitspruch – den Wahlspruch von Sigward.

Ehrlich gesagt hatte ich noch nie von ihm gehört, obwohl seine Wirkstätte Minden nur 40 Kilometer von meinem Wohnort entfernt liegt. So viel Marketing um einen kleinen Rundweg im nordöstlichen Zipfel von Nordrhein-Westfalen machte mich aber doch stutzig: War dieser Sigward etwa ein ganz außergewöhnlicher Mensch gewesen, von dessen Existenz ich bisher erstaunlicherweise nichts mitgekriegt hatte?

Aber die Stationen seiner Biografie lesen sich erst mal nicht besonders spektakulär. Zwar war Sigward, der im 12. Jahrhundert in Minden als Bischof wirkte, anscheinend ein gebildeter und weit gereister Mann. Aber weder schien er besonders mildtätig gewesen zu sein, noch größere Wunder vollbracht zu haben. Das Bemerkenswerteste, was er zu Lebzeiten schuf oder schaffen ließ, war sicherlich seine Eigen- und Grabeskirche in Idensen am Steinhuder Meer. Sie weist eine einmalige Gewölbearchitektur auf sowie kostbare mittelalterliche Fresken.

Der Bischof ging oft zu seiner Kirche, und der Sigwardsweg soll diese Strecke in gewisser Weise nachzeichnen. Dennoch bildet der Weg nicht die Originalroute des Bischofs auf seinem Weg nach Idensen ab, sondern verbindet wichtige historische Stätten der Region. Darum ist es auch nicht der Pilgerweg an sich, der die Erinnerung an Sigward heraufbeschwört, sondern vielmehr sein Wahlspruch: »*Sum quod eram, nec eram quod sum*« – »Ich bin, der ich war, war aber nicht, der ich bin«.

Ein anspruchsvoller Wahlspruch, wie ich finde, der dazu führt, dass man sich durchaus noch mal genauer mit Sigward beschäftigt. Was war das für ein Mensch, der sich solche Fragen stellte wie: Wer bin ich eigentlich, wo stehe ich, was hat mein Leben verändert?

Außerdem ein Spruch, der wie gemacht zu sein scheint fürs Pilgern. Er lädt dazu ein, tiefe Innenschau zu halten und diese Fragen für sich selbst zu beantworten.

57. Grund

Weil doch was dran ist am Jakobus

Kraftort? Für viele ist das die Sofaecke am Kamin, von der aus man herrlich in die züngelnden Flammen blicken kann. Oder die Bank im Garten, wo man umgeben ist vom betörenden Duft der Rosen. Oder der Strandkorb auf dem Balkon mit dem Panoramablick auf den Sonnenuntergang. Plätze eben, an denen man auftanken kann, die beruhigend und erholsam wirken.

Doch neben den subjektiven gibt es auch universelle Kraftorte, denen von alters her besondere Energien zugesprochen werden.

Meistens sind dies spezielle Plätze in der Natur in Form von Quellen, Bäumen oder Felsformationen, von Waldlichtungen oder Wasserfällen.

Auch Kirchen gelten als Kraftorte. Zum einen im übertragenen Sinn, weil die dort abgehaltenen Gottesdienste und Andachten Kraft spenden. Zum anderen aber auch wegen der Heiligtümer, die in ihnen aufbewahrt werden, wie die Reliquien. Besonders den Reliquien der Märtyrer wurde seit dem frühen Mittelalter durch Wunderberichte eine heilsame Wirkung zugeschrieben, was sie besonders wertvoll machte. Darum kommt es nicht von ungefähr, dass viele große Kathedralen des Mittelalters ihre Entstehung und ihren Ruhm diesen hochverehrten Reliquien verdanken.

Nicht anders ist es bei der Kathedrale in Santiago de Compostela. Auch sie wurde zum begehrten Wallfahrtsziel, weil sie auf den vermuteten Reliquien des heiligen Jakobus errichtet war, des ersten Märtyrers unter den Aposteln. Vermutet deshalb, weil bis heute nicht klar ist, ob die aufgefundenen Gebeine tatsächlich diejenigen von Jakobus dem Älteren sind. Von offizieller Seite, das heißt durch bischöfliche und päpstliche Anerkennung, wurden sie zwar als solche anerkannt, aber bewiesen hat das bisher niemand.

Es gibt nur einige Legenden, die sich um die Reliquiengrabstätte ranken. Unter anderem heißt es, dass Jakobus der Ältere zu den engsten Vertrauten von Jesus zählte und in Spanien missionierte. Doch um das Jahr 44 wurde er in Jerusalem auf Befehl von Herodes Agrippa I. enthauptet. Wegen seiner engen Verbindung zu Spanien brachten seine Jünger den Leichnam des Apostels in einem Boot nach Galicien und bestatteten ihn einige Kilometer von der Küste entfernt im Landesinneren.

Doch das Grab geriet in Vergessenheit. Erst im 9. Jahrhundert verkündeten Engel einem Einsiedlermönch, dass er die Grabstätte des Apostels dort wiederfinden würde, wo die hellsten Sterne leuchteten. Daraufhin stieß er auf ein Marmorgrabmal mitten in der Wildnis. Dies wurde kurzerhand zum Jakobusgrab erklärt und der König Alfons II. von Asturien von dem Fund informiert. Der eilte sofort herbei und ist somit der erste offizielle Jakobspilger. Er ließ eine Kapelle bauen und erklärte Jakobus zum Schutzheiligen seines Königreichs. Den Fundort nannte er Compostela, nach dem Feld unter den Sternen.

Jakobus entwickelte sich zum beliebtesten Schutzheiligen der Region, und die Kapelle wurde später mit einer Kirche überbaut. In den folgenden Jahrhunderten machte der Reliquienfund Santiago neben Jerusalem und Rom zum wichtigsten Wallfahrtszentrum der Christenheit.

Ist der Ort darum immer noch besonders, auch wenn die mittelalterlichen Wallfahrten lange zurückliegen? Meiner Meinung nach ja. Allein schon wenn man den Platz vor der Kathedrale erreicht, ist man dankbar, staunt und setzt sich ehrfürchtig nieder. Die Pracht der hohen Fassade der Basilika macht, dass man klein wird.

Dann geht's weiter in die Kathedrale. Der Brauch will, dass der Pilger nach seiner Ankunft in Santiago den silbernen Schrein in der Krypta besichtigt, in dem angeblich die Gebeine des Jakobus ruhen. Über der Krypta wölbt sich ein Hochaltar, in dessen Mitte eine lebensgroße Figur des heiligen Jakobus thront. Ein weiteres, unerlässliches Ritual besteht darin, dass die Pilger die Treppe hinter der Statue beschreiten und den heiligen Jakobus von hinten umarmen oder zumindest berühren und dabei kurz innehalten und sich bedanken.

Was erwartet man von solch einer »Begegnung«? Eine ganze Menge vielleicht, wenn man tief gläubig ist und das Grab des Apostels von jeher ein Sehnsuchtsziel war. Nicht allzu viel, wenn man eher aus weltlichen Gründen pilgert und den Besuch des Wallfahrtsorts mehr als Abschlusszeremonie der Reise sieht.

Ich bin ein rationaler Mensch. Es gibt nicht viele Dinge, an die ich glaube. Und wenn, dann auf eine sehr persönliche Art und Weise. Mit dem christlichen Glauben, der nach festen Regeln praktiziert wird, kann ich nicht so viel anfangen. Auch macht sich mein

Glaube nicht an etwas fest, was mit von Menschen auserkorenen Heiligen zu tun hat.

Umso überraschter war ich auf meine Reaktion, als ich die Treppe hinter dem Apostel hochstieg und ihm meine Hände auf die Schultern legte. Plötzlich war es, als würde mich ein Energiestrom durchfahren. Ich schloss die Augen, und sogleich breitete sich Ruhe und ein tiefer Frieden aus. Ich war verblüfft. Ich hatte doch nichts gemacht! Weder gebetet noch einen besonderen Dank ausgesprochen. Was also war da gerade passiert?

Ich habe es nicht herausgefunden. Fest steht jedoch, dass es mir am folgenden Tag ähnlich erging. Und auch als ich Jahre später wieder nach Santiago kam, hatte das Anfassen des Schulterumhangs den gleichen Effekt.

Das brachte meinen Verstand erst mal gehörig ins Wanken. Ich glaubte nicht wirklich, dass da ein paar Meter unter mir in dem silbernen Schrein die Gebeine von Jakobus lagen. Genauso wenig glaube ich an Wunder. Doch das, was mir beim Berühren der Jakobusstatue widerfahren war, machte mich stutzig. Vielleicht war doch etwas dran an der ganzen Geschichte mit der besonderen Bedeutung dieses Ortes? Oder vielleicht waren es auch nur spezielle Energien, die von diesem Ort ausgingen?

Ich konnte die Frage nicht beantworten. Doch fest steht, dass ich seit dieser Erfahrung ein wenig mehr glaube. Daran, dass es vielleicht tatsächlich religiöse Stätten gibt, die Kraftorte sein können.

Weil irgendwann
der Schmerz nachlässt

Man hat sich Mühe gegeben. Man hat die vielen Tipps und Ratschläge beherzigt, die erfahrene Pilger so verteilen. Man hat tatsächlich nur das Nötigste mitgenommen, hat geschaut, dass der Rucksack gut auf den Hüften liegt, ihn bepackt und ist damit Probe gelaufen. Die Wanderschuhe scheinen mit dem Fuß verwachsen – so oft hat man sie getragen. Man kennt alle Tricks zur Blasenvermeidung vom Einreiben mit Hirschtalg bis hin zum Einsatz von zwei Paar Socken. Auch die Wanderstöcke hat man zu guter Letzt noch mitgenommen, um einer Überlastung der Knie vorzubeugen Und selbst ein paar Teststrecken hat man absolviert, und, doch, ja, hat alles gut geklappt. Also eigentlich dürfte nichts mehr schiefgehen.

An den ersten Tagen der Pilgerreise läuft auch alles top. Beschwingt schreitet man aus, freut sich, dass man gut vorbereitet ist und es so flott vorangeht. Aber nach ein paar Tagen stellen sich doch kleine Zipperlein ein. Die Füße sind wund – wie kann das sein? Obwohl man gecremt hat? Und die richtigen Socken an? Aber vom Probepilgern zum Dauer-Gehen ist doch noch mal ein Unterschied, scheint's. Denn auch der Rucksack wird von Stunde zu Stunde schwerer, die Riemen schneiden in die Schultern, und die Region dazwischen fühlt sich an wie einzementiert.

Und die Kondition? Ursprünglich hatte man gedacht, locker 25 bis 30 Kilometer pro Etappe zu schaffen, doch eigentlich ist man nach 20 schon so fertig, dass man am liebsten nur noch ins Gras am Wegrand sacken würde.

Aber wie kommt das? Ist man einfach zu blöd zum Pilgern?

Man schleppt sich weiter mit vielen Zweifeln an dem, was man gerade tut. Vielleicht doch nicht die beste Art, Urlaub zu machen?

Von Erholung keine Spur. Im Gegenteil. Man wird geschunden und völlig fertig nach Hause zurückkehren.

Auch die Landschaft und die interessanten Menschen muntern nicht auf, denn man ist viel zu sehr damit beschäftigt, die eigenen Wunden zu lecken und zu jammern.

Ist das normal? Doch, das ist normal. Nach dem anfänglichen Enthusiasmus muss man sich erst mal der Realität stellen. Die unter Umständen bedeuten kann, dass man stundenlang über Asphalt läuft oder Berge erklimmt. Dass das Klima doch anders ist als zu Hause, unter Umständen heiß oder nass. Man muss sich mit seinem Rucksack arrangieren, lernen, was und wie oft man am besten isst und trinkt. Wann man Pausen macht und wie man sie am besten gestaltet, damit die Füße nicht streiken. Und welche Etappenlänge realistisch ist. Das dauert ein paar Tage. Die mitunter sehr schmerzhaft sein können und einen zur Verzweiflung bringen.

Was ein wenig tröstet: Anderen geht es genauso. Auch die Mitpilger, die zum ersten Mal dabei sind, schleichen über den Weg, als würden sie auf rohen Eiern gehen, den Blick stur geradeaus vor sich auf den Boden geheftet. Anscheinend hat nicht nur man selber ein paar Problemchen, auch bei den anderen läuft nicht alles rund. Unterhaltungen über Schmerzen und Wehwehchen werden zum omnipräsenten Gesprächsthema am Weg. Das gegenseitige Bedauern sowie die abendliche Wundbeschau in der Herberge in Kombination mit dem Austausch von Heft- und Blasenpflastern avancieren zu einem Verbrüderungsritual. Fast schon wird man durch die geteilten Schmerzen zu einer eingeschworenen Leidensgemeinschaft.

Doch es wird besser. Bei jedem, der durchhält, der diese schwere Anfangszeit übersteht, wird es irgendwann besser. Auch wenn die Blasen noch so hartnäckig sind: Irgendwann werden sie kapitulieren und widerstandsfähiger Hornhaut Platz machen. Selbst wenn der Rucksack noch so schwer erscheint: Nach ein paar Tagen weiß man, wie man ihn am besten trägt und welche Dinge man getrost zurücklassen kann.

Und auch der Rest findet sich irgendwie. Im Laufe der Zeit wird der Gang aufrechter, die Schultern werden gerader, und der Spaß an der Sache rückt wieder mehr in den Vordergrund. Man bewegt sich freier, hebt den Blick und sieht auch was von der Gegend, die man durchwandert. Man plaudert munter mit Mitpilgern, die Kondition wächst, und die Distanzen von Ausgangs- zu Zielort werden größer. Ach, Pilgern ist doch irgendwie schön!

Und während man so fröhlich-frei, so locker-flockig vor sich hin pilgert, ist man ab und an sogar zu Scherzen aufgelegt. Und bemitleidet jene, die auf dem Weg vor sich hin schleichen, das Gesicht ein bisschen schmerzverzerrt, den Blick auf den Boden geheftet.

59. Grund

Weil es einen Pilgersegen gibt

Obwohl manche Quellen behaupten, dass die Pilgerreise im Mittelalter einem Massenphänomen glich, war sie für den Einzelnen doch etwas ganz Besonderes. Denn eine Pilgerfahrt unternahm man meist nur einmal im Leben. Darum stellte sie ein einzigartiges Ereignis dar und wurde durch bestimmte Riten und Zeremonien aus dem Alltag herausgehoben.

Eine der wichtigsten Zeremonien vor der Reise war der Pilgersegen, denn er stand für die Trennung und Loslösung von der heimatlichen Kirchengemeinde. Um den Segen vor Aufbruch der Reise zu erhalten, musste der Pilger zunächst einmal seine häuslichen Angelegenheiten regeln. Dazu gehörte, ein Testament zu machen und seine Sünden zu beichten. Der eigentliche Segen dann wurde in der Kirche im Rahmen eines Gottesdienstes gespendet.

Die besondere symbolische Bedeutung des Pilgersegens als Zeichen des Aufbruchs hat sich bis jetzt gehalten. Heute wie früher wird er entweder in der Heimatpfarre oder an einer Pilgersammelstelle gespendet. Die Zeremonie des Segnens jedoch gestaltet jeder Geistliche anders und mit ihr auch die Gebete, Lieder, Fürbitten und Segenssprüche. Mal sind es ein paar einfache Worte, die der Pfarrer spricht, dann wieder gibt es eine Art Mini-Gottesdienst, in dem die Pilger aktiv um ihren Segen bitten.

Was letztendlich geschieht, ist meiner Meinung nach nicht so wichtig. Ob die Pilger singen und beten, eine Fürbitte sprechen oder einfach nur den Segen in Empfang nehmen. Entscheidend ist, dass man überhaupt mit einem Segen losgeht. Denn es ist anders.

Es ist anders, ob man eines Morgens mit der Muschel auf dem Rücken einfach losgeht. Ohne dass es jemand bemerkt oder groß Notiz davon nimmt. Oder ob man vorher die Kirche besucht, sich verabschiedet und des göttlichen Beistands versichert. Das gibt der Unternehmung eine andere Dimension. Man tritt nicht mehr als Individualreisender an, der mal ein bisschen pilgern geht, sondern die Wallfahrt bekommt einen besonderen Rahmen und wird als das gewürdigt, was sie letztendlich ist: ein Auszug in die Fremde, in neues, unbekanntes Terrain auf der Suche nach ... ja, womöglich nur nach sich selbst, aber vielleicht auch nach Gott.

Die Tragweite einer Pilgerreise im Mittelalter war natürlich noch weitaus größer als heute. Sich in die Fremde zu begeben, und das womöglich über Monate oder Jahre, bedeutete große Strapazen und viele Gefahren am Weg. Nicht immer konnte man gewiss sein, dass man heil zurückkehren würde, und darum machte es durchaus Sinn, sich vor der Reise segnen zu lassen.

Doch auch heute noch ist der Pilgersegen eine bewegende Zeremonie, die die Reise einbettet und einzigartig macht. Die einfach schön ist und die berührt. Und obwohl alle Pilger, die gemeinsam aufbrechen, den gleichen Segen erhalten, fühlt man sich doch persönlich angesprochen.

Noch individueller wird's natürlich, wenn man von zu Hause aus startet und der Pfarrer des Heimatorts den Segen spendet. Wenn man ihn kennt, wird er über den allgemeinen Teil hinaus wahrscheinlich noch ein paar persönliche Worte finden, um aus der Pilgerreise eine besondere Wallfahrt zu machen. Und die Tatsache, dass man von bekanntem Terrain aus startet, verleiht ein bisschen das Gefühl, als würde man sich auch im Namen der Heimatgemeinde auf eine Mission begeben.

60. Grund

Weil es die Pilgermesse gibt

Rituale haben etwas Beruhigendes. Man übt sie aus, weil sie Sicherheit geben oder weil man in ihnen einen tiefen Sinn sieht und Erfüllung findet. Auch für Pilger gab es ursprünglich etliche Rituale, die ihre Reise strukturierten, die einen gewissen Verhaltenskodex bildeten und symbolischen Charakter hatten.

Der Pilgersegen vor der Reise gehörte dazu oder das Hinterlassen von Spenden bei Heiligtümern am Weg. Vor der Ankunft am Pilgerziel Santiago de Compostela gab es Waschrituale, bei denen sich die Pilger im Rio Lavacolla reinigten. In Santiago selbst bestand das Ritual natürlich im Besuch des Apostelgrabs und der Pilgermesse. Daneben praktizierte man Feuerrituale, die symbolisieren sollten, dass der Pilger sein altes Leben hinter sich ließ und ein neues anfing.

Von diesen ganzen mittelalterlichen Ritualen sind nicht mehr viele geblieben. Doch ein wichtiges hat weiterhin Bestand und macht das Ganze rund: der Besuch der Pilgermesse. Denn so wie der vorherige Segen der Wallfahrt eine besondere Qualität gibt, trägt auch die Zeremonie nach Erreichen des Pilgerziels dazu bei, ihr einen würdigen Abschluss zu verleihen.

Die Pilgermesse findet täglich um 12.00 Uhr im Hauptaltar der Kathedrale statt. Zu Beginn des Gottesdienstes wird eine Liste der Pilger verlesen, die in Santiago angekommen sind und in den letzten 24 Stunden ihre Compostela beantragt haben (denn nur diejenigen werden offiziell registriert).

Das Besondere: Neben der Nationalität wird auch der Ausgangspunkt der Pilgerreise angegeben. Das lässt einen nicht kalt. Denn obwohl es Hunderte von Pilgern sind, die tagtäglich auf dem Platz vor der Kathedrale ankommen, fühlt man sich wahrgenommen. Man ist nicht einer unter vielen, eine Nummer, sondern hat eine Identität, einen Anfangs- und einen Zielort; eine kleine Pilgergeschichte sozusagen.

Besonders ergreifend ist die Pilgermesse natürlich auch, weil sie den Endpunkt der Reise kürt. Das Ziel, auf das man womöglich seit Wochen oder Monaten zuläuft, ist tatsächlich Realität geworden und findet hier in der Kathedrale des heiligen Jakobus ihren krönenden Abschluss.

Die Pilgermesse ist jedoch nicht nur eine formelle Willkommenszeremonie, sondern auch ein Treffpunkt. Denn sie bietet die Gelegenheit, alle Pilger, die man vorher am Weg getroffen hat, noch mal wiederzusehen. Hier in der Kathedrale im Angesicht der Apostelstatue verschmilzt man dann zu einer Gemeinschaft.

Zu bestimmten Gelegenheiten findet im Rahmen des Gottesdienstes die Zeremonie des *botafumeiro* statt. Dabei wird ein riesiges, über 50 Kilo schweres Weihrauchfass im Querschiff der Kathedrale bis an die Decke geschwungen. Früher hatte die Bewegung des *botafumeiro* neben der feierlich-liturgischen Funktion auch die Aufgabe, die Luft in der Kathedrale zu reinigen. Denn bis zum Ende des 18. Jahrhunderts war es für Pilger üblich, in der Kathedrale auch zu essen und zu schlafen, was sicherlich eine nicht immer angenehme Geruchskulisse zur Folge hatte. Dies ist heute nicht mehr der Fall, doch nichtsdestotrotz bildet das Schwingen des Weihrauchkessels einen weiteren Höhepunkt der Pilgermesse.

7. Kapitel

Der Genuss

Weil es Pilgermenüs gibt

Pilger laufen viel. Und lange. Sie haben ständig Hunger. Und es gibt etliche unter ihnen, die nicht viel Geld am Weg ausgeben können oder wollen. Darum ist es gut, dass es in vielen Restaurants am Weg günstige Pilgermenüs gibt.

Ein Pilgermenü besteht in der Regel aus einer Vor-, einer Haupt- und einer Nachspeise zum Aussuchen. Bei der Vorspeise beispiels- weise kann man zwischen Salat und Suppe wählen, beim Haupt- gang zwischen Fisch und Fleisch, und beim Nachtisch zwischen Eis und Kuchen. Dazu gibt es Wasser und Wein. Eine runde Sache also, die zudem nur um die 10 bis 12 Euro kostet. Zwar ist das Menü recht einfach und der Wein nicht besonders hochwertig, aber an- gesagte Regionalküche vom Sternekoch oder edle Tropfen erwartet auch niemand für den Preis.

Und eigentlich geht es auch um was anderes: Wenn man sich abends zum Pilgermenü niederlässt, will man sich ausruhen, satt werden und einen schönen Abend verbringen. Für eine gute Weile mit netten Menschen gemütlich um einen Tisch sitzen und den Tag in fröhlicher Runde ausklingen lassen. Allein schon das Privileg zu genießen, ein vergünstigtes Mahl zu sich zu nehmen, macht Spaß. Und zudem in dem entspannten Bewusstsein, so viel gelaufen zu sein, dass man sich über die Kalorien keine Gedanken machen muss!

Das alles schafft Wohlbehagen, und das Menü selbst tut ein Üb- riges, um die Stimmung zu heben. Den ganzen Tag schon hat man sich auf diesen Moment gefreut, wo man sich zufrieden seufzend zurücklehnt, den ersten Schluck Wein genießt und das angenehme Geplauder der Mitpilger an sich vorbeiplätschern lässt.

Gut, man hat keine große Auswahl, und alle essen das Gleiche. Doch das entstresst das Bestellen. Man muss sich nur kurz entscheiden, ob man die Linsen essen will oder den Kartoffelsalat, zwischen Schnitzel und Seehecht wählen und überlegen, ob man zum Abschluss lieber Eis oder die »Tarta de Santiago« möchte. Aber das ist letztendlich eine überschaubare Qual der Wahl, denn viel kann man nicht verkehrt machen. Es kostet alles das Gleiche, und keines der Gerichte wird das andere an kulinarischer Finesse übertreffen. Darum kann man sich entspannen und frei nach Intuition wählen.

Und ist der erste Hunger dann gestillt, nehmen die Gespräche wieder an Fahrt auf, es werden Höhen und Tiefen des Weges besprochen, Missgeschicke durchgenommen und über Mitpilger spekuliert, die scheinbar auf der Strecke geblieben sind. Das alles jedoch in freundlicher und wohlwollender Atmosphäre – schließlich will niemand dem anderen etwas Böses. Ein einfaches Essen in netter Runde – eine gelungene Aktion, solch ein Pilgermenü!

62. *Grund*

Weil es Brot und Käse gibt

Hunger – was ist das überhaupt? Grundsätzlich erst mal schlicht und ergreifend das Verlangen nach Nahrung. Man verspürt einen Hungerreiz, wenn der Körper meint, er müsse seine Energiedepots wieder auffüllen. Dieser körperliche Hunger wird durch den Blutzuckerspiegel bestimmt. Ist der zu niedrig, das heißt droht die Unterzuckerung, wird ein Hungerreiz ausgelöst. Dann müssen dem Körper Nährstoffe zur Verfügung gestellt werden, um den Blutzucker wieder zu steigern.

Und wie geht's dann weiter? Fängt man an zu essen, reagiert der Magen bei einem gewissen Füllstand und Dehnung der Magenwände mit einem Sättigungsgefühl. Das heißt, er reagiert auf die Menge, die man zu sich genommen hat. Dabei kommt es nicht so sehr darauf an, was man zu sich nimmt, sondern wie viel.

Dieser Mechanismus des physischen Hungers und der Sättigung ist wie alles in der Natur perfekt geregelt. Aber viele Menschen kennen echten körperlichen Hunger nicht mehr. Bevor dieser auftreten kann, haben sie schon wieder etwas zu sich genommen, denn in der Regel essen wir auch aus Frust, Langeweile, weil etwas gut riecht oder lecker aussieht. Und das alle paar Stunden ohne physischen Hunger zu verspüren.

Doch beim Pilgern strengt nicht nur das Laufen an, sondern auch das Rucksacktragen – da sind die Energiereserven schnell verbraucht und wollen wieder aufgefüllt werden. Das bedeutet, dass man oftmals richtig Hunger hat. Und dann muss man nicht lange überlegen: Einfach essen!

In der Regel kann man sich auf seine Intuition verlassen, denn der Körper sagt einem, was er braucht und wann er satt ist. Das Tolle an der Sache: Wenn man physischen Hunger verspürt, muss man kein erlesenes 5-Gänge-Menü zu sich nehmen. Oft reichen simple Nahrungsmittel, um ihn zu stillen. Mehr noch: Dadurch, dass man echten Hunger verspürt, kann man sich mal wieder so richtig an einfachen Lebensmitteln erfreuen. Da ist es ein einzigartiger Genuss, in ein rustikales Brot mit krosser Kruste zu beißen, und es kommt einem Gourmethappen gleich, wenn man dazu noch ein würziges Stück Käse genießt.

Es schmeckt einfach, weil man ein Grundbedürfnis auf natürliche Art und Weise befriedigt, nämlich den Hunger mit Nahrungsaufnahme beantwortet.

Weil es wunderbar ist,
zu duschen und auszuruhen

Wann betätigen wir uns heute im Alltag noch körperlich und sind nach getaner Arbeit rechtschaffen müde? Selten. Früher war das normal. Menschen arbeiteten auf dem Feld und hackten Holz. Sie bauten Gemüse an, wuschen Wäsche auf dem Waschbrett, und um Waren zu besorgen, mussten sie zu Fuß in die Stadt gehen. Außerdem erforderten viele Berufe manuelle Arbeit.

Heute müssen wir Bewegung durch gezielte Aktivitäten in unser Leben einbauen. Das, was früher nebenbei passierte, führen wir heute künstlich durch Sport herbei, damit der Körper keine Ausfallerscheinungen zeigt.

Wie gut, dass es da das Pilgern gibt als eine der ältesten und ursprünglichsten Arten der körperlichen Betätigung! Denn früher war es ganz natürlich, zu Fuß von A nach B zu laufen. Wenn auch nicht ganz freiwillig. Zwar war das die übliche Art der Fortbewegung, aber hauptsächlich darum, weil sich die meisten Pferd oder Kutsche nicht leisten konnten.

Doch im Zuge der Popularität des Pilgerns ist das Laufen von einem Ort zum anderen plötzlich eine durchaus beliebte Freizeitaktivität. Während früher die Menschen auf Schusters Rappen gingen, weil es keine Alternativen gab, setzt man heute freiwillig einen Fuß vor den anderen.

Das Gehen hat eine neue Wertigkeit bekommen, denn um eine Strecke per pedes zurückzulegen, braucht es Zeit – ein wertvolles und rares Gut heutzutage. Fast schon kommt es einem Luxus gleich, wenn man es sich leistet, langsam zu gehen, anstatt schnell zu fahren.

Für die meisten Wallfahrenden ist es normal, die Strecke zum Ziel zu Fuß zurückzulegen; das ist Teil des Deals und macht ein

Stück weit das »richtige« Pilgern aus. Nichtsdestotrotz ist das Laufen mit Gepäck mühsam und nicht immer lustig. So mancher, der bewusst diese Strapazen auf sich nimmt, flucht insgeheim ob der ungewohnten Anstrengung.

Doch es gibt eine Belohnung, die all dies wettmacht, die die Mühen binnen Minuten vergessen lässt und die die Befindlichkeitsskala in kürzester Zeit von null auf 10 beamt: die Dusche!

Das, was man zu Hause morgens nach dem Aufstehen als festes Weckritual etabliert hat, bekommt nach einem langen Pilgertag, an dem man müde und verschwitzt in der Unterkunft anlangt, eine neue Dimension. Duschen ist nicht mehr nur Säuberung oder Kreislaufkick, sondern mit dem Wasser wäscht man auch den ganzen Tag herunter. Die Anstrengung, den Schweiß, den Dreck, eigentlich das ganze negative Tagesgeschehen. Und in dem Maße, wie die Schmutzpartikel im Abfluss landen, weicht auch der innere Stress. Die Hitze, durch die man gelaufen ist, verblasst, die extra Kilometer, die man eigentlich nicht einkalkuliert, aber trotzdem irgendwie bewältigt hat, der Druck des Rucksacks auf den Schultern, die endlose Straße, die irgendwann nur noch nervtötend war.

Das alles verschwindet angesichts des Wassers, das auf den Körper niederprasselt und neue Lebensgeister weckt. Denn jetzt beginnt der zweite Teil des Tages. Jetzt hat man das Pflichtpensum hinter sich gebracht und freut sich auf den gerechten Lohn für die Mühen. Der da erst mal lautet, den Moment zu genießen, in dem man sich nach der Dusche wie neugeboren fühlt. Dann in frische Wäsche schlüpfen, womöglich noch schnell ein T-Shirt waschen, doch dann – endlich – auf dem Bett liegen und ausruhen! Nach dem Duschen setzt eine tiefe Entspannung ein, gepaart mit einer angenehmen Mattigkeit. Jede Zelle des Körpers scheint runterzufahren und sich über die wohlverdiente Pause zu freuen.

Dies ist ein Moment, der kaum zu toppen ist. Denn plötzlich hat man das Gefühl, dass alles im Lot ist, es gibt ein Gleichgewicht zwischen Anstrengung und Belohnung. Dafür, dass man sich den ganzen Tag über geschunden hat, ist man nun sauber und fühlt sich müde und erschöpft, aber glücklich!

Weil es zwischendrin Cafés gibt

Sucht man im normalen Leben ein Café auf, möchte man dort nett sitzen und mit der Freundin plauschen, einen guten Kaffee trinken, ordentlich frühstücken oder leckeren Kuchen essen. Vielleicht den schönen Ausblick auf das Meer, den See oder die Berge ringsum genießen, oder ganz einfach mal zwischendurch verschnaufen.

Beim Pilgern ist das nicht anders. Auch hier will man gut essen und trinken, und das in möglichst ansprechendem Ambiente. Doch im Gegensatz zum Alltag sind die Ansprüche an die Qualität des Essens und das Drumrum nicht so hoch, denn im Grunde genommen geht es ja um das Gehen und die Leute und die Sache an sich. Wenn man später nach der Pilgerreise gefragt wird, gelten die Kneipen und Restaurants am Weg nicht als Repräsentanten für einen gelungenen Urlaub. Man wird wahrscheinlich nicht von einem Sternerestaurant mit erlesener Weinkarte und erstklassigem Dry Aged Beef schwärmen wollen, sondern von den Menschen, die man beim Pilgern getroffen und den Dingen, die man erlebt hat.

Doch obwohl sie in der Erinnerung nicht als besonders hervorstechen müssen, erfüllen Cafés und Bars am Pilgerweg wichtige Funktionen. Zum einen sind sie natürlich Orte zum Auftanken und Ausruhen. Doch zum anderen fungieren sie auch als Treffpunkt der Pilger – gerade wenn es nicht viele Lokale am Weg gibt. Lässt man sich hier nieder, bekommt man einen Überblick darüber, wer sonst noch unterwegs ist; entweder weil die Mitpilger am Nachbartisch sitzen, weil sie hier kurz einen Stempel abholen oder weil sie draußen vorüberziehen.

Sitzt man länger in einem Café mit Blick auf den Weg, sieht man, wie sich das aktuelle Pilgergeschehen gestaltet: Nicht nur, wer auf dem Weg läuft, sondern auch, wer allein geht, wer als Gruppe, in welchem Tempo und mit welcher Attitüde. Besonders fallen natürlich die außergewöhnlichen Pilger auf, diejenigen, die farbenfrohe Kleidung tragen, die den Weg womöglich laufenderweise zurücklegen oder diejenigen, die trotz offensichtlicher Handicaps unterwegs sind. Hier sieht man alles!

Doch abgesehen von dem Überblick, den er verschafft, bietet so ein Café- oder Barbesuch natürlich auch immer die Gelegenheit, den einen oder anderen Mitpilger kennenzulernen. Meistens ist das kein Problem, denn als Pilger knüpft man schnell Kontakt und setzt sich auch schon mal gemeinsam an einen Tisch. Das Gespräch findet sich dann automatisch, denn schließlich hat man dieselben Themen.

Manchmal ergeben sich aufgrund einer netten Plauderei und entdeckter Gemeinsamkeiten ganz neue Konstellationen; man geht dann nach dem zweiten Milchkaffee nicht mehr alleine weiter, sondern mit dem netten Brasilianer, der so herzhaft über seine Blessuren lachen konnte. Oder man findet heraus, dass das sympathische Pärchen am Kopfende in derselben Pension übernachtet wie man selber, und verabredet sich zum Abendessen.

So ein Café ist also eine durchaus multifunktionale Einrichtung am Wegrand!

65. Grund

Weil alle so nett sind

»Du sollst deinen Nächsten lieben wie dich selbst.« Dies ist einer der Kernsätze des Alten Testaments und gleichzeitig eines der wichtigsten Gebote im Christentum. Doch auch in religiös geprägten Gesellschaften ist Nächstenliebe nicht selbstverständlich.

Wohlwollen und uneigennützige Hilfe gelten zwar als wichtige Werte, aber gelebt werden sie oft nicht.

Erstaunlicherweise ist das beim Pilgern anders. Schaut man sich die Menschen auf dem Weg an, scheint es, als habe man bisher nur die falsche Brille aufgehabt, als sei es ganz normal, sich gegenseitig zu helfen, wohlwollend und respektvoll miteinander umzugehen. Vielleicht ist es ein besonderer Geist, der über den Pilgerwegen schwebt. Eine Atmosphäre der Brüderlichkeit, von der man im Alltagsleben nur träumen kann.

Fast wirkt es wie ein geheimer Kodex, der gilt, sobald man den Weg betritt. Plötzlich ist man durchweg von netten Menschen umgeben, die eine erstaunliche Großzügigkeit an den Tag legen. Sei es, dass sie Seife leihen, auf den Rucksack aufpassen, damit man nicht den Ständer mit den Tütensuppen im engen Dorfladen ummäht, oder dass sie einem in der Herberge freiwillig den letzten Platz überlassen, weil man zu erschöpft ist, um noch bis zur nächsten Unterkunft zu laufen.

Natürlich gibt es auch auf dem Jakobsweg ein paar Nörgler oder Quengler, aber unter so vielen lieben Menschen geht das unter. Manchmal könnte man meinen, es gäbe für gutes Benehmen beim Pilgern ein paar Extrapunkte auf dem Himmelskonto, aber dann wieder scheint sich niemand besonders dafür anzustrengen. Die Freundlichkeit ist ganz natürlich und echt; alles ganz normal, weil jeder es tut!

Warum das so ist? Vielleicht, weil eine außergewöhnliche Solidarität unter Pilgern herrscht?

Schwer zu sagen. Doch es macht Spaß, sich unter Menschen zu bewegen, die man zwar nicht kennt, die einem aber automatisch wohlgesinnt sind. Wann sonst passiert das schon mal?

Da spielt es dann auch keine Rolle, ob man mit jungen oder alten Menschen läuft, ob man die gleiche Nationalität, Hautfarbe oder Sprache hat. Vielleicht ist es die grundsätzliche Akzeptanz, die man als Pilger unter Pilgern erfährt.

Das gibt Hoffnung, dass es funktionieren kann mit der Nächstenliebe. Vielleicht nicht immer und überall, aber im richtigen Setting läuft's wie von selbst.

66. Grund

Weil es immer wieder Momente gibt, die alle Strapazen aufwiegen

Pilgertage können lang werden. Und anstrengend. So anstrengend, dass man sich fragt, warum man das alles macht. Wer oder was einen geritten hat, als man beschloss, diesen Weg zu gehen, und das auch noch ausgerechnet an einem der heißesten Tage des Jahres.

Es hatte schon schlecht angefangen. Die anvisierte Pilgerunterkunft in Bremen hatte leider ihre Pforten für Pilger geschlossen, wie man mir auf Nachfrage am Telefon mitteilte. Schon lange! Man konnte eine Spur der Entrüstung am anderen Ende der Leitung hören. Frei nach dem Motto: Können Sie sich nicht gründlicher informieren, bevor Sie uns belästigen? Bingo. Mein Pilgerführer war schon älteren Datums, und ich hatte versäumt, nach Updates zu schauen. Dann hätte ich diesen Fauxpas vielleicht vermeiden können. Hätte, hätte, ... Egal. Aber ich war leicht verstimmt.

Ich wählte die Nummer drunter. Ein Privatzimmer. Ja, ich könne kommen, bestätigte mir eine ältere Dame. Zwar erst ab 17 Uhr, aber dann sei sie zu Hause. Was ich erst später merkte: Diese Unterkunft lag nicht in Bremen, sondern etwas außerhalb. Das bedeutete, dass meine sowieso schon große Tagesetappe noch zusätzlich ein paar Kilometer länger wurde. Und das bei einer Strecke mit viel Asphalt. Kein gutes Omen für den Tag. Ich fühlte mich wie ein Büßer, der seine Sünden abzuarbeiten hat.

Ich war schon früh um sechs losgelaufen – es sollte heiß werden. Dennoch entkam ich der Sommerhitze nicht. Sie erwischte mich voll auf dem Weg durch die Wümmeniederung. Diese ist bekannt als Brut- und Rastgebiet für zahlreiche Wat- und Wasservögel. Besonders im Frühjahr und Herbst könne man zu Tausenden Kraniche beobachten, hieß es im Pilgerführer. Doch im Hochsommer war dort absolut nichts los; in der kochenden Mittagshitze wollte hier weder Tier noch Mensch rasten. Zudem war der Pilgerweg, der durch baum- und strauchloses Wiesenland führte, glatt geteert. Und das über Kilometer.

Ich lief stoisch geradeaus, den Blick starr auf die Straße gerichtet. Setzte mechanisch einen Fuß vor den anderen. Sah nur ab und zu auf, um herauszufinden, wie lang sich der Weg noch am Horizont erstreckte. Noch ein Schritt und noch ein Schritt und noch einer. Irgendwann würde ich auch das hier geschafft haben. Erschöpft schleppte ich mich in die Eisdiele im nächsten Ort.

Doch danach erwartete mich noch mal ein ähnliches Szenario. Endloser Asphalt. Eine ideale Fahrradstrecke, aber als Fußgänger ätzend. Auch die ersehnte Versenkung, die Verschmelzung mit dem Gehen wollte nicht so recht klappen. Es war heiß, meine Füße taten weh, und ich kam mir vor wie ein Idiot zwischen den entspannten Radfahrern. Die schlechte Laune hatte mich fest im Griff.

Selbst als ich in Bremen angekommen war und durch den grünen Bürgerpark marschierte, konnte mich das nicht so recht aufmuntern. Ich war schon an die 30 Kilometer gelaufen und wollte nur noch ankommen. Trotzdem – als Pilger ist man sich was schuldig. Zumindest den Stempel am Etappenziel! Darum machte ich noch einen kleinen Extraschlenker am Dom vorbei.

Doch wenn's schon mal blöd läuft, dann richtig. Just als ich mit meinem Pass zur Stempelstelle kam, war der zuständige Mitarbeiter gerade nicht am Platz. »Ach, der ist nicht da?« Die Dame an der Auskunft war höchst erstaunt, denn normalerweise … und überhaupt. Nein, sie wüsste auch nicht … und wann der wiederkäme? Schulterzucken. Meine Stimmung war jetzt richtig im Keller. Eigentlich ja nur ein Stempel. Ein Abdruck mit dem Konterfei der

Kirche. Einer von vielen. Nicht weiter wichtig. In mein Quartier kam ich auch so … Aber gerade heute wäre es schon schön gewesen …

Apropos: Mein Quartier. Das lag noch elendig weit weg. Ich setzte mich auf die Stufen des Doms, um noch mal tief Luft zu holen. Das alles fühlte sich irrsinnig an. So als würde mir heute dauernd jemand ein Bein stellen, um meine Belastbarkeit als Pilgerin zu prüfen. Und als hätte derjenige jetzt noch mal extra den Knüppel rausgeholt, um ihn mir zwischen die Füße zu werfen.

Ich versuchte, eine Geisteshaltung zu entwickeln, die es mir ermöglichen würde, die letzten Kilometer heil zu überstehen. Ich entschied mich für die Strategie: Nicht nachdenken. Kopf leer machen. Einfach nur vorwärtsgehen. Und irgendwann – nach zwölf Stunden auf den Beinen – kam ich tatsächlich an. Zwar schleichend und nicht mehr wirklich Herr meiner Sinne, aber ich war da.

Und dann hatte der Pilgergott doch noch ein Einsehen, denn er entschädigte mich für die Mühen des Tages: Die Vermieterin war supernett; sie bot mir sofort ein Getränk an, und, na klar, natürlich könnte ich ihre Wohnküche mit nutzen! Diese entpuppte sich als loftartiges Penthouse mit Balkon in Premiumlage.

Ich war baff. Diese Idylle! Dabei hatte das Haus von vorne wie ein nüchternes Reihenhaus ausgesehen. Doch nach hinten raus hatte man einen herrlichen Blick auf die Weser und den Werdersee, auf die Flussauen, Promenaden und Strände.

Am nächsten Morgen war ich früh wach. Schon um fünf saß ich in der frischen Morgenluft auf dem Balkon und konnte mein Glück kaum fassen. Während ich einen Milchkaffee trank, genoss ich den Blick auf den Himmel über dem See, der sich erst zart rosa-violett und dann zunehmend kräftig orange färbte, während die Sonne langsam als runder Ball am Horizont emporstieg.

Für solche Momente danke ich dem Pilgergott. Und in solchen Augenblicken weiß ich auch wieder, warum sich alle Mühen lohnen – immer!

Weil es immer wieder nette Überraschungen gibt

Auf eine Pilgerreise kann mich sich sehr unterschiedlich vorbereiten. Ich kenne Menschen, die Wochen, ja Monate damit verbringen, akribisch ihre Tour zu planen. Die jede erdenkliche Information, die sie über den gewählten Pilgerweg erhaschen können, in sich aufsaugen. und die sich darum schon vor der eigentlichen Reise bestens dort auskennen.

Mich ausführlichst informiert – das habe ich vor meinen ersten Pilgertouren auch gemacht. Musste mir dann aber eingestehen, dass ich trotz sorgfältiger Lektüre viele Details von Besonderheiten am Weg wieder vergessen hatte, als es dann losging.

Auch stellte sich in der Praxis heraus, dass manche Sehenswürdigkeit gar nicht des Ansehens wert war oder Kirchen geschlossen waren, sodass man sie gar nicht anschauen konnte. Über andere Dinge wiederum stolperte ich ganz unverhofft.

Weil ich all das mittlerweile weiß, bereite ich mich nur noch minimal vor. Ich lese den Pilgerführer quer, damit ich die echten Top Sights nicht übersehe. Dieses meist aber auch erst am Vorabend, weil ich sonst doch wieder alles durcheinanderschmeiße. Und auf dem Rest des Weges lasse ich mich überraschen. Meist führen mich Zufälle zu Dingen, die ich wahrscheinlich sonst übersehen hätte, die aber nichtsdestotrotz einfach nett sind und Spaß machen. Auf dem österreichischen Pilgerweg zum Beispiel.

Auf dem Weg nach Bludenz suchte ich händeringend nach einer Einkehrmöglichkeit, doch da gab es nur einen hochdekorierten Gasthof. Als verschwitzte Pilgerin fühlte ich mich nicht recht wohl in der 4-Sterne-Gastronomie mit weißen Tischdecken, Silberbesteck und Stoffservietten, darum aß ich schnell meinen Topfen und brach dann zügig wieder auf. Doch am Ausgang lagen ein paar Infoblättchen über die Region. Unter anderem eines über das »Lädele« in Bludenz: Der Erlebnisshop und gleichzeitig Fabrikverkauf des dort ansässigen Suchard-Werks.

Im Pilgerführer war zum Stichwort »Bludenz« nur die Rede von Fremdenverkehr, Schoko-Herstellung und Textilindustrie gewesen. Was ich nicht wusste, war, dass hier die »Milka« produziert wurde.

Wenn auch kein kulturelles Highlight, so reizte es mich doch, die »Milka-Kuh« in echt zu sehen. Also plante ich meine Etappe so, dass ich noch rechtzeitig zur Öffnungszeit des Shops in Bludenz sein würde.

Volltreffer. Das »Lädele« bot genau jene Kultur, die man nach einem anstrengenden Pilgertag noch verarbeiten kann: Ein breiter Fächer an Milka-Werbeartikeln war hier ausgestellt. Das reichte von der lila Skiausrüstung nebst Gondel (Suchard sponsert die Skimannschaft) bis hin zu einem Strandkorb mit lila karierten Textilbezügen. Im Shop gleich nebenan konnte man Beutel, Mützen mit lila Kuhflecken, Federmappen, Trinkflaschen und alles Mögliche mehr mit dem klassischen Kuh-Design erwerben.

Außerdem gab es Filme über das Werk, in denen die Mitarbeiter in einem kleinen Spot verrieten, welche Aufgabe sie im Betrieb erfüllten und welches ihre Lieblingsmilkasorte war. Allerliebst.

Für mich war das genau richtig. Nach ein paar Pilgertagen in den österreichischen Alpen mit nur wenigen kleinen Touristenorten und der einen oder anderen Kirche am Weg war ich förmlich ausgehungert nach geistiger Nahrung. Ich sah mir jeden der Werbefilme an, verfolgte aufmerksam, wie Demo-Frau Karla per Hand eine Milka herstellte, und versuchte, mir die Schokoladensorten zu merken, die die Werksmitarbeiter favorisierten (was nicht schwer war, da meistens Milka Alpenmilch). Hinterher streifte ich durch den Laden und war froh, nichts kaufen zu müssen. Da ist man als Pilger mit begrenzter Tragekapazität ja immer fein raus.

Aber ich hatte es genossen, diesen bunten, schillernden Laden zu besichtigen, hob er sich doch schon rein farblich von der grünbraun-grauen Farbkulisse der Pilgerlandschaft ab. Auch wenn die Alpenlandschaft grandios war, kam mir ein bisschen farbliche, lebendige Abwechslung gerade recht.

Nach dem Besuch war ich mal wieder verblüfft: Wäre ich nicht im 4-Sterne-Gasthof eingekehrt (was ich ja eigentlich gar nicht wollte), hätte ich den Flyer nicht gefunden und vielleicht gar nichts von der Existenz des Ladens mitbekommen. Man mag jetzt lange drüber nachdenken, warum ich ausgerechnet den Prospekt finden musste und warum mich der Laden so magisch angezogen hat. Ich interpretiere es einfach mal dahin gehend, dass einem das begegnet, was einem begegnen soll!

68. Grund

Weil man so viel essen kann

Wann kann man heutzutage schon mal richtig zuschlagen, ohne gleich ein schlechtes Gewissen zu haben? Ohne die Angst, zuzunehmen, oder den gleich auf dem Fuße folgenden Entschluss, am nächsten Tag alles wieder abzutrainieren, zu fasten oder garantiert die neue Diät zu beginnen?

Eigentlich können das nur Menschen, bei denen reichliches Essen keine nennenswerten Spuren hinterlässt. Oder denen es egal ist, wie sie aussehen, die nicht dem Ideal, möglichst schlank zu sein, hinterherhecheln. Oder die das ruck, zuck körperlich wieder abarbeiten. Aber da die meisten Menschen in der westlichen Welt heute sitzende Berufe ausüben und sich kaum bewegen, passiert Letzteres eher selten.

Doch beim Pilgern ist das anders. Allein schon die körperliche Erfahrung macht es zu einem besonderen Erlebnis: Man bewegt sich viel – je nach Kondition und Ehrgeiz den ganzen Tag. Dementsprechend hat man Hunger, muss aber im Gegensatz zum normalen Alltag keine Angst haben, dass man zu viel zu sich nimmt, denn man läuft ja alles wieder ab!

Selbst wenn man abends gut essen geht, Wein trinkt und auch das Brot im Körbchen nicht verschmäht, hat man am nächsten Tag nach ein paar Stunden die Kalorien abgearbeitet und kann ohne schlechtes Gewissen wieder etwas Leckeres zu sich nehmen.

Manche benutzen das Pilgern dazu, nebenbei abzunehmen, denn bei der gesteigerten körperlichen Aktivität ist die Wahrscheinlichkeit groß, dass unterwegs ein paar Kilo auf der Strecke bleiben. Dazu kommt die Belastung mit dem Rucksack, was dem Ausdauersport einen zusätzlichen Kalorienverbrauch beschert – insgesamt vergleichbar mit dem beim Joggen. Wobei der individuelle Kalorienverbrauch natürlich von dynamischen Faktoren wie dem Alter des Pilgers, dessen Größe und Gewicht sowie seinem Geschlecht abhängt. Und dann natürlich von der Strecke an sich, der Schwere des Rucksacks und dem Gehtempo.

Für das Wandern hat man Richtwerte ermittelt, nach denen eine Person mit einem Körpergewicht von 60 Kilogramm bei einem Gehtempo von 3 Kilometern pro Stunde etwa 150 Kalorien verbraucht und eine 80 Kilogramm schwere Person 180 Kalorien; bei gesteigertem Gehtempo natürlich entsprechend mehr.

Der Effekt der ganzen Geschichte: Man kann schon ordentlich was essen, wenn man pilgern geht. Und das Schöne dabei: Es macht richtig Spaß, denn man ist ständig in Bewegung und merkt förmlich, wie die Kalorien durchpurzeln. Das heißt, man isst und genießt ohne schlechtes Gewissen!

Weil man ohne schlechtes Gewissen offline sein kann

Die Vernetzung durch die sozialen Medien hat viele Vorteile. Der Oma mal schnell per WhatsApp ein Foto aus dem Urlaub schicken? Kein Problem.

Familie und Freunde auf einem Blog über die »work and travel«-Aktion in Australien auf dem Laufenden halten? Nichts leichter als das.

Der Welt und jedem, der es wissen will, die wahnsinnig coole Location zeigen, wo man gerade einen mega Burger isst? Ein Facebook-Post macht's möglich.

Doch die vielen Kommunikationskanäle haben eine Kehrseite. Man will auch nichts verpassen! Darum sind wir permanent on. Entweder mit dem Rechner, dem Laptop, dem iPad oder dem Smartphone, das für viele mittlerweile zum unentbehrlichen Accessoire geworden ist. Das Ganze kann süchtig machen – mittlerweile gibt es sogar ein Krankheitsbild, das auf das ständige Online-Sein gründet. Umgangssprachlich als Handy-Sucht bezeichnet, lautet der wissenschaftliche Begriff dafür Nomophobie – abgeleitet vom englischen »No-Mobile-Phone-Phobia«. Er bezeichnet die Angst davor, nicht über das Handy erreichbar zu sein. Vor allem junge Erwachsene und Jugendliche sollen betroffen sein.

Doch wenn man nicht so stark auf sein Handy fixiert ist, gibt es auch durchaus Nachteile des ständigen Online-sein-Müssens. Dann nämlich, wenn man gar nicht jederzeit mit jedem kommunizieren will. Wenn erwartet wird, dass man adäquat und zeitnah auf Nachrichten reagiert, man aber gar keine Lust darauf hat. Aber wie das erklären?

Beim Pilgern braucht es keine Ausrede oder Rechtfertigung, um sich von den Medien fernzuhalten. Eine Pilgerreise ist ein Freifahrtschein für die digitale Pause. Denn wenn man sich explizit auf den Weg macht, um zu entschleunigen, hat jeder Verständnis dafür, dass man nicht erreichbar ist. Wenn man sich schon eine Auszeit vom Alltag nimmt – wer wollte dann nicht akzeptieren, dass man diese auch so interpretiert – nämlich als Aus-Zeit, in der das Handy aus und man selber »off« ist?

Und dann kann's auch schon losgehen mit dem Genießen. Man schreibt nur noch, wenn man Lust hat. Man postet nur noch, wenn man das wirklich möchte, und mit den Antworten lässt man sich Zeit … Und wenn man's wirklich ernst meint, benutzt man das Handy nur im Notfall. Oder man verzichtet ganz drauf und macht »digital detox«. Ein wahrer Urlaub.

Weil es Momente voller Poesie gibt

Die Magie des Pilgerns – ein Teil davon ist den besonderen Momenten geschuldet, die man auf dem Weg erlebt. Deren Zauber man sich kaum entziehen kann.

Manche davon sind legendär. Der Sonnenuntergang am Kap Finisterre zum Beispiel. Das Besondere daran ist die exponierte Lage des Kaps mit einem Rundum-Panoramablick aufs Wasser. Wenn die Sonne untergeht, hat man das Gefühl, in einem Gemälde aus rosafarbenen, orangen und violetten Strahlen zu sitzen, während der Feuerball am Horizont langsam im Meer versinkt. Absolut kitschig, darum aber nicht weniger spektakulär.

Doch neben diesen allseits bekannten magischen Augenblicken einer Pilgerreise gibt es natürlich noch ganz subjektive, eigene, private besondere Momente. Einen davon erlebte ich beim Pilgern entlang der Ems, als sich plötzlich drei Nilgänse sacht in den blauen Sommerhimmel erhoben. Wie eine gemalte Kulisse lag im Hintergrund ein gelbes Kornfeld, dessen Ähren sich sanft im Wind wiegten, das wiederum gesäumt war von grünen, satten Weiden – ein zauberhafter Kontrast.

Traumhafte Momente habe ich auch in Nordspanien erlebt, als ich auf die Hafenstadt Santander zulief. Der Jakobsweg führt direkt an der Küste entlang, und über Stunden läuft man auf die kantabrische Hauptstadt zu, die sich langsam wie eine Fata Morgana aus dem Meer erhebt.

Das sind Postkartenmotive. Momente, die ganz offensichtlich an Schönheit kaum zu überbieten sind. Bei denen man irgendwie ganz andächtig wird ob diesem Geschenk der Schöpfung und bei denen die Sinne laut jubilieren, weil man so etwas Wunderbares erleben darf. Momente, die einzigartig sind und allein schon deshalb im Gedächtnis bleiben.

Daneben gibt es jedoch noch andere Erlebnisse. Solche, die auf den ersten Blick nicht besonders spektakulär oder offensichtlich bemerkenswert sind. Bei denen man erst im Nachhinein merkt, wie außergewöhnlich sie waren, einfach weil sie hängen bleiben, ohne dass man ihnen besondere Aufmerksamkeit geschenkt hätte.

Wie der unerwartete Moment der Stille auf dem Pilgerweg nach Bad Oeynhausen. Ich war aus dem Wald herausgetreten in die brütende Sommer-Mittagshitze. Zuerst wollte ich einfach so schnell wie möglich weitergehen, um bald wieder in den Schatten zu kommen. Doch plötzlich wurde mir bewusst, dass etwas merkwürdig war. Irgendwas war anders als sonst, aber ich wusste nicht was. Ich sah mich um, horchte. Doch da war – nichts. Und genau das war das Besondere an diesem Augenblick. Ich erlebte einen Moment der absoluten Stille, in dem nichts zu hören war. Kein brummendes Auto, keine Kirchenglocken, kein Kindergelächter, kein Hundegebell. Noch nicht mal das Zwitschern der Vögel oder das Brummen von Insekten. In diesem Moment gab es keinen Laut – null. Und auch die visuelle Welt um mich rum schien plötzlich still zu stehen, denn ich sah keine Bewegung – nirgendwo.

Ich hielt förmlich den Atem an, um ihn nicht zu verscheuchen, diesen kostbaren Augenblick. Er dauerte nicht lange, vielleicht eine Minute oder zwei, dann meldete sich das Leben wieder: Ein Motorrad knatterte den Berg hoch, eine Kuh muhte auf der Wiese, und neben mir brummte eine Hummel durch die Luft. Vorbei. Und dennoch: Dieser magische Moment des kompletten Stillstands hat sich tief in mein Hirn gegraben.

8. Kapitel

Die Gesundheit

Weil man automatisch fit wird

Seit ein paar Jahren geistert eine neue Hiobsbotschaft durch die Gesundheitswelt. »Sitting is the new smoking« lautet sie. Heißt: Das Sitzen ist das neue Rauchen. Heißt: Die meisten Menschen verbringen ihren Tag heute überwiegend im Sitzen, und diese körperliche Inaktivität weiter Bevölkerungsteile stellt neben Rauchen und ungesunder Ernährung eines der größten Gesundheitsprobleme im 21. Jahrhundert dar. Studien belegen, dass sich heute an die 60% der Menschen – insbesondere in den globalen Ballungsräumen – zu wenig bewegen. Die fatalen Folgen für die Gesundheit lesen sich wie ein Todesurteil auf Raten:

Nicht nur der Stützapparat des Menschen verkümmert und damit Knochen, Gelenke, Muskeln, Sehnen und Bänder, sondern auch die Organe nehmen Schaden, und sogar die Psyche leidet, wenn man sich zu wenig bewegt.

Folgen des Bewegungsmangels sind ferner Zivilisationskrankheiten wie chronische Rückenschmerzen und Bandscheibenvorfälle, Bluthochdruck, Diabetes mellitus, die koronare Herzkrankheit und Allergien. Zu wenig Bewegung erhöht außerdem die Gefahr, an Alzheimer zu erkranken, sowie allgemein das Sterberisiko. Stoffwechselprobleme können auftreten, das körpereigene Immunsystem wird geschwächt, Verspannungen nehmen zu und damit Kopfschmerzen. Bewegungsmangel kann zu Verstopfung und anderen Verdauungsproblemen führen sowie zu vermehrtem Stress.

Hat man diesen Angst einflößenden Krankheitskatalog verinnerlicht, stellt sich sofort die Frage: Wie können wir eigentlich trotz Bewegungsarmut überleben und uns einigermaßen gesund fühlen? Doch die Natur ist gnädig. Die Folgen bemerkt man oft erst im reiferen Alter, denn junge Körper kompensieren mangeln-

Nur Weg und Felder: die Meseta in Spanien –
auch das kann einen besonderen Reiz haben (Grund 80).

Oben: Mal breite Schotterwege, mal schmale Lehmpfade: Pilgerwege gibt es in jedweder Form.
Unten: Steinige Pfade – wer weiß, wie viele Generationen von Pilgern hier schon entlang gelaufen sind (Grund 21)?

Oben: Weil es über Berg und Tal geht: Fantastische Aussichten machen alle Mühen wett (Grund 18).
Unten: Eins sein mit der Natur – das wird von bestimmten Landschaften begünstigt (Grund 2).

Oben: Ein ganz besonderes Gebäude für einen besonderen Anlass: Das Hostal de los Reyes Católicos in Santiago de Compostela (Grund 101). **Unten:** Am Pilgerweg lockt jede Kirche, besonders die imposanten Kathedralen wie in Trondheim (Grund 11).

Beim Pilgern erlebt man sich neu: über Steine balancieren – wann hat man das zuletzt gemacht (Grund 74)?

Auch Kinder können pilgern (Grund 38).

Oben: Santiago: ein Wegweiser, ein Pfeil, ein Weg – das Ziel ist klar (Grund 78).
Unten: Pilger in Ellwangen.

Oben: Vom Monte Gozo aus sieht man Santiago zum ersten Mal – ein unvergleichliches Gefühl (Grund 66).
Unten: Das Pilgern auf dem Jakobsweg gleicht einer riesigen Kontaktbörse (Grund 4).

Barfußpilgern – eine besondere Leistung (Grund 10).

Oben: Auch Städte wollen durchquert werden auf dem Weg zum Wallfahrtsziel (Grund 41).
Unten: Finisterre: So manch einer lässt Dinge am Weg zurück, die er nicht mehr braucht (Grund 93).

Oben: Lourdes: eine unglaubliche Magie – eingebunden sein in uralte Riten und Zeremonien (Grund 60).
Unten: Nach langen Strapazen: ankommen auf dem Platz vor der Kathedrale mit dem Jakobusschrein.

Oben: Die imposante Kathedrale in Santiago de Compostela bei Nacht. **Unten:** Von der Jakobusstatue in der Kathedrale von Santiago geht eine ganz besondere Energie aus (Grund 57).

Für manche ist die Pilgerreise erst hier zu Ende:
am Wallfahrtsort Muxía
nordwestlich von Santiago
de Compostela.

Das Ende der Welt am Kap Finisterre. Hier verbrannten früher die Pilger ihre Kleider, um symbolisch das alte, sündige Leben hinter sich zu lassen.

de Bewegung noch ganz gut. Und später zeigen sich zuerst nur kleine verdächtige Anzeichen, die man nicht weiter ernst nimmt: Über Jahre hinweg fühlen wir uns noch nicht krank, wenn wir schnell aus der Puste kommen beim Treppensteigen oder uns bei Citytouren von einem Café zum nächsten hangeln. Wenn wir total erschöpft sind, weil wir ein Beet umgegraben haben oder die Hecke geschnitten. Als Problem sehen die meisten Bewegungsmangel erst dann, wenn sie zum Arzt müssen, weil sie an Bluthochdruck oder Rückenschmerzen leiden.

Doch wie schon Hippokrates wusste: »Gehen ist des Menschen beste Medizin!« Und wenn man einschlägigen Studien über das Wandern glaubt, ist gerade Bewegung in der Natur ein echtes Wundermittel gegen jegliche Art von Zivilisationskrankheit. Es gebe kaum eine Sportart, so heißt es allerorten, die perfekter als ganzheitliches Ausdauertraining wirke; kaum eine Körperfunktion, die nicht vom Wandern profitiere: Durch das gleichmäßige Auf und Ab werden nicht nur Durchblutung und Stoffwechsel angeregt, sondern auch Gelenke und Knochen gestärkt, Sehnen und Bänder stabilisiert, Trittsicherheit und Gleichgewichtsgefühl werden geschult. Und wenn man sich ein bisschen anstrengt, schnell geht oder An- und Abstiege bewältigt, tut man automatisch was für die Kondition. Außerdem wirkt das Gehen beruhigend auf die Psyche. Ein Allheilmittel also.

Gleiches gilt natürlich auch fürs Pilgern, das »spirituelle Wandern«. Denn der Alltag des Pilgers ist vom Gehen bestimmt. Und wenn man jeden Morgen den Rucksack schultert und den Weg unter die Füße nimmt, wird man auch noch fit, da das Pilgern durchaus die Qualitäten eines Ausdauersports aufweist. Denn der größte Teil der Fußpilger legt im Tagesdurchschnitt 20 bis 40 Kilometer zurück und trägt dabei meist noch einen Rucksack zwischen 8 und 10 kg. Da kommt es automatisch zu einem Trainingseffekt, denn in dem Maße, wie der Körper sich an die ungewohnten Belastungen gewöhnt, steigen mit jedem Tag Kondition und Fitness.

Weil man lernt,
für sich zu sorgen

Wir leben in einem Schlaraffenland. In unserem Alltag ist fast alles jederzeit verfügbar. Man kann im Kiosk um die Ecke mal eben einen Kaffee ziehen, kurz beim Bäcker ein frisches Croissant kaufen, auf dem Markt exotische Früchte besorgen oder im Supermarkt bis spätabends alles eintüten, was man zum täglichen Leben braucht.

Auch bei Restaurants hat man eine große Auswahl – zum Teil ist es eine Qual der Wahl. Man muss sich entscheiden, ob man zum Chinesen geht oder zum Italiener, ein 3-Gänge-Menü zu sich nimmt oder eine Grillplatte beim Griechen.

Beim Pilgern ist es anders. Besonders bei Wegen, die recht einsam sind und auf denen man nicht alle naselang ein Dorf oder eine Stadt passiert, ist man plötzlich mit einer recht ungewohnten Situation konfrontiert: Man kann nicht immer einkehren und nicht immer alles kaufen. Bevor man losgeht, muss man sich damit auseinandersetzen, wo die Geschäfte liegen und wann die nächste Möglichkeit besteht, sich mit Wasser zu versorgen. Man muss seinen Tag essens- und trinktechnisch planen. Und das möglichst immer mit Plan B, denn man weiß nie, ob der Pilgerweg tatsächlich das bereithält, was im Führer geschrieben steht. Gerade bei etwas älteren Ratgebern kann es passieren, dass man sich auf Informationen verlässt, die gar nicht mehr stimmen.

So hatte man beispielsweise darauf spekuliert, dass man abends in der kleinen Dorfherberge übernachten könnte, die im Führer so nett beschrieben war. Ein gemütliches Ambiente bescheinigte der Ratgeber, ein Kaminzimmer sollte es geben und die Küche gut ausgestattet sein. Obendrein versprach der Führer morgens für ein paar Euro noch ein ordentliches Frühstück. Keine Notwendigkeit also, sich vorher über die Mahlzeiten Gedanken zu machen, denn auch einen kleinen Laden sollte es geben, bei dem man Nudeln fürs Abendessen würde kaufen können.

Doch dann kam es, wie es an einem normalen Pilgertag eben so kommt. Schon morgens hatte man eine nette Mitpilgerin getroffen, mit der man sich auf Anhieb gut verstand. Gemeinsam lief man weiter. Und dann lag da dieses einladende Café am Wegrand. Sofort war man sich einig, dass man unbedingt dort einkehren musste, denn allein die Aussicht war unschlagbar. Und außerdem gab es da noch diesen unwiderstehlichen Milchkaffee. Und überhaupt: Es war so schön, in diesem Café zu sitzen mit einer supersympathischen Begleiterin. Da bestellt man gern auch noch einen zweiten Kaffee und das verlockende *bocadillo* mit Rührei.

Und dann kam noch Ronaldo vorbei, der nette Italiener, mit dem es immer was zu lachen gab. Und plötzlich taucht Ida auf, die man schon seit über einer Woche nicht gesehen hat. Unbedingt muss man sich austauschen über das, was man in der Zwischenzeit erlebt, in welchen Herbergen man übernachtet hat und ob es Yumi mittlerweile besser geht. Die hatte ja Blasen ohne Ende und musste deshalb eine Pause einlegen. Die Arme! Aber kein Wunder. Bei dem schweren Rucksack …

Und so quatscht man sich fest. Ruck, zuck sind zwei Stunden vergangen. Zeit, die man eigentlich in den Weg investieren wollte, um der größten Mittagshitze zu entfliehen und nicht als Letzte in der Herberge anzukommen, damit man sich noch ein akzeptables Bett aussuchen kann.

Aber, hey, was soll's: Schließlich ist man nicht hier, um seinen Tag gnadenlos durchzuziehen. Das macht man zu Hause ja schon andauernd. Die Entschleunigung und die Begegnungen sind es schließlich, die hier zählen.

Dieser positive Gedanke trägt einen durch die nächsten Stunden. Und das ist auch bitter nötig, denn irgendwie hat man über das nette Geplauder im Café vergessen, seine Wasserflasche aufzufüllen, und wie es der Teufel will, gibt es natürlich gerade jetzt keinen Brunnen am Weg.

Unangenehm, denn die Mittagshitze brennt. Man hat zwar noch ein paar Schlucke, aber eigentlich müsste man ja mehr trinken. Doch wenn man nicht weiß, wann die nächste Wasserquelle kommt … Zum Glück hilft die nette Mitpilgerin aus, aber schon irgendwie blöd, dass man das mit dem Wasser nicht selbst im Griff hat.

Man macht dann zwischendurch noch ein Picknick auf dem Platz mit dem Dorfbrunnen, wo es dann tatsächlich wieder Wasser gibt (danke, Pilgergott!), und startet anschließend ins Finale zum Etappenziel. Nicht mehr ganz so motiviert, denn im Laufe des Tages ist die Energie flöten gegangen. Das ist normal – schließlich werden die Schatten schon lang. War vielleicht doch keine so gute Idee, die Morgenzeit, in der man noch fit war und die Temperaturen erträglich waren, im Café zu verbringen.

Egal, jetzt muss man da durch. Mit letzter Kraft schleppt man sich schließlich zur Herberge. Doch als man davor steht, prangt an der Tür ein dickes »Geschlossen«-Schild. O Gott, was jetzt? Fieberhaft blättert man im Führer. Gott sei Dank gibt es noch eine andere Herberge. Doch als man dort eintrifft, sind bereits alle Betten belegt – es reicht nur noch für ein Lager auf der Isomatte im Flur.

Man ärgert sich innerlich, flucht über den blöden Führer. Aber machen kann man erst mal nichts. Die nächste Herberge ist zehn Kilometer weit entfernt – keine Option. Doch zumindest gibt es hier eine Küche; da kann man wenigstens was kochen. Das Problem nur … der kleine Dorfladen ist zu. Pünktlich um 18 Uhr hat er geschlossen, aber bis man fertig geduscht hatte und willens und in der Lage war, wieder ein Stück freiwillig zu gehen, war es schon halb sieben …

Richtig untergehen tut man auch dann nicht. Manchmal kann man auf Vorräte zurückgreifen, die andere Pilger da gelassen haben, oder man spekuliert auf die Barmherzigkeit der Mitpilger.

Aber insgeheim ärgert man sich schon – zu Hause hat man sein Leben besser im Griff. Hier kommt man sich vor wie ein Kind, das vollkommen naiv über den Weg stolpert.

Doch man lernt. Nicht nur, den Angaben im Führer zu misstrauen, sondern vorausschauend zu planen und immer einen Plan B in petto zu haben. Man lernt, den Führer nach Einkaufs- und Einkehrmöglichkeiten zu scannen, aber stets auch dafür gerüstet zu sein, dass es mal nicht klappt. Denn selbst wenn die Angaben korrekt sind, kann es immer mal passieren, dass ein Restaurant wegen Betriebsferien für zwei Wochen geschlossen hat oder ein Laden aufgrund eines Trauerfalls für einen Tag zumacht.

Darum gewöhnt man sich an, stets etwas Basisproviant bei sich zu tragen, der einen im Notfall über eine oder zwei Mahlzeiten hinwegrettet. Auch beim Wasser wird man schlauer. Entweder man kauft gleich morgens einen Wasserkanister, den man mit den Mitpilgern teilt, oder man entwickelt die Gewohnheit, überall, wo es Wasser gibt, die Flasche wieder aufzufüllen. Im Laufe der Zeit bekommt man auch ein Gefühl dafür, welche Nahrungsmittel man braucht und wie viel man für den Notfall mitschleppen muss.

Und irgendwann ist es dann so weit. Man sorgt für sich. Man hat ein Gefühl für seinen Körper und die persönlichen Belastungsgrenzen bekommen, hat gelernt, mit seinen Kraftreserven zu haushalten, Schonungs- und Ruhephasen einzuplanen und sich zweckdienliche Ernährungs- und Trinkgewohnheiten anzueignen. Man fühlt sich Herr der Lage und ist stolz darauf, dass man mit sich und den Widrigkeiten des Pilgerns so gut klarkommt.

Weil man mit sich ins Reine kommen kann

Dass Pilgern wohltuend und reinigend auf die Psyche wirkt, hat sich mittlerweile herumgesprochen. Es kann sogar wie eine Therapie wirken, und darum nutzen es Kliniken zur Unterstützung bei der Heilung bestimmter Krankheitsbilder. So gehen beispielsweise Therapeuten und Ärzte des St.-Marien-Hospitals Eickel in Herne seit 20 Jahren mit psychisch Erkrankten pilgern. Bei Auswertungen der Pilgerreise konnte festgestellt werden, dass die Depressivität der Patienten abgenommen hatte und die Zukunftsorientierung wieder deutlicher geworden war. Die Teilnehmer konnten stärker aus ihrer sozialen Isolation herauskommen, sich wieder besser in Gruppen einfügen und Gespräche aushalten.

Doch auch wenn Pilgern nicht als ergänzende Maßnahme zur Psychotherapie fungiert, kann es durchaus heilende und klärende Effekte haben. Gerade die Verknüpfung mit der spirituellen Dimension scheint ideal, um sich bestimmten Dingen zu stellen. Nicht umsonst gehen viele Menschen pilgern, wenn sie sich an schwierigen Punkten in ihrem Leben befinden. In Übergangssituationen oder Entscheidungsphasen und nach Wendepunkten. Dann soll es nicht nur das Gehen richten, sondern man hat die Hoffnung, dass zudem eine spirituelle Macht zu Klarheit und Fokussiertheit verhilft.

Und auch das Setting einer Pilgerreise bietet einen idealen Rahmen, um Dinge für sich zu klären. Denn durch das Verlassen der gewohnten Alltagswelt fällt es leichter, sich Lebenszielen, Werten und Wünschen noch mal anders zu nähern.

Und dann ist es natürlich die Zeit. Wann im Leben nimmt man sich schon mal so viel Zeit, um sich mit sich selbst zu beschäftigen? Wenn es hochkommt, besucht man mal ein Wochenendseminar oder ein Coaching, in dem man sich und sein Verhalten reflektiert.

Doch die lang anhaltende Konfrontation mit sich selbst, die beim Pilgern stattfindet, ist für viele eine ganz ungewohnte Erfahrung. Die erst mal ein wenig schwierig sein kann. Denn schließlich befindet man sich in einer ganz neuen Situation, ist aus dem Hamsterrad herausgerissen und oft allein. Man hat stundenlang Zeit, um über sich nachzudenken, und ist auf sich selbst zurückgeworfen. Oft ist es nicht nur eine Fußreise, die man antritt, sondern auch eine Reise zu sich selbst.

Doch stellt man sich dieser Situation, bewirkt allein das Gehen, dass man sich nach und nach besser fühlt. Auch wenn man gar nichts bewusst tut, bekommt man einen frischen Blick auf sein Leben und entwickelt neue Sichtweisen. Allein der Abstand zu belastenden Lebenssituationen bewirkt, dass man negative Stimmungen hinter sich lässt; das Gehen ist Balsam für die Psyche. Manchmal klären sich durch das Alleinsein und das Laufen Probleme wie von selbst.

Oft bewirken auch Dinge, die einem am Weg begegnen, eine Veränderung. Manchmal wird man ganz unverhofft von jemand oder etwas berührt und gewinnt ungeahnte Einsichten. Oder man schöpft Kraft allein aus der Tatsache, dass man unterwegs so vielen netten Menschen begegnet. Pilgern macht das Leben ein bisschen besser.

74. Grund

Weil man sich endlich mal wieder spürt

Pilgern impliziert seit jeher eine besondere Körpererfahrung. Das ist heute nicht anders als vor Hunderten von Jahren. Nach wie vor nehmen Menschen, die sich auf Wallfahrt begeben, die Herausforderung stunden-, tage- und monatelanger Fußmärsche auf sich; nach wie vor bedeutet Pilgern vielfach Schweiß, Askese und Schmerz.

Früher sollten gerade die körperlichen Strapazen der Pilgerreise dazu beitragen, das Leben im Jenseits zu verbessern. Der Pilger erhoffte sich durch diese Form der Buße eine größere Chance auf die Versöhnung mit Gott. Je mehr physische Schmerzen er dabei erlitt, desto wertvoller war die ganze Aktion. Darum bekamen Söldnerpilger beispielsweise mehr Geld, wenn sie barfuß pilgerten anstatt mit Schuhen.

So extrem ist es heute nicht mehr, aber für viele gehört das Leiden immer noch zum Pilgern dazu. Ohnedem geht es fast gar nicht. Schmerzen und selbst kleinere Blessuren empfindet man als natürlichen Bestandteil der Pilgerreise. Und vielleicht hilft die Schinderei ja auch bei der Suche nach dem Sinn, bei der Selbstfindung? Werden nicht die wirklich wichtigen Gedanken erst befördert, wenn man richtig erledigt ist? Die wahren Erkenntnisse, kommen die nicht erst, wenn man seinen körperlichen »Beitrag« zur Pilgerreise geleistet hat, der Rücken schmerzt, man das Gefühl hat, auf rohem Fleisch zu gehen und keinen Schritt mehr laufen zu können? Ohne sich anzustrengen funktioniert das alles nicht, da ist man sich einig. Eine Pilgerreise ist kein Spaziergang.

Doch auf der anderen Seite bedeutet diese gewollte Körpererfahrung für viele Erstpilger auch eine ungewohnte Beanspruchung. Denn in der alltäglichen Selbstwahrnehmung ist der Körper mit seinen Bedürfnissen, Sinnen und Gefühlen oft kaum präsent. Er gleicht einem Instrument, das auf eine bestimmte Lebensweise konditioniert ist und funktionieren muss. Wann aber hat man seinen Körper das letzte Mal richtig gespürt?

Beim Pilgern wird es schwierig, seinem Körper zu entgehen. Wenn man den ganzen Tag über läuft, fordert der irgendwann Aufmerksamkeit, und man muss sich mit ihm beschäftigen. Womöglich bekommt man Blasen oder hat Probleme mit Sehnen und Bändern. Oder die Rückenmuskulatur macht einem zu schaffen – man ächzt und stöhnt nur noch unter seinem Rucksack. Doch wenn man ganz ehrlich ist: Sooft man auch flucht, wenn man sich diesen Strapazen unterwirft, so befriedigend ist es andererseits, seinen Körper mal wieder so richtig zu fordern, ihn als Ganzes zu spüren.

Auch lädt das Pilgern dazu ein, den Körper als das zu begreifen, was er ist, nämlich ein Zusammenspiel aus Knochen und Muskeln, Sehnen und Bändern, die nicht per Knopfdruck einfach so funktionieren, sondern die man erst mal trainieren und denen man Beachtung schenken muss. Selbstfürsorge heißt hier das Zauberwort, um mit sich selbst und den körperlichen Gebrechen wieder ins Reine zu kommen. Es zwackt in den Knien? Vielleicht besser ein Trekkingstock? Die Füße brennen? Vielleicht schon vor dem Gehen einreiben und vorsorglich mit Pflaster abkleben? Die Schultern sind hart wie ein Brett? Vielleicht ist der Rucksack doch zu schwer?

Das alles ist ein Prozess. Mit der zum Teil gezwungenen Hinwendung zum Körper lernt man sich selbst und seine Schwachstellen besser kennen. Und auch mit den elementaren Grundbedürfnissen kommt man mal wieder in Kontakt: Mit Hunger und Durst zum Beispiel. Und mit der Natur. Man schwitzt wie Hulle, und ab und zu ist es auch richtig kalt.

Manchmal ist er einfach ärgerlich, dieser Körper. Wenn die Blessuren, die Hitze, Kälte und Nässe einen aus der Bahn werfen und man nicht mehr weiterkann. Doch eigentlich sind das ganz natürliche Vorgänge, die wir als zivilisierte Menschen einfach nur weitestmöglich aus unserem Leben verbannt haben. Doch wenn man sich ihnen wieder aussetzt, den Körper wieder spürt, fühlt man sich lebendig wie selten.

Weil man den Alltagsstress hinter sich lassen kann

Aussteigen auf Zeit. So könnte man eine Pilgerreise auch beschreiben. Denn beim Pilgern handelt es sich um ein für Wochen oder Monate mehr oder weniger bewusstes Ausscheren aus dem komplexen, hektischen Alltag zugunsten eines einfachen, langsamen Lebensstils.

Was das Ganze so besonders macht? Zum einen sicherlich, dass man sehr reduziert lebt, sich auf klare Ziele und elementare Grundbedürfnisse konzentriert, nicht viel entscheiden muss, und dass es einfache Probleme und Lösungen gibt. Das entlastet.

Doch zum anderen scheint man sich beim Pilgern auch auf eine frühere Stufe der menschlichen Existenz zurückzubeamen. Denn hier gelten andere Gesetze als im Alltag. Man hat den Eindruck, als würde man mit dem Pilgerweg auch eine neue Welt des Anspruchs und der Erwartungen, der Zeit und der Beziehungen betreten.

Hier geht es nicht um Leistung wie im Berufsleben, sondern um Kontakte und Austausch, um Einsichten im Innen und Geselligkeit im Außen, um Wahrnehmen und Helfen. Sinne und Fähigkeiten werden nicht wie sonst im Leistungsoptimum beansprucht, sondern man kann Dinge in Ruhe und nacheinander erledigen, hat nicht ständig das Gefühl, dass schon die nächste Aufgabe wartet. Man hechelt dem Leben nicht immer nur hinterher.

Auch die eigenen Rollen zählen hier nicht, denn das Alltagsleben mit seinen Erwartungen und Pflichten findet jenseits des *camino*-Universums statt. Man muss kein Bild von dem aufrecht erhalten, was man normalerweise repräsentiert, nichts darstellen, niemanden beeindrucken. Man kann inkognito laufen, denn hier kennt einen keiner. Das schafft ungeahnte Freiheit – auf dem *camino* hat man die Möglichkeit, endlich mal das zu leben, was man sonst immer unterdrückt oder sich nicht traut zu zeigen. Als Pilger ist man als Mensch unterwegs.

Gerade durch die Bewegung draußen scheint der *camino* ein geeigneter Erlebnisraum, um Leib und Seele zu regenerieren. Denn die Natur urteilt nicht. Wie schon der Philosoph Friedrich Nietzsche sagte: »Wir sind so gern in der freien Natur, weil diese keine Meinung über uns hat.« Somit bietet das Pilgern draußen einen perfekten Gegenentwurf zur Kontrollwelt im Alltag.

76. Grund

Weil das Gehen
automatisch entspannt

Was ist Entspannung? Vielleicht kann man es als einen Zustand beschreiben, in dem man sich wohlfühlt, in dem sich Körper, Seele und Geist im Gleichgewicht befinden und man weder Druck noch Anspannung fühlt. Etwas, was man gerne öfter im Alltag hätte, was aber fast schon zu einem Sehnsuchtszustand geworden ist. Wer wollte nicht entspannt sein, weniger aufbrausend reagieren und Situationen souverän und lässig meistern? Doch meistens klappt das dann doch nicht so. Man schimpft mit den Kindern, pampt den Ehemann an oder ärgert sich über die Kollegin. Wegen Nichtigkeiten eigentlich. Tief durchatmen und drüberstehen? Fehlanzeige. Meistens sucht man dann jenseits des stressigen Alltags die Entspannung, die im täglichen Leben nicht so recht gelingen will.

Dabei ist Entspannung etwas ganz Natürliches. Die Natur hat sie als Gegenpol zum Stress gesetzt. Doch wie viele Sachen, die sich seit der Steinzeit geändert haben, ist auch unser Umgang mit Stress nicht mehr so normal, wie er sein sollte. Früher hat man Stresshormone, die in brenzligen Situationen ausgeschüttet wurden, einfach ausagiert: Wenn der Steinzeitmensch einem Säbelzahntiger begegnete, reagierte er durch Flucht und baute so die Anspannung schnell wieder ab.

Heutzutage jedoch laufen wir nicht mehr laut schreiend aus dem Büro, wenn der Chef uns unter Druck setzt. Stattdessen resultieren die Stresssymptome in schlechter Laune, innerer Unruhe oder Wut. Doch wird die innere Spannung nicht durch Bewegung abgebaut, ist der Körper in einem dauerhaften Alarmzustand. Das führt, wie man sich unschwer denken kann, langfristig zu einem Erschöpfungszustand.

Eigentlich wissen wir das alle. Was da passiert und dass es nicht gut ist und dass man doch eigentlich mehr entspannen sollte, damit man nicht krank wird. Aber das im Alltag umzusetzen ist schwierig. Deshalb gibt es mittlerweile einen ganzen Entspannungssektor, der Modelle dafür entwirft, wie man mal wieder runterkommen kann. Viele Entspannungstechniken sollen dabei helfen, tief durchzuatmen und ruhig zu werden. Oder man verlässt sich auf die Wellnessindustrie mit diversen Behandlungen oder Massagen.

Aber es geht auch einfacher. Sport machen! Es ist erwiesen, dass insbesondere Ausdauersportarten dabei helfen, Stress abzubauen und Entspannung zu fördern. Dazu ist das Pilgern bestens geeignet, denn hier bewegt man sich andauernd, und die Stresshormone haben überhaupt keine Chance, sich einzunisten. Je länger man läuft, desto ruhiger und ausgeglichener wird man. Dazu kommt eine gesunde Geisteshaltung. Denn im Allgemeinen ist der Pilger bereit, den Alltagsstress wirklich hinter sich zu lassen und runterzufahren. Die Bewegung in der Natur tut ein Übriges, um loszulassen und zur Ruhe zu kommen.

Das Gehen entspannt vor allem, wenn man seinem eigenen Tempo und Rhythmus folgt. So ganz nebenbei nimmt man wahr, wie das Gedankenkarussell im Kopf sich langsamer dreht, wie die Muskulatur sich lockert, wie man tiefer und gleichmäßiger atmet. Mitunter bekommt das gleichförmige Gehen auch einen meditativen Charakter. Wenn man lange Strecken in stetig gleicher Bewegung zurücklegt, stellt sich fast eine Art Trance ein. Das heißt, man hat die östlichen Entspannungstechniken gleich mit im Sack! Entspannung auf der ganzen Linie also!

Weil man klar wird im Kopf

Kreativität – das weiß man – und damit auch geniale Einfälle und Gedanken werden gefördert, wenn man neben dem angestrengten Nachdenken und Tüfteln auch mal einen Gang runterschaltet und etwas ganz anderes macht.

Isaac Newton zum Beispiel gewann die entscheidende Erkenntnis zu seiner Gravitationstheorie nicht in seinem Labor, sondern im Obstgarten, wo er das Fallobst betrachtete. Und der Klettverschluss wurde nicht durch intensives Forschen erfunden, sondern bei einem Jagdausflug, als der Schweizer Ingenieur George de Mestral Kletten im Fell seines Hundes entdeckte. Auch andere Probleme lassen sich nicht durch intensives Nachdenken lösen – jedenfalls nicht auf Kommando. Das Gehen jedoch fungiert wie ein Katalysator für kreative Einfälle und ungewohnte Einsichten.

»Ich habe mir meine besten Gedanken ergangen und kenne keinen Kummer, den man nicht weggehen kann«, soll der Philosoph Søren Kierkegaard gesagt haben. Damit klingt nicht nur das Potenzial des Gehens als Anti-Sorgen-Mittel an, sondern das Zitat beschreibt auch seine positiven Auswirkungen auf die Gehirntätigkeit.

Es gibt sogar Studien, die dies belegen. Britische Forscher fanden heraus, dass ihre Probanden nach einer dreitägigen Wanderung in der Natur um bis zu 50 Prozent mehr Kreativität und Problemlösungskompetenz zeigten als vor der Studie. Die Vermutung: Durch die Ruhe in der Natur und die fehlenden Reize der modernen Technologie und deren Reaktionsanforderungen wird Stress im Gehirn abgebaut, und dadurch gibt es mehr Kapazitäten für Einfallsreichtum.

Auch das Gehen an sich scheint dabei zu helfen, das Gehirn fit zu machen. In einer Studie belegte ein amerikanischer Bewegungswissenschaftler der Universität Illinois, dass zügiges Gehen die Konzentrationsfähigkeit steigert: Die Hirnscans von Menschen, die einen Aufmerksamkeitstest lösen mussten, zeigten eine erhöhte Hirntätigkeit, wenn die Probanden vor dem Test 20 Minuten zügig gegangen waren. Im Gegensatz dazu wiesen diejenigen, die sich vorher ausgeruht hatten, eine geringe Hirntätigkeit auf. Die Konsequenz: Die gehenden Probanden konnten schneller und leichter Konzentrationsaufgaben lösen als ihre ruhende Vergleichsgruppe.

Aber es gibt noch mehr positive Auswirkungen des Gehens auf das Gehirn. Denn regelmäßiges Gehen bewirkt auch, dass die Hirnmasse weniger schnell abgebaut wird. In einer amerikanischen Studie fand man heraus, dass die graue Materie langsamer und später schrumpft, wenn man jede Woche durchschnittlich zehn bis 16 Kilometer zu Fuß zurücklegt. Und mehr graue Gehirnmasse bedeutet automatisch ein geringeres Risiko, später kognitiv abzubauen. Heißt im Klartext: Man bleibt länger geistig fit, und das Risiko einer Demenzerkrankung sinkt.

Das Gehen also ist eine einfache, aber wunderbar effektive Art und Weise, nicht nur in Bewegung zu kommen, sondern auch noch was für seine grauen Zellen zu tun.

Weil man keinen Freizeitstress hat

Manchmal ist Urlaub anstrengend. Dann nämlich, wenn man schon vorher eine lange Liste hat mit dem, was in dieser einzigartigen Zeit alles passieren muss.

Der Dom, das Wahrzeichen des Urlaubsdomizils zum Beispiel. Ein Must! Wer den nicht besucht hat, war gar nicht richtig da! Oder das Museum mit den seltenen prähistorischen Funden. Muss man gesehen haben. Genauso wie die Kirche mit den außergewöhnlichen Deckenfresken, die in dem kleinen Dorf im Nirgendwo liegt. Gut, ist zwar ein bisschen weit draußen, aber die sind halt einzigartig.

Womöglich muss man auch unbedingt noch das Szenecafé im angesagten Stadtviertel besuchen, in dem es die unvergleichlichen Cantuccini gibt.

Ach ja, und dann war da noch die kleine Manufaktur, die die landestypischen Fliesen herstellt, in Handarbeit. Okay. Die hat zwar nur dienstags von 10 bis 12 geöffnet, aber das lohnt sich bestimmt. Ebenso wie die Sonderausstellung des weltberühmten Malers. Na ja, dass man schon vier Wochen vorher die Karten kaufen musste und dann auch noch pünktlich am Mittwoch um drei da sein, um seinen Besucher-Slot zu erwischen, ist schon ein bisschen aufwendig, aber eine einmalige Gelegenheit eben.

Diese hehren Vorhaben, die man mit in den Urlaub schleppt – eigentlich ja schöne Dinge, die das Ganze besonders machen und auf die man sich freut –, lassen die Ferien leicht unentspannt werden. Denn die Sachen, die auf der To-do-Liste stehen, wollen abgearbeitet werden. Wenn man schon mal da ist, muss es sich lohnen, da will man alles mitnehmen. Und, mal ganz ehrlich: Es macht sich auch ganz gut auf der nächsten Familienfeier, wenn man vor dem aufgeblasenen Schwager mal eben so lässig einfließen lässt, dass man tatsächlich das Original des berühmten Malers gesehen hat; wo der doch immer so protzt mit seiner Weltgewandtheit. Außerdem, wer weiß: Vielleicht verpasst man ja wirklich Entscheidendes, wenn man sich nicht den besonderen Brunnen, den Miniaturpark oder das alte Grabmal ansieht?

Doch die Dinge, die man schon im Vorhinein akribisch recherchiert, markiert und womöglich reserviert hat und die dem Urlaub eigentlich ein paar Glanzlichter aufsetzen sollten, erweisen sich in der Praxis oft als Stressfaktor. Wenn man sich nicht unendlich langweilt in den Ferien und förmlich danach lechzt, ein paar Highlights zu erleben, hat man das Gefühl, dass man fern von zu Hause eigentlich ein ähnliches Szenario durchzieht wie daheim: Man arbeitet Termine ab. Sehenswürdigkeiten werden zu Programmpunkten, und der Tag ist durchgetaktet, damit alles Wichtige darin Platz hat. Es gilt, sich nach Öffnungs- und Führungszeiten oder bestimmten Fristen zu richten.

Wenn es gut läuft, hat sich die Mühe im Nachhinein gelohnt. Wenn die Kirche wirklich hochgradig beeindruckend war, die Ausstellung grandios und das Mandelgebäck der Knaller. Doch ansonsten fühlt man sich betrogen. Man hat sich gestresst – das, was man eigentlich nicht im Urlaub tun wollte. Und nun fühlt man sich, als hätte man alles falsch gemacht, denn die Anstrengung war umsonst. Da wäre man doch lieber am Pool geblieben, hätte ein Buch gelesen und einen netten Drink an der Bar genommen. Kurz: Man hätte sich besser einen schönen Tag machen sollen. Das, wofür Urlaub ja eigentlich da ist.

Beim Pilgern entgeht man diesem Urlaubsstress, denn der Tagesplan und die Struktur ergeben sich von selbst. Es gibt in der Regel nur einen zentralen Programmpunkt, und der lautet: laufen. Das bestimmt den Tag. Das Kulturprogramm ist erst mal nebensächlich.

Wenn man sich Zeit dafür nehmen möchte – gut. Und wenn nicht – auch gut. Man muss sich nicht rechtfertigen. Die Mitpilger verstehen nur zu gut, dass man nach einem langen Marsch einen anderen Fokus hat als die einzigartigen Münzen aus dem 9. Jahrhundert im Stadtmuseum oder die imposante Skulpturengalerie des berühmten heimischen Künstlers an der alten Mühle am Stadtrand. Und auch zu Hause wird nach der Rückkehr niemand fragen, welche Sehenswürdigkeiten man abgearbeitet hat.

Möchte man doch ein bisschen von der Kultur am Weg mitnehmen, ist das eine persönliche Entscheidung. Wenn alte Kirchen des frühen Mittelalters von jeher das Steckenpferd sind, plant man ja vielleicht sogar freiwillig die Etappe so, dass man zu den Öffnungszeiten vor Ort ist. Und wer gerne Kuchen isst, legt ja womöglich in gespannter Vorfreude den extra Kilometer zu der Geheimtipp-Bäckerei zurück.

Das Schöne: Was sein soll, entscheidet jeder für sich. Von außen gibt es erst mal keinen Erwartungsdruck. Man muss nichts leisten, nichts abarbeiten, nicht beeindrucken. Das entstresst ungemein. Und macht das Pilgern zu einem Entspannungsurlaub par excellence.

9. Kapitel

Die Nebeneffekte

Weil man lernt,
ein Eins-a-Logistiker zu werden

Man muss es nicht tun. Mit dem schweren Rucksack und so. Man kann sein Gepäck auch transportieren lassen. Das ist herrlich entspannend, denn wenn man mit einem kleinen Tagesrucksack läuft, in dem sich mal gerade zwei Müsliriegel, eine Wasserflasche und eine kleine Tube Sonnencreme befinden, fühlt man sich leicht und frei – ein wunderbares Urlaubsgefühl.

Gut, man muss dann damit leben, dass die anderen ein wenig verächtlich gucken. Diejenigen, die sich für die »richtigen« Pilger halten, weil sie sich mit ihrem großen Rucksack abmühen. Die sich in der Regel ein paar Gedanken dazu gemacht haben, was alles mit muss.

Dies tut man, indem man sich mit Packlisten auseinandersetzt, die in jedem Pilgerführer stehen und zuhauf im Internet kursieren. In Teilen variieren die Empfehlungen, doch über das, was unbedingt dabei sein muss, ist man sich einig: Die Wanderausrüstung natürlich, Trinkflasche, Regenzeug, Wechselsachen, Sonnenhut, ein paar Hygieneartikel, Mikrofaserhandtuch, Medikamente, Hirschtalg, Taschenlampe, Sonnenbrille, Ladekabel, Ohropax, Waschmittel, Wäscheleine, Sicherheitsnadeln, der Pilgerausweis und die Muschel.

Aha. So geht er also los, der »richtige« Pilger. Doch möchte man selber dazugehören? Hm. Da gibt es ein paar Sachen, die etwas gewöhnungsbedürftig erscheinen.

Kernseife? Das war doch das Zeug, mit dem Oma früher die Böden geschrubbt hat! Und das jetzt zum Waschen für Haut, Haare und Klamotten? Man kann es sich erst mal nicht so recht vorstellen. Das, was die Oberflächen im Haus zum Glänzen bringt, soll jetzt die gesamte Körper- und Wäschepflege abdecken?

Und auch dieses Abwiegen jedes Teils, aufs Gramm genau, das ist irgendwie alles ein bisschen übertrieben, oder? Na ja, mal schauen …

Hat man das verdaut, geht es daran, diese Liste abzuarbeiten und geeignete Ausrüstungsgegenstände zu besorgen. Bei den Schuhen ist das noch relativ einfach: Schließlich hat man sich vorher mit der Pilgerstrecke beschäftigt. Weiß, dass man nur geringe Steigungen hat, dafür aber öfter mal Asphalt laufen wird. Mit diesem Anforderungsprofil macht man sich dann auf ins Fachgeschäft und lässt sich beraten. Man probiert ein paar Schuhe an, läuft eine Probestrecke und nimmt dann die, die solide erscheinen, gut passen und auch preislich im Rahmen liegen. Kein Hexenwerk. Gewandert ist man ja schon mal, und den Schuhen ist es egal, ob man wandert oder pilgert.

Doch dann wird's schwierig. Es geht darum, die Sachen zu besorgen, die man selbst am Körper, oder, entscheidender, auf dem Rücken tragen muss. Da muss man gut überlegen, das liest man in allen einschlägigen Foren.

Zuerst mal der Rucksack. Welches Volumen, wie viel soll denn rein? Hm. Irgendwo hatte man mal was gelesen, aber wieder vergessen. Man versucht sich vorzustellen, wie es sein wird. In Spanien. Auf dem Weg. Mit Rucksack. Kann man aber eigentlich nicht.

Also dem Verkäufer vertrauen. Der schaut nach der eigenen Größe, dem Gewicht und will wissen, wie lange man denn unterwegs sein wird. Zumindest die Frage kann man beantworten; der Verkäufer empfiehlt einen kleinen Rucksack. Fühlt sich auch gut an beim Tragen, aber wie soll da um Himmels willen alles reingehen?

Man denkt an vergangene Wandertouren. Allein der Proviant hatte da schon einen Großteil des Inhalts ausgemacht, und dann noch die Sachen von der Packliste … Außerdem … ein bisschen Reserve ist immer gut. Und, wer weiß, vielleicht wird man ja auch irgendwann noch mal eine Tour machen, bei der man einfach mehr mitnehmen *muss*? Dann ist es gut, wenn man gerüstet ist.

Mit Trinksystem oder ohne? Trinksystem? Hä? Nie gehört! Letztendlich ist es eine Wasserblase, die man im Rucksack versenkt und aus der man über einen Schlauch zwischendurch immer mal wieder nuckeln kann. Ungemein praktisch, da man nicht ständig damit beschäftigt sein wird, die Trinkflaschen zu jonglieren. Außerdem kann man den Wassersack mit 2 Litern befüllen. Das reicht erst mal für 'ne Weile. Also her damit!

So, die beiden wichtigsten Sachen hat man schon mal. Schuhe und Rucksack. Und der Rest, die Anziehsachen, Handtuch und der ganze Klimbim, fliegt ja irgendwie zu Hause rum.

Und dann packt man den Rucksack. Arbeitet die Liste ab. Schmeißt die T-Shirts rein, Hose, Flip-Flops, Regenjacke, Medikamente.

Und Körperpflegeartikel. Ach ja, das war das mit der Kernseife. Aber so appetitlich sieht die nicht aus. Da nimmt man dann doch lieber die Probierpackungen für Shampoo und Waschmittel.

Und wiegen? Ist was für Erbsenzähler. Wird schon irgendwie passen. Außerdem hätte man dann vielleicht auch gleich ein schlechtes Gewissen. Denn schließlich haben es doch ein paar Dinge jenseits der Liste in den Rucksack geschafft. Aber der ist ja – Gott sei Dank! – groß genug.

Meine erste längere Pilgertour war eine Offenbarung. Wenn man all das, was man noch zu Hause als relativ harmlos erachtet hat, über Wochen auf dem Rücken mit sich rumschleppt, bekommt man einen ganz neuen Blick für das, was man wirklich braucht.

Meine nächste Rucksacktour wurde anders. Ich beschäftigte mich intensiv damit, wie man Gewicht einsparen kann. Plötzlich erschien mir das Dogma der Ultraleichttrekker »Jedes Gramm zählt!« nicht mehr wie erbsenzählerischer Blödsinn, sondern wie eine offensichtliche Wahrheit.

Seit ich eine Pilgertour abbrechen musste, weil ich starke Knieschmerzen bekam, schwebt diese Grundregel, einem Imperativ gleich, über allem, was ich auch nur im Entferntesten erwäge, mitzunehmen.

Das Mantra der Leichtbeladenen wirft sofort zwei Fragen auf, die man sich immer wieder und bei jedem Teil aufs Neue stellt: Brauche ich das wirklich? Und: Gibt es das nicht auch noch leichter?

Denn wenn man vor der Alternative steht, entweder mit möglichst leichtem Gepäck pilgern zu gehen oder gar nicht mehr, stößt man in ganz neue Dimensionen vor. Da geht es dann auch nicht mehr nur um die Frage, was man mitnimmt oder weglässt, sondern auch um ultraleichte Isomatten und Schlafsäcke. Man beschäftigt sich mit Titantassen, Zeltheringen aus Plastik und der Frage, wie viel es bringt, die Etiketten aus den Klamotten rauszuschneiden.

Und, ja, ich habe natürlich auch irgendwann angefangen, meine Sachen zu wiegen. Erst kommt man sich ein bisschen kleinlich vor, aber diese Akribie kann sich durchaus zu einem Sport mit Suchtfaktor entwickeln.

Und das Ding mit der Kernseife? Sagen wir mal so: Auf Weitwanderungen riechen meine Haare jetzt ein bisschen wie frisch gewischte Böden …

80. Grund

Weil man lernt, Etappen zu planen

»Ist es noch weit?« Wer selber keine Kinder hat, die diese Frage zum gefühlt 95. Mal stellen, obwohl man erst vor einer Viertelstunde losgefahren ist und der Urlaubsort noch meilenweit entfernt, kennt die Situation aus der anderen Warte. Von früher. Wie das war. Wenn man auf dem Weg nach Italien hinten im heißen, engen Auto saß und die Fahrt sich dehnte wie eine nicht enden wollende Lakritzschnecke.

Man kann sich daran erinnern, wie sehr man sich langweilte, weil es gerade nichts Interessantes zu sehen gab, die Butterkekse schon verputzt waren und der blöde Bruder nichts Aufregenderes zu tun hatte, als seine Autoquartettkarten zu sortieren. Gähn!

Man weiß noch, dass man keinerlei Beziehung hatte zur Strecke, die bereits zurückgelegt war, und derjenigen, die es noch zu überwinden galt. Dass man in einem unüberschaubaren Zeitkontinuum mit nur wenigen Meilensteinen gefangen war. Da gab es vielleicht Anhaltspunkte wie: »In einer Viertelstunde halten wir mal an der Raststätte an, da sind wir in Frankfurt«, oder: »Morgen früh passieren wir schon die italienische Grenze.« Aber das half auch nicht weiter. Denn diese Zeiträume waren ebenso schwer einschätzbar wie: »Nur noch vier Mal schlafen, dann ist Weihnachten«, oder »Das mit dem Fahrrad dauert nicht mehr lange. In drei Wochen hast du ja schon Geburtstag.«

Denn als Kind hat man eine andere Zeitwahrnehmung als Erwachsene. Man lebt im Hier und Jetzt, und alles, was darüber hinausgeht, ist erst mal nicht real und schon gar nicht messbar.

Doch auch als Erwachsener tut man sich zuweilen schwer, Zeitspannen und Distanzen richtig einzuschätzen. Gerade wenn man sie auf ungewohnte Art und Weise zurücklegt und somit noch kein Gefühl dafür hat, was solch eine Distanz bedeuten kann.

Schlägt man einen Pilgerführer auf, wird man zuerst einmal mit Distanzen erschlagen. Mit Kilometerangaben von einem Ort zum anderen. Doch was genau sich dahinter verbirgt, entschlüsselt sich erst, wenn man alle Komponenten der Strecke mit einbezieht, die die Kilometer zu einem lebendigen Stück Pilgerstrecke machen.

Zuerst mal sieht man nur eine rote Linie auf einer kleinen Karte im Pilgerführer, die Wegstrecke. Diese wird ergänzt durch ein Höhenprofil mit Wellen oder Zickzackkurs. Außerdem gibt es einen Text.

Das alles sind die Grunddaten, die Eckpfeiler des Tages. Die einer Distanz ein Gesicht geben, die sie füllen und zu einer einzigartigen machen. Aber die auch darüber bestimmen, wie man diese Distanz erleben, wie man sie beurteilen und im Nachhinein betrachten wird. Die diesen roten unscheinbaren Strich auf der Karte zu einem schier endlosen Marsch machen werden oder zu einem kurzweiligen Abenteuer.

Doch woher weiß man das? Zuerst mal durch die Linie auf der Karte. Die sich über hellgrüne Flächen (Land) oder orangefarbene (Stadt) zieht. Je nachdem, wo die Linie herführt, kann man erkennen, ob man viele Häuser oder viel Landschaft um sich haben wird.

Doch das ist nur eine Komponente. Mehr Aufschluss über das, was die Strecke für den Pilger bedeutet, verrät das Höhenprofil. Gibt es knackige Aufstiege auf der Strecke? Das ist schon mal etwas, was die Laufgeschwindigkeit ziemlich beeinflussen kann und auch die Kondition schwächen. Geht man von einer durchschnittlichen Laufgeschwindigkeit des Pilgers von vier Kilometern pro Stunde aus, so wird dieses Tempo durch bergiges Terrain doch arg verzögert. Man ist zum einen langsamer und muss zum anderen vielleicht auch mehr Pausen machen. Die man vielleicht auch gerne einplant, denn unter Umständen hält die Bergkuppe ja auch eine lohnende Aussicht bereit.

Das wiederum erfährt man in der Beschreibung der Strecke. Das, was auf der Karte als gleichförmige rote Linie daherkommt, entpuppt sich im Text als Landstraße oder Schotterpiste, als idyllischer Hangpfad oder als Weg an der Nationalstraße entlang.

Und auch auf Sehenswürdigkeiten, geschichtliche und regionale Besonderheiten weist der Text hin. Dazu gibt es noch Bilder, die einen Eindruck davon vermitteln, was die Wegstrecke ausmacht: ob es imposante Kirchen oder schöne Landschaften am Weg gibt, romantische Brücken oder historische Städte.

Tja, und aus diesem bunten Mix kann man sich jetzt eine Etappe basteln. Wobei man da am besten erst mal nach den Grundbedürfnissen schaut: Wo kann/will man schlafen? Wo gibt es Herbergen/

Pensionen/Hotels? Das sind schon mal die Grundpfeiler, die zur Planung der Etappe dienen.

Dann, was man sehen bzw. wo man gerne einkehren möchte: Da gibt es doch dieses nette Schloss am Weg und die Kneipe, in der sie den grandiosen Fischeintopf anbieten. Dafür muss man dann Pausen einplanen. Doch abgesehen davon sind es natürlich auch das Wetter und die eigene Leistungsfähigkeit, die über eine Etappe entscheiden.

Viele Komponenten also, die man alle bei der Planung einer Etappe einbeziehen kann, aber das ist natürlich nicht zwingend. Denn so viel Spaß es macht, seine Etappen durchzuplanen und alle Eventualitäten zu berücksichtigen, so befreiend ist es auch, das alles über Bord zu schmeißen und sich einfach nur der Führung des Weges zu überlassen. Alles kann, nichts muss!

81. Grund

Weil man schöne Fotos machen kann

Obwohl Hunderttausende von Menschen jährlich pilgern gehen, erlebt doch jeder den Weg anders. Jeder hat seinen eigenen Fokus, seine subjektive Wahrnehmung und ein ganz individuelles Set an Erinnerungen, das er von der Pilgerreise mitnimmt. Das trifft natürlich auch auf Städte und Landschaften zu, die man durchpilgert. Für den einen ist es nervtötend, tagelang durch die öde Meseta zu latschen mit nichts als Feldern drum herum; für den anderen ist es eine Entdeckungsreise, auf der er stets neue Facetten dieser oberflächlich so reizlos erscheinenden Gegend beobachtet, mit immer neuen Stimmungen und Farbnuancen.

Wie man die Welt um sich rum wahrnimmt, ist eine Frage der Offenheit, aber auch der Achtsamkeit. Man sagt, dass Pilger im

Laufe ihrer Reise eine gesteigerte Wahrnehmung erfahren, dass ihnen mit der Zeit immer mehr Details auffallen.

Dies und die Tatsache, dass man sich in der Regel »in der Fremde«, also fern des heimatlichen Terrains, bewegt, bewirkt, dass einem Dinge besonders erscheinen, die man im Alltag nie als außergewöhnlich wahrgenommen hätte: Eine Blume am Wegrand, die durch ihre unschuldige rosa Farbe besticht, das Rauschen des Flusses unter der Brücke oder die Vögel, die in der Morgendämmerung singen. Manche Pilger nehmen diese Eindrücke für sich im Stillen mit, andere versuchen, sie in Bildern festzuhalten.

Möchte man möglichst viele dieser außergewöhnlichen Momente abbilden, ist man gut beschäftigt. Denn permanent hat man das Gefühl, auf den Auslöser drücken zu müssen. Ständig glaubt man, auf ganz außergewöhnliche Dinge zu stoßen, die man in dieser Form nie mehr erleben wird. Da wird man schnell zum Vielknipser.

Zuerst einmal sind es natürlich die typischen Landschaftsbilder, die man mit nach Hause nehmen möchte. Schließlich handelt es sich nicht um irgendeine Region, sondern um eine, die man komplett durchquert hat und darum ihre Besonderheiten hautnah erlebt. Als Erinnerung daran bietet sich ein Foto des langen Pilgerwegs an, der sich durch welliges Hügelland zieht, am felsigen Strand entlang, oder die Aussicht vom Höhenweg ins Tal.

Dann sind es natürlich die Städte, die man festhalten möchte. Die Kirchen, in denen es einen besonderen Stempel gab. Die Dorfbrunnen, neben denen man gesessen hat inmitten des geschäftigen Treibens der Bewohner. Und auch die bekannten Plätze, denn selbst wenn man nicht als Tourist unterwegs ist, gehören die doch irgendwie dazu.

Dann wären da noch die Herbergen, die man zuerst als Beleg dessen fotografiert, wo man geschlafen hat. Doch zunehmend werden diese Unterkünfte auch zu lebendigen Orten, und die Fotos zu Erinnerungen an Plätze, wo man gemeinsam gekocht, diesen oder jenen Pilger kennengelernt und die eine oder andere Geschichte erfahren hat.

Und dann, ja dann selbstverständlich auch die anderen Pilger. Die Weggefährten. Klar müssen die in den Kasten. Beim Laufen oder beim Rasten, beim Verbinden der Füße oder beim Wäschewaschen, beim Hörnchen im Frühstückscafé oder abends in fröhlicher Runde.

Eigentlich ist das mit dem Knipsen doch so wie bei jeder Reise, könnte man meinen. Doch Fotos von Pilgerreisen sind irgendwie anders, finde ich. Wenn ich Bilder vom Pilgern betrachte, bin ich sofort wieder auf dem Weg. Ich weiß noch genau, wie das Wetter an dem Tag war, kann mich an die Orte erinnern, durch die ich gelaufen bin, und meistens auch daran, wie ich mich dabei gefühlt habe. Es ist, als würde solch ein Foto nicht nur das eigentliche Motiv festhalten, sondern auch ein wenig von der Atmosphäre dort wiedergeben, besondere Momente und die Erinnerung daran heraufbeschwören.

Beim Betrachten einer Asphaltpiste spürt man wieder den heißen Sommertag, an dem man stundenlang auf einem scheinbar endlosen Radweg an gelben Kornfeldern entlanglief. Der Anblick der mittelalterlichen Brücke versetzt gleich wieder in die unbeschreibliche Stimmung, die man dort mit anderen Pilgern beim Sonnenuntergang erlebt hat. Und die Aussicht von der Bergkuppe lässt das Triumphgefühl wiederaufleben, das sich nach dem anstrengenden Aufstieg einstellte.

Ein ganzes Set an Erinnerungen und Stimmungen, die beim Betrachten der Fotos noch mal mit allen Sinnen spürbar werden.

Weil man sich berühren lässt

Man kommt gar nicht drum rum. Wenn man nicht gerade miese-petrig vor sich hin läuft mit Scheuklappen rechts und links und stur sein Tempo geht, kommt man gar nicht drum rum, sich mit den Menschen auf dem Weg auseinanderzusetzen. Und das beinhaltet natürlich auch, dass man teilhat am Schicksal der Mitpilger.

Oftmals ergibt sich das ganz automatisch. Denn die besondere Motivation, pilgern zu gehen, die Lebenskrise oder die Phase der Orientierungsfindung, eint das Heer der Pilger und macht, dass man sich auf Augenhöhe begegnet. Und da passiert es schnell, dass man sich über große Lebensfragen und -ängste unterhält, über innere Sorgen und Nöte spricht.

Diese erstaunliche Intimität führt auch dazu, dass man Anteil nimmt und versucht zu helfen obwohl man weder seelsorgerische Pflichten noch einen therapeutischen Auftrag mit auf den Weg genommen hat.

Es müssen noch nicht mal Mitpilger sein, deren Schicksal besonders berührt. Manchmal sind es auch andere Begegnungen am Weg, die das Bedürfnis wachrufen, gemeinsam Lösungen zu finden.

Wie zum Beispiel in einem Kloster in der Schweiz. Wir hatten uns zu mehreren eingefunden, um dort zu übernachten. Begrüßt wurden wir von einem schwarzhaarigen Mann in Arbeitshose mit einem Kreuz um den Hals. Er war Hausmeister des Klosters – nicht ganz freiwillig, wie sich später herausstellte. Gemeinsam mit ihm nahmen wir das Abendessen ein, das eine liebe Seele für die hungrigen Pilger gekocht hatte. Wir saßen nur zu sechst am Tisch – das schaffte gleich eine vertraute Atmosphäre. Zudem war man allseits interessiert aneinander. Doch an dem Abend ging es weit über das »… und wo kommst du her?« und »Warum pilgerst du?« hinaus.

Je mehr der Pegel der Weinflasche sank, desto ehrlicher und tiefer wurden die Gespräche. Der Hausmeister gestand uns ganz freimütig, dass er eigentlich hatte Pfarrer werden wollen, denn seit einem Erleuchtungserlebnis spürte er eine tiefe Berufung. Er hatte auch die Ausbildung begonnen und das Priesterseminar besucht. Doch dort war er auf einen Vorgesetzten gestoßen, der eine ungemeine Autorität an den Tag legte und die Novizen brechen wollte.

Das hatte Arno, so hieß unser Hausmeister, nicht verkraftet. Er litt psychisch so sehr, dass er nicht mehr in der Lage war, die Ausbildung zu Ende zu bringen, geschweige denn Pfarrer zu werden.

Aufgrund seiner mangelnden psychischen Belastbarkeit hatte Arno sich dann in dieses kleine Kloster in einem winzigen Dorf in der Schweiz zurückgezogen. Hier kümmerte er sich um die Kirche und das Gemeindehaus, sorgte für die hauseigenen Kaninchen und sang im Kirchenchor.

Das Gespräch wühlte alle auf. Vielleicht war es nicht nur die Geschichte, die uns so berührte, sondern auch die Tatsache, dass Arno so offen darüber sprach. Wir alle bedauerten sehr, dass er seine Berufung nicht lebte, und jeder von uns überlegte fieberhaft, wie man das Dilemma lösen könnte. Hatte man selbst im eigenen Leben vielleicht schon mal Ähnliches gemeistert? Oder kannte man eine Therapieform, die da weiterbringen könnte?

Wir analysierten die Situation und überlegten, ab wann es denn schiefgelaufen war. Wo man die Weichen noch hätte anders stellen können. Das Ganze hatte schon fast den Charakter einer Fallbesprechung beim Psychologen. Nur war dies hier kein nüchterner Fall, den ein Arzt seinen Studenten zu Demonstrationszwecken vorstellte, sondern wirklich geschehen. Und durch die ehrliche Schilderung des Leidtragenden fühlten wir uns alle von dessen Schicksal betroffen und wollten ihm so gerne helfen!

Doch egal, was wir uns ausdachten, welchen Vorschlag wir auch vorbrachten; Arno winkte ab. Er wollte keine Hilfe. Er begehrte nicht gegen sein Schicksal auf, sondern schien sich damit abgefunden zu haben. Er akzeptierte es als das ihm von Gott auferlegte Los und arrangierte sich. Womit unsere Bemühungen und Ratschläge hinfällig waren.

Doch das eigentlich Beeindruckende an der Geschichte war – und dies steht durchaus für den Geist eines Pilgerwegs –, dass man sich berühren lässt und automatisch versucht, den Menschen, die man am Weg trifft, mit Rat und Tat zur Seite zu stehen. Eine wunderbare zwischenmenschliche Erfahrung!

83. Grund

Weil es mal wieder Sinn macht, Tagebuch zu schreiben

Er hat mich angeschaut! Als er durch den Flur ging und ich an der Heizung stand, hat er mich angeschaut und mir dabei ganz tief in die Augen gesehen! Oder: Mist! Carola hat mich nicht zu ihrer Party eingeladen, obwohl wir zusammen Tennis spielen. Aber die blöde Melanie! Oder: R. hat Schluss gemacht! Er geht jetzt mit Sina, der Bohnenstange! Das überleb ich nicht!!!

So sahen meine Tagebucheinträge mit 14 aus. Verliebt bis über beide Ohren, Zickenkrieg oder Weltuntergang, wenn der Angebetete einen verlassen hatte. Das waren so die Themen. Die wurden ausgewalzt bis zum Gehtnichtmehr. Dabei tanzte man auf einer Skala von Gefühlen, die von einem Extrem ins andere ausschlug.

Das Tagebuch hatte bei dieser Berg-und-Tal-Fahrt eine wichtige Funktion: Nicht nur war es treuer Begleiter und verschwiegener Freund, sondern später auch eine Dokumentation für all den Kummer, den man in seiner Jugend ertragen, und all das Glück, das das Herz schier zum Bersten gebracht hatte.

Hinterher dann habe ich nicht mehr Tagebuch geschrieben. Die Funktion als Seelentröster und Gefühlsabladeplatz übernahmen meine Freunde. Das war zum einen praktischer, weil man, wenn man rumjammerte, auch noch bemitleidet wurde. Zum anderen fand ich meinen Alltag auch nicht so bemerkenswert, dass er die Mühe des Aufschreibens lohnte.

Das änderte sich, als ich anfing zu pilgern. Ich weiß nicht, ob ich eine neue Wahrnehmung entwickelte, doch plötzlich fand ich, dass viele Dinge, die ich erlebte, verdienten, festgehalten zu werden. Mehr noch: Ich hatte tatsächlich Angst, sie zu vergessen. Darum gewöhnte ich mir an, jeden Tag nach dem nachmittäglichen Duschen in der Herberge Erlebnisse und Gespräche aufzuschreiben. Was manchmal eine ganze Stunde dauerte. Zeit, in der ich mich zum Beispiel schon mal hätte ums Abendessen kümmern können.

Aber das kam nicht infrage, denn diese Zeit war mir heilig. Es war, als würden durch das Schreiben nicht nur die Erlebnisse der letzten Stunden wieder lebendig, sondern als bekämen sie auch ihren eigenen Platz im Tagesgeschehen, als würde sich durch das Schreiben eine feste Ordnung der Dinge ergeben. Außerdem hatte das Ganze was von Selbstreflexion.

Indem ich sie notierte, konnte ich Ereignisse nicht nur verarbeiten, sondern auch für mich integrieren, und machte sie zu einem Teil meines Erfahrungsschatzes. Denn je länger ich schrieb, desto mehr hatte ich das Gefühl, einen Schatz zu bewahren, der aus unvergleichlichen Erlebnissen und Situationen bestand. Niemand außer mir würde je wieder diesen Weg genauso erleben wie ich!

Es gibt ja durchaus Menschen, die Tagebuchschreiben für überflüssig halten. Sie sind der Meinung, dass das Gedächtnis schon seinen Job machen wird. Es wird die Erinnerungen sortieren, verwerfen oder bewahren – je nach der Wichtigkeit, die es den Ereignissen beimisst.

Doch überlässt man sich dieser Selektion, hat man keinen Einfluss mehr darauf, was gespeichert wird. Denn das Gedächtnis bewertet Ereignisse anders als das bewusste Denken. Manche Szenen, die man für außergewöhnlich und kostbar gehalten hat, verschwinden, ohne eine Spur zu hinterlassen. Andere, scheinbar schlichte Momente hingegen, denen man keine besondere Bedeutung beigemessen hatte, überdauern und poppen wieder hoch, weil sie mit Emotionen behaftet sind.

Sich darauf verlassen, dass schon das Richtige hängen bleibt? Reicht vielleicht, wenn es darum geht, das Wichtigste zu speichern. Aber um die Reise in Gänze noch mal zu erleben und nachzuspüren, geht doch nichts über ein popeliges Tagebuch!

84. Grund

Weil man zum barmherzigen Samariter wird

Das Gleichnis vom barmherzigen Samariter ist eine der bekanntesten Erzählungen Jesu im Neuen Testament und gilt mittlerweile als Synonym für tätige Nächstenliebe.

In der biblischen Geschichte geht es um einen Mann, der auf dem Weg von Jerusalem nach Jericho unter die Räuber geriet. Diese plünderten ihn aus und ließen ihn schwerverletzt liegen. Kurz darauf kam ein Priester vorbei, sah den Verwundeten, ging aber weiter, ohne ihm zu helfen. Auch ein Levit, der des Weges kam, kümmerte sich nicht um den Kranken. Schließlich war es ein Samariter, der sich erbarmte und half. Nicht nur versorgte er die Wunden des Verletzten, sondern transportierte ihn auch zur Herberge. Dem Wirt gab er sogar Geld für die weitere Pflege.

Damals wie heute ist solch eine tatkräftige Unterstützung keine Selbstverständlichkeit. Im Handyzeitalter werden Straftaten und Unfälle eher gefilmt, als dass jemand helfend zur Seite springt.

Auf dem Pilgerweg ist das anders. Im Gegensatz zur Ignoranz im Alltag ist dort tätige Nächstenliebe ein Stück weit normal. Wie selbstverständlich wird man von einem Einheimischen ins Krankenhaus gefahren, auch wenn der einen gar nicht kennt. Oder der

Mitpilger, den man am Weg trifft, stützt einen die letzten Kilometer zur Herberge, weil man nur noch humpeln kann. Selbstredend, dass auch jeder mit Verbänden, Medikamenten und Pflastern aushilft, wenn Not am Mann ist. Auf dem Weg wird – ohne dass viel Aufhebens darum gemacht würde – ganz selbstverständlich das Helfen gelebt.

Ein beeindruckendes Beispiel hierfür lieferte vor ein paar Jahren die Geschichte der Amerikaner Justin Skeesuck und Patrick Gray aus Idaho. Die beiden Männer um die 40 kannten sich von Kindesbeinen an und waren so gute Freunde, wie man es nur sein kann.

Doch Skeesuck litt an einer seltenen Autoimmunerkrankung, die nach und nach dazu führte, dass er seine Muskeln nicht mehr benutzen konnte und mittlerweile im Rollstuhl sitzt. Aber er hatte sich in den Kopf gesetzt, auf dem Jakobsweg zu pilgern. Wie das möglich sein sollte, 800 Kilometer weit über die Pyrenäen, und das zu Fuß, beantwortete ihm ohne nachzudenken sein Freund Patrick: »*I'll push you*« (ich schiebe dich), sagte er. Und das tat er.

In einem speziell konstruierten Geländerollstuhl schob er seinen behinderten, fast bewegungsunfähigen Freund über den ganzen französischen Jakobsweg, über Hügel und Berge, durch Morast und Schlamm, bei Hitze und Regen.

Begleitet wurden die beiden von einem Kamerateam, das nicht nur die schwierigsten Momente der Reise einfing, sondern auch diejenigen, die von der großen Hilfsbereitschaft der Mitpilger zeugen. Auf dem letzten Stück vor Galicien waren es 17 Pilger aus zehn Ländern, die halfen, den Rollstuhl zu ziehen und zu schieben und so mit vereinten Kräften Berge und Hügel zu überwinden. Ungefragt, einfach weil man das auf dem *camino* so macht. Eine Solidargemeinschaft sondergleichen.

Weil es zu einem schönen Paarerlebnis werden kann

Pilgern mit dem Partner – geht das? Nicht ganz einfach, aber wenn man es hinkriegt, führt es zu überraschenden Erkenntnissen, und man kann sich als Paar noch mal auf einer ganz neuen Ebene kennenlernen.

Eine Freundin von mir probierte es aus. Mit Erfolg! Zuerst war es ziemlich holprig. Denn allein vom Einstiegslevel her ist man ja nicht unbedingt gleich. Als sie und ihr Partner überlegten, es doch mal zusammen zu versuchen, war sie schon angefixt. Sie war so restlos begeistert vom Pilgern, dass sie bereit war, jede Strecke unter die Füße zu nehmen. Egal wie. Egal wo. Bedingungslos.

Ihr Partner war etwas verhaltener. Nach den ersten sehr asphaltlastigen Strecken schlug er vor, doch lieber das Fahrrad zu nehmen. Das machte rein rational betrachtet mehr Sinn und war ökonomischer. Auf dem Radweg brauchte man schlicht nicht so lange für ein ätzendes Stück Pilgerstraßenstrecke.

Meine Freundin hingegen hatte den Ansatz: Wenn man viel Asphalt laufen muss, dann wird das schon für was gut sein. Dann muss man sich eben fügen. Auch wenn es manchmal – zugegebenermaßen – wenig Spaß macht, an der Bundesstraße entlangzulatschen und sich die Abgase der vorbeifahrenden Autos um die Nase wehen zu lassen. Von der Tristesse der Strecke mal ganz zu schweigen.

Auch in der Stempelfrage waren sich die Paar-Pilger nicht ganz einig. Während für meine Freundin Stempel eher schmückendes Beiwerk waren der Kategorie *nice to have*, aber kein *must*, war ihr Partner da weitaus ehrgeiziger.

Vielleicht steckte auch eine andere Zielvorstellung des Pilgerns dahinter, aber für ihn wurde bald zur definierten Aufgabe, möglichst viele von diesen Abdrücken mit Muschel, Kreuz oder Kirche in seinem Stempelheft zu vereinen. Das führte dazu, dass teilweise zu unmöglichen Zeiten beim Pfarrer angeklingelt wurde, dass es beachtliche Umwege gab, um auch ja jede Kirche mit Stempelpotenzial mitzunehmen, und dass nach striktem Zeitplan gepilgert wurde, um pünktlich zu den Öffnungszeiten des Pfarramts vor Ort zu sein.

Das alles fand meine Freundin ein bisschen anstrengend; darum beschlossen sie, ein Stück der Pilgerstrecke getrennt zurückzulegen und sich hinterher an einer bestimmten Kirche wieder zu treffen. Funktionierte auch nicht so gut, denn ihr Partner fand das langweilig. Wie gesagt: Da ist nicht jeder gleich gestrickt, und eigentlich, so stellten sie im Nachhinein fest, war ihr Partner auch eher meiner Freundin zuliebe mitgekommen und sah keinen rechten Sinn darin, stundenlang stumpf vor sich hin zu trotten.

Also suchten sie nach einer Art des Pilgerns, die beiden Spaß machen könnte. Meine Freundin überlegte hin und her, schaute nach Wegen jenseits der Heimat, anderen Regionen, anderen Strecken.

Dann trat der Mosel-Camino in ihr Pilgerleben. Der Mosel-Camino ist – wie sich unschwer erraten lässt – ein Weg, der an der Mosel entlangführt. Und dieses durch tiefe Täler und über bergige Höhen, durch grüne Weinberge und urige Moselorte, mit fantastischen Ausblicken in die Landschaft und auf den Fluss.

Allein schon das Setting war begeisternd, und auch der Weg gestaltete sich äußerst abwechslungsreich. Das Pilgern war zwar ein bisschen mühsam, denn es ging ständig auf und ab. Doch die traumhaften Aussichten und auch die Besenwirtschaften der lokalen Winzer trugen das Ihrige zu diesem gelungenen Pilgerurlaub bei. Selbst Mitpilger gab es, mit denen man abends beisammensitzen und den Tag und die Strecke noch mal bei einem leckeren Essen Revue passieren lassen konnte.

Auf dem Mosel-Camino kam dann heraus, dass für den Partner meiner Freundin Pilgern durchaus attraktiv war, wenn die Strecke was hergibt und Abwechslung verspricht, wenn er Mitpilger trifft und sich mit ihnen austauschen kann.

Ihre zukünftigen Pilgerziele suchte meine Freundin dann danach aus, ob die Strecke interessant war und die Wahrscheinlichkeit hoch, dort Mitpilger zu treffen. Und irgendwie funktioniert das ganz gut.

86. Grund

Weil man ungeahnte Freundschaften schließt

Manchmal weiß man es erst hinterher. Dass man beim Pilgern Freunde gewonnen hat. Während man läuft, begegnet man vielen Menschen, die man interessant findet, mit denen man sich angeregt unterhält und gut versteht. Aber ob die Freundschaft über den Pilgerweg hinaus trägt, weiß man erst später.

Woran merkt man, dass es sich um eine besondere Beziehung handelt? Bei mir zeichnet sich dieses gewisse Plus nicht dadurch aus, dass ich mit meinen Ex-Mitpilgern regelmäßig Kontakt halte, Weihnachtsgrüße austausche oder ihnen zum Geburtstag gratuliere. Vielmehr gibt es da ein Gefühl. Das Gefühl, dass ich jederzeit zum Telefon greifen könnte, die Nummer dieser Person wählen und fragen, ob wir wieder loswollen. Und wüsste, dass sie sofort »ja« sagen würde!

Eine meiner nachhaltigen Geh-Freundschaften finde ich besonders bemerkenswert, denn eigentlich gab es nicht viel, was Martina und mich verband. Martina wuchs im Osten auf, ich im Westen. In meinem Leben lief mehr oder weniger alles glatt, während sie sich durch die alleinige Betreuung ihrer Kinder und einen stressigen Job kämpfen musste. Und auch altersmäßig lagen wir ein paar Jährchen auseinander. Und dennoch fanden wir zueinander.

Unsere Zweierkonstellation hatte sich mehr oder weniger zufällig ergeben. Denn ursprünglich waren wir als Sechsercombo auf dem Pilgerweg gestartet. Eigentlich mit der festen Absicht, zusammenzubleiben, doch nach der anfänglichen Euphorie bröckelte der Enthusiasmus.

Zuerst machte Christa schlapp. Zugegeben – mit einer Mordsausrüstung von fast 13 Kilo macht Pilgern nicht wirklich Spaß. Doch man hätte vielleicht das eine oder andere Teil nach Hause schicken können?! Aber anscheinend wollte sie nicht und gab auf.

Dann verließ uns Judith. Sie vermisste ein eigenes Zimmer, den Fön, und überhaupt … So schweißtreibend hatte sie sich das Pilgern nicht vorgestellt.

Karla wollte letztendlich in ihrem eigenen Rhythmus laufen, sich nebenbei noch ein paar Kirchen und Museen anschauen und zwischendurch gemütlich einkehren.

Und Cordula? Leider erwischte es sie schon nach der zweiten Etappe. Einmal falsch aufgetreten, umgeknickt … Danach humpelte sie nur noch, wollte ein paar Tage ausruhen und schauen, ob sie doch noch weiterkonnte.

Tja, und dann blieben nur noch Martina und ich übrig. Zuerst war ich skeptisch. Worüber wollten wir uns unterhalten, was hatten wir beide schon gemeinsam? Doch letztendlich stellte sich heraus, dass es Spaß machte, den anderen kennenzulernen und tief in die Geschichte eines unbekannten Lebens einzutauchen.

Was wusste ich schon von der DDR? Nicht viel mehr als das, was ich in den Medien gelesen hatte. SED-Staat, Kommunismus und Honecker. Hatte mich nie näher damit auseinandergesetzt. Das war weit weg, und letztendlich wollte ich es auch nicht sooo genau wissen. Selbst als die Mauer fiel, war ich skeptisch gewesen. Die Menschen, die da plötzlich rüberkamen – irgendwie fremd.

Doch hier auf dem Pilgerweg bekam ich einen authentischen Einblick in das wirkliche, wahre Leben zu Zeiten des kommunistischen Regimes. Ich erfuhr, wie es gewesen war, wenn die Telefongespräche mitgehört und man als Kirchenmitglied diskriminiert wurde, und wie man damit klarkam, dass es keine Bananen gab, sondern als höchstes der Gefühle Ananas in der Dose. Manchmal.

Es war wie eine Reise in ein unbekanntes Universum. Je mehr ich davon erfuhr, desto mehr Respekt hatte ich und desto liebenswerter erschien mir meine Mitpilgerin. Was ich äußerst bemerkenswert fand: Als ich ihr von meinem Leben erzählte, das geprägt war von Luxus und Leichtigkeit, verspürte ich ihrerseits keinen Neid oder Missgunst, sondern Martina nahm es einfach als Tatsache hin, dass unser Leben sich überhaupt nicht glich. Ich war eben *so* aufgewachsen und sie *anders*. Fakt.

Was uns letztendlich verband? Wahrscheinlich war es die Tatsache, dass Martina einen gesunden Humor hatte und sich selbst nicht so wichtig nahm. Außerdem hatten wir zwar nicht denselben Hintergrund, aber den unerschütterlichen Willen, den Weg zu bezwingen, komme, was da wolle.

Wahrscheinlich war es auch der Stolz über das gemeinsam Vollbrachte, der uns einte, und dass wir gemeinsam lachen konnten über das, was uns unterwegs widerfuhr. Das alles gepaart mit viel gegenseitigem Respekt war ein unschlagbares Argument für weitere Pilgerabenteuer.

87. Grund

Weil es zum neuen Hobby avancieren kann

Als ich anfing zu pilgern, wurde ich sofort süchtig. Schon nach der ersten Etappe war es um mich geschehen. Ich hatte Blut geleckt und wollte mehr! Allerdings wollte ich nicht alleine gehen, sondern stellte mir einen schönen Sonntag vor, an dem man sich mit netten Menschen traf und dann gemeinsam eine kleine Pilgerstrecke zurücklegte. Doch wer kam dafür infrage? In meinem

Bekanntenkreis gab es niemanden, der sich begeistert zeigte. Aber bei dem Pilgerhype allerorten musste es doch Interessierte geben?!

Was macht man, wenn man eine Veranstaltung plant, etwas kaufen oder verkaufen will oder einen Kontakt herstellen? Man bringt es an die Öffentlichkeit. Heutzutage oftmals über die sozialen Medien, aber ich bin noch von der alten Garde. Ich wählte als Kommunikationskanal das örtliche Stadtmagazin. In meinem Inserat suchte ich nach jemandem, der Lust hatte, mit mir die lokalen Pilgerwege zu erkunden.

Anscheinend gab es solche Leute, denn ich bekam sechs positive Rückmeldungen. Ein bunter Mix aus jüngeren und älteren Menschen mit sehr unterschiedlichen Vorstellungen und Ambitionen:

Eine Hanna schrieb, sie bringe einige »Vorerfahrungen« mit; sie war schon mal in Spanien. Eine alte Pilger-Häsin also. Rita hatte zwar keine Ahnung von Pilgerwegen, aber sie wanderte fast jedes Wochenende, am liebsten im Lipperland. Weiterhin interessierte sich Thomas, 58, Nichtraucher, der im Jahr zuvor die Via Baltica von Swinemünde nach Rostock gelaufen war. Eine Silke fand die Idee mit dem Pilgern sehr interessant, und eine Melanie war ganz begeistert davon, eine Pilgergruppe zu gründen. »Backpack« antwortete, sie würde auch gerne im Herbst wandern.

Ich staunte: Die wollten alle mit mir pilgern gehen? Mit so einer positiven Resonanz hatte ich gar nicht gerechnet. Auch hatte ich nicht geglaubt, dass man so ruckizucki eine Pilgergemeinschaft auf die Beine stellen könnte, wo es doch hier gar keinen Jakobusverein gab oder einen Pilgerstammtisch.

Aber anscheinend fanden viele Leute das Thema einfach spannend und hatten Lust, das Gehen auszuprobieren. Selbst im tiefsten Westfalen, in einer Region, die man nicht unbedingt als Pilgermekka bezeichnen kann.

Letztendlich hat es dann doch nicht so richtig für mich gepasst, regelmäßig in Gesellschaft zu pilgern. Zum einen war mir das Ganze zu aufwendig. Ich probierte es mal mit dem einen oder anderen Treffen, und das war auch ganz nett. Aber schnell wurde mir klar, dass bei mir das Pilgern in der Heimat von Spontaneität lebt. Ich möchte mich freitags, wenn ich auf den Wetterbericht schaue, spontan entscheiden können, ob ich am Sonntag meinen Rucksack aufsetze und losgehe. Wenn ich mich schon wochenlang vorher zum Pilgern verabreden muss, fehlt mir der Hauch von Abenteuer.

Auch will ich nicht an ein bestimmtes Datum gekettet sein, wann es denn mal wieder so weit ist mit dem Pilgern. Das möchte ich selbst entscheiden. Außerdem stellte ich fest, dass Pilgern zu zweit oder zu mehreren anders ist. Das Ganze wird dann eher zu einer netten Plauderstunde. Auch schön. Aber was ich suchte, war Muße und innere Einkehr.

Gut, man kann sich auch trennen und später zu einer verabredeten Zeit, an einem bestimmten Ort oder zum Ende der Etappe wieder zusammentreffen. Aber wozu sich dann verabreden, wenn man sowieso getrennt läuft? Das funktioniert vielleicht unter guten Freunden. Aber mit Fremden, die man noch kennenlernen muss, ist das erst mal schwierig.

Und so ging ich auch weiterhin vorwiegend alleine pilgern und entdeckte meine Heimat per Muschel. Ich ging, sooft ich konnte, und den Sommer über wurde das zu einer angenehmen Freizeitaktivität.

Doch jeder macht das auf seine Weise. Und da ist es doch gut zu wissen, dass man nicht alleine gehen muss, sondern dass es durchaus die Option gibt, auch mit anderen zusammen zu pilgern. Und dass man auch bei sich um die Ecke Neugierige findet, die gerne bereit sind, mitzumachen.

Weil man ein Vagabund sein kann

Schon früher gab es Menschen, die nicht sesshaft waren, sondern im Land umherstreiften. Mal hier, mal dort arbeiteten, mit ihren Künsten unterhielten oder ihre Waren feilboten. Scherenschleifer, Korbmeister, Gaukler und Krämer zogen von Ort zu Ort, Zirkusleute und Schausteller fuhren über Land. Reisende also, die ihrer Arbeit nachgingen, während sie unterwegs waren.

Heute sind es digitale Nomaden, die das tun. Bei diesem Lebensmodell tauschen immer mehr Menschen ihre materiellen Besitztümer gegen einen Laptop und ihren festen Job gegen ein Online-Business, um ortsunabhängig arbeiten und reisen zu können.

Ob dieses In-der-Welt-Umherziehen, dieser mobile Lebensstil frei von einengenden Strukturen nun eine Modeerscheinung ist oder einem elementaren Bedürfnis des Menschen entspringt, unterwegs zu sein, sei dahingestellt. Doch fest steht, dass diese unkonventionelle Lebensform immer mehr Anhänger findet und auf viele einen großen Reiz ausübt. Aber wer traut sich schon, so tief zu springen und alles hinter sich zu lassen?

Doch vielleicht muss man ja nicht gleich das ganze Leben umkrempeln, vielleicht reicht es ja, das Reisen, das Unterwegssein mal beim Pilgern auszuprobieren?

Sieht man das Ganze nostalgisch, hat es etwas von Vagabundentum, dem unsteten Umherziehen, ohne irgendwo länger zu verweilen. Der Pilger jedoch hat im Gegensatz zum Vagabunden immer einen Ankerpunkt, die Herbergen, in denen er übernachtet. Auch hat das Pilgern durchaus etwas Ehrenhaftes, während früher die Vagabunden leicht geringschätzig betrachtet wurden. Außerdem ist man in guter Gesellschaft zwischen all den anderen pilgernden Vagabunden!

Denkt man an den Aspekt des Umherziehens, fühlt man sich auch ein wenig an Hannes Wader erinnert. In seinem Lied aus den 1970ern *Heute hier, morgen dort* besingt er jemanden, der ständig weiterzieht, aber dann doch ab und zu mal innehält und sich fragt, ob das denn alles so richtig ist. Ob er nicht mal an einem Ort bleiben sollte und was ganz anderes machen.

Gut, so extrem ist es beim Pilgern nicht. Man ist nicht über Jahre unterwegs, und man muss sich auch nicht die Frage stellen, ob es nicht mal langsam an der Zeit ist, seinen unsteten Lebenswandel zu überdenken. Aber ein bisschen was von dem Geist des Pilgerns fängt das Kultlied über den ewigen Wanderer schon ein.

Dieses Ungebundensein, dieses Von-Ort-zu-Ort-Ziehen ist nicht nur eine Lebensart, sondern auch ein ganz besonderes Lebensgefühl. Man ist unabhängig, fühlt sich frei wie ein Vogel: Wer oder was wollte einem schon vorschreiben, wie man zu reisen hat? Man ist sein eigener Herr, Zeitpläne sind irrelevant. Man richtet sich nach dem Stand der Sonne, dem Hunger und der Müdigkeit.

Ein Stück ungeahnter Freiheit inmitten der europäischen Zivilisation, wer hätte das gedacht?

10. Kapitel

Die Ausrüstung

Weil die Pilgerindustrie nicht schläft

Was trug der traditionelle Pilger? Im Nationalmuseum in Nürnberg kann man sich das anschauen, dort ist nämlich die authentische Pilgerausstattung eines Patriziers aus dem 16. Jahrhundert zu sehen. Dessen Ausrüstung bestand unter anderem aus einem kurzen Reitermantel mit hoher Kapuze aus weißem bestickten Wollfilz sowie einem weiteren kreisrunden Mantel aus schwarzem Leder mit aufgenähten Muscheln. Der Pilger Stephan Praun hatte ferner drei Paar einfache Sandalen aus Leder und Hanf bei sich.

So üppig war nicht jeder mittelalterliche Pilger ausgestattet; die Ausrüstung des Patriziers verkörperte eher die prestigeträchtige Pilgerreise zu Pferd denn die reisetaugliche Variante für den gemeinen Fußpilger. Unverzichtbar jedoch für alle waren ein langer Umhang aus dichter Wolle als Schutz vor Regen und Kälte und ein breitkrempiger Hut, an dessen hochgeschlagener Krempe man die Pilgerzeichen befestigte. Wer hatte, nahm ein zweites Paar Schuhe mit. Außerdem brauchte es einen Sack für den Notvorrat, eine Tasche oder einen Beutel für Papiere und Geld, eine Flasche oder Kalebasse und eine Schüssel. Besonders wichtig war der Pilgerstab; nicht nur, um sich auf ihn zu stützen, sondern auch zur Verteidigung gegen wilde Tiere, streunende Hunde und Wegelagerer.

Heute ist sowohl die Pilgerkleidung als auch die gesamte Ausrüstung ausgefeilter, obwohl die Pilger oft gar nicht so lange unterwegs sind wie früher – die wenigsten laufen vom Pilgerziel wieder zurück nach Hause.

Dennoch ist es verlockend, sich in Sachen Ausstattung ein wenig zu optimieren, auch wenn man nur ein paar Etappen läuft. Zwar existiert keine spezielle Pilgerkleidung; doch in der Wanderabteilung gibt es unendlich viele Möglichkeiten, sich in Sachen Funktionen, Gewicht oder Design auszutoben. Noch leichter, noch funktionaler, noch schicker. Auch als Pilger hat man einen gewissen Ehrgeiz!

Ein ebenso großes Spektrum eröffnet sich bei dem gewissen Extra; das, was einen vom Wanderer unterscheidet und kenntlich macht, dass man nicht *nur* wandert, sondern tatsächlich pilgert. Denn mittlerweile bemüht sich die Pilgerindustrie nach Kräften, den Wallfahrer mit diversen Accessoires zu locken.

Meistens zeichnen sich pilgerspezifische Ausrüstungsgegenstände dadurch aus, dass sie ein typisches Pilgeremblem tragen wie die Muschel, einen Pfeil oder einen stilisierten Pilger mit Stab. Diese Symbole findet man wahlweise auf Mützen, Tüchern, T-Shirts und Socken. Auch Gebrauchsgegenstände wie Schlüsselanhänger, Handytasche, Taschenmesser oder den Sportbeutel gibt es mit Pilgerzeichen, daneben Flip-Flops, Nähset oder Pillendose. Außerdem spezifischen Schmuck wie Halsketten mit Muschelanhänger oder Kreuz, Uhren, Armbänder mit Muschel und Ohrringe. Man kann Pins kaufen, Magneten und Aufnäher.

Der Pilger-Fachhandel bietet ferner Kacheln, Kaffeebecher und Granitplatten sowie Präsentkörbe mit Sekt und Schokolade, mit deren Hilfe man dem Weg noch ein bisschen nachschmecken soll, wenn man wieder in der Heimat ist. In Pilgershops kann man auch Artikel wie Pilgerkarten, Pilgergedichte, kleine Reisealtäre, Bildbände und Reiseführer kaufen, daneben Kartenspiele wie das Bischofs-Quartett oder den Steckbausatz Petersdom. Man kann Rosenkränze bestellen oder Handwerkskunst aus dem Heiligen Land.

Wichtig? Kitsch? Firlefanz? Nette Erinnerung?

Ganz ehrlich? Ich habe vor dem Pilgern die Hände über dem Kopf zusammengeschlagen und gedacht: Braucht die Welt das? Denn wenn man pilgern geht, muss man eigentlich niemandem demonstrieren, dass man genau dies gerade tut. Warum also ein Muschelemblem auf jeder verfügbaren Fläche? Wozu soll das gut sein?

Aber irgendwas will man dann doch im Nachhinein. Weil's schön war und man sich gern dran erinnert.

Was soll ich sagen? Links von unserer Haustür prangt mittlerweile eine kleine Kachel mit Pilger drauf … Und den Turnbeutel mit dem gelben Pfeil würde ich nur ungern wieder hergeben …

90. Grund

Weil es Pilgerurkunden gibt

Erst will man es sich ja nicht so recht eingestehen. Eigentlich ist es doch gar nicht so wichtig, dass man eine Urkunde dafür bekommt, oder? Man weiß schließlich, was man geleistet hat, und die Leute daheim können eh nichts damit anfangen, mit der Urkunde, der Compostela. Selbst wenn eine schöne Borde drauf ist und der eigene Name in Latein.

Aber aus irgendeinem Grund ist es dann doch wichtig. Wenn man nach wochenlangen Strapazen und Entbehrungen durch das Stadttor nach Santiago einläuft, möchte man doch in irgendeiner Form einen Beweis dafür, dass man lange, sehr lange gegangen und nun tatsächlich am Pilgerziel angekommen ist!

Klar, allein auf dem Platz vor der Kathedrale zu stehen und das Gefühl auszukosten, es geschafft zu haben, ist klasse. Trotz aller Zweifel, die zwischendrin hochgekrochen sind, obwohl man nahe daran war, vor Erschöpfung aufzugeben oder vor den Blasen zu kapitulieren. Aber dennoch steht man jetzt hier! Halleluja! Und es ist wunderbar, nach und nach auch die anderen Pilger eintrudeln zu sehen, die man am Weg getroffen hat, sich glücklich in die Arme zu fallen und gemeinsam zu feiern. Welch ein Hochgefühl!

Aber wenn der erste Enthusiasmus, die Freude und die Erleichterung darüber, mehr oder weniger heil angekommen zu sein, abgeklungen sind, denkt man weiter. Hier zu sitzen, zu lachen, zu erzählen, sich zu freuen und sich gegenseitig hochleben zu lassen, ist wunderbar. Aber das ist bald vorbei. Ein, zwei Tage noch sich treffen, in Erinnerungen schwelgen, die gemeinsamen Erfahrungen noch einmal durchleben. Sich gegenseitig versichern, wie einzigartig das alles war, und sich in dem Gefühl von Freundschaft und Gemeinschaft aalen. Aber das ist ein Ausnahmezustand. Denn man fährt bald wieder nach Hause. Und da ist der *camino* dann Geschichte.

Darum möchte man dann doch etwas mitnehmen, was die vielen einzigartigen Erlebnisse der Reise bewahrt. Etwas Konkretes, was man in den Händen halten und immer wieder hervorholen kann. Die Urkunde.

Man will diesen Nachweis der Pilgerschaft noch nicht mal zum Zeigen und Angeben. Es ist eher für einen selber. Um sich immer wieder in Erinnerung zu rufen, dass man es geschafft hat, dass man diesen Pilgerweg bewältigt hat. Und weil es einen mit Freude, Genugtuung und Stolz erfüllt, wenn man diese Urkunde als wohlverdienten Lohn für seine Leistung in den Händen hält.

91. Grund

Weil es ein Stempelheft gibt

Früher brauchten Pilger ein Empfehlungsschreiben, wenn sie auf Wanderschaft gingen. Dieses wurde von einem Geistlichen ausgestellt und diente als Appell an Klöster, Kirchen und Geistliche auf dem Weg, den Pilgern zu helfen und sie zu unterstützen.

Empfehlungsschreiben braucht man als Pilger heute nicht mehr, denn ein Stempelheft dient als Ausweispapier, in Spanien unter dem Namen »Credencial del peregrino« bekannt. In der Regel ist das ein kleiner Leporello, der aus mehreren Teilen besteht:

Zum einen gibt es eine Sektion mit Pilgerdaten, wo man Namen, Adresse, Passnummer und den Startpunkt der Pilgerreise angeben muss sowie ob man den Pilgerweg zu Fuß geht, auf dem Pferd oder per Rad bestreitet. Reine Formalia. Die Daten sollen dabei helfen, den Pilger zu identifizieren.

Ferner enthält ein Credencial auch noch ein paar Informationen zu Herbergen und der Pilgerurkunde, außerdem Texte von Pilgersegen und Pilgerlied.

Doch den größten Teil der gefalteten Pappe nehmen knapp 50 weiße Stempelfelder ein, und da beginnt der Spaß.

Eigentlich, rein formal gesehen, weist der Credencial die Pilgerschaft nach. Dadurch fungiert er als Eintrittskarte für die öffentlichen Herbergen und ist Voraussetzung für den Erhalt der Pilgerurkunde. Und dafür, für den Nachweis der Pilgerschaft, reichen ein Stempel pro Tag oder kurz vor Santiago zwei.

Doch die jungfräulichen weißen Felder schreien förmlich danach, bei jeder möglichen Gelegenheit bedruckt zu werden, und das Stempeln kann sich zur Sucht entwickeln. Denn es gibt so viele schöne Exemplare! Manche haben die Form einer Muschel, andere das Konterfei einer Kirche, es gibt welche, die stellen ein Wappen dar, andere haben den heiligen Jakobus zum Motiv oder ein besonderes Kreuz.

Je weiter man auf dem Jakobsweg voranschreitet, desto mehr wird es zum Selbstzweck, dem Pilgerpass ständig neue Nahrung zu geben. Gelegenheiten, ihn zu füttern, hat man reichlich, denn in Spanien gibt es an jeder Ecke Stempel. Man bekommt sie in Kirchen und Pfarrämtern, in Geschäften, Kneipen und Cafés; Privatleute am Weg vergeben sie, und zwischendurch trifft man auch auf Stempelstellen, wo man sich selbst einen Abdruck verpassen kann.

Einige Pilger sind nach Tagen und Wochen des Stempelmarathons abgehärtet und stempeln nur noch wenn nötig. Andere müssen sich regelrecht bremsen, damit sie nicht jeden Stempel am Weg mitnehmen.

Doch egal mit welcher Akribie man das Stempeln betreibt: Für die meisten ist der Pilgerpass das Erinnerungsdokument par excellence. Wenn man darin blättert und anhand der vielen Abdrücke die Reise Revue passieren lässt, lebt die eine oder andere Kirche wieder auf, die Pause in einem Café oder die besondere Herberge. Was die kleinen Bildchen und Schriftzeichen noch mal besonders wertvoll macht: Man weiß um die Mühen, die so mancher Stempel gekostet hat, die Wartezeiten, die man absaß, um ein besonderes Konterfei vom Pfarrer zu bekommen, oder die Umwege, die man in Kauf nahm, um eine bestimmte Kirche abgebildet zu sehen. Ja, man hat sie sich wirklich erkämpft, diese kleinen Beweise der Hartnäckigkeit und des Willens. Und darauf ist man ein bisschen stolz.

92. Grund

Weil es Ratgeber gibt

Man kann unterschiedlich damit umgehen. Manche versehen ihn mit persönlichen Anmerkungen und hüten ihn wie ein Kleinod; andere wiederum reißen seine Seiten, wenn sie »abgearbeitet« sind, sofort heraus. So als wollten sie das systematische Vergessen praktizieren. Doch egal wie man ihn behandelt; für die meisten ist er ein unentbehrlicher Begleiter: der Pilgerführer.

Solche Führer gibt es in zunehmender Zahl für kleine und große Pilgerwege. Sie sind nicht nur schön bebildert, sondern liefern auch Informationen zu allem, was man wissen muss. Es gibt eine Einführung zu Geschichte und Motiven der Pilgerbewegung, zu der Jakobsmuschel, dem Pilgerstab und dem Pilgerausweis.

Dann natürlich einen detaillierten Überblick über den Weg selbst. Doch man lernt auch, was man mitnehmen muss auf seine Reise, was einen im Pilgerland erwartet, bekommt Infos zum Klima und zur Reisezeit, zur medizinischen Versorgung, zu Sprache und Unterkünften. Das Ganze wird komplettiert von nützlichen

Adressen und Ansprechpartnern (zum Beispiel der Jakobusgesellschaften).

So weit nicht unbedingt spektakulär. Das erwartet man von einem Reiseführer. Dass er einen vorbereitet auf das, was da kommt. Vielleicht weiß man vieles auch schon, weil man bereits gepilgert ist, oder findet es langweilig, sich mit diesen ganzen trockenen Fakten zu befassen.

Spannend wird es erst, wenn man anfängt, sich mit dem Weg an sich zu beschäftigen, wenn man den Beschreibungen von einem Ort zum anderen folgt. Ein wenig eintaucht in Geschichte und Kultur des Landes, einen Einblick in Regionen, Landschaften und Städte bekommt. Wenn von Besonderheiten und Sehenswürdigkeiten am Weg die Rede ist, wenn die Herbergen beschrieben werden. Dies alles illustriert mit verlockenden Fotos und kleinen, persönlichen Anmerkungen des Autors.

Wenn man so blättert in diesem Teil des Führers, ist das kleine Büchlein mit den vielen praktischen Tipps und Informationen plötzlich mehr als ein Rundum-sorglos-Paket, mit dessen Hilfe man sein Pilgerabenteuer Erfolg versprechend planen kann. Es ist ein echter Verführer. Wenn man seinen Blick über fremde Ortsnamen gleiten lässt, über Karten, Streckenprofile und Stadtpläne, dann sieht man sich förmlich über die schmalen Pfade und Wege laufen. Man spürt die Erde, den Kies und den Asphalt unter den Füßen und die südliche Sonne auf der Haut, das Gewicht des Rucksacks und das gute, befreiende Gefühl, einfach nur zu laufen.

Beim Blick auf die Fotos stellt man sich unwillkürlich vor, wie man durch die engen Gassen der Altstadt läuft, auf dem idyllischen Marktplatz rastet, über die mittelalterliche Brücke geht, die unendlichen Weiten der Meseta durchstreift und herrliche Blicke auf außergewöhnliche Landschaften genießt.

Man hat ein Bild im Kopf, wie man locker plaudernd gemeinsam mit anderen Pilgern den Weg beschreitet und abends müde und hungrig in der Herberge ankommt.

Das alles, die Beschäftigung mit dem Führer und mit dem Weg, steigert die Vorfreude. Man ist gespannt und kann eigentlich kaum noch erwarten, dass es endlich losgeht. Doch dann kommen auch leise Zweifel. Das, was man sich da zusammenfantasiert, ist ja alles nur ein Wunschbild. Wie es wirklich wird, weiß man nicht. Wen man unterwegs trifft und was einem begegnet.

Wird es überhaupt Spaß machen, das Pilgern? Oder wird man zu dem – zugegebenermaßen geringen – Prozentsatz der Pilger gehören, die irgendwann aufgeben oder die Reise enttäuscht abbrechen, weil es dann doch nicht so war wie erhofft?

Wer weiß das schon? Doch Fakt ist, dass die meisten Pilger ganz begeistert von ihrer Reise heimkehren und es oftmals gar nicht erwarten können, wieder loszuziehen. Und ein Pilgerführer hilft dabei, sich schon mal auf dieses einzigartige Erlebnis zu freuen.

93. *Grund*

Weil es Empfehlungen gibt

Das Schöne am Pilgern ist ja, dass man endlich mal Zeit hat. Zeit und Muße, um sich mit sich selbst zu beschäftigen. Und der *camino* scheint auch den geeigneten Rahmen für Selbsterfahrung und Selbsterkenntnis zu bieten. Doch trotz idealer Voraussetzungen läuft es dann doch nicht so wie gedacht.

Man war einfach losgegangen in der Hoffnung, dass schon irgendwas passieren wird. Alle erzählen davon – da ist es doch nur eine Frage der Zeit, bis sich die großen Erkenntnisse Bahn brechen. Doch manchmal wollen die sich trotz vieler Kilometer, trotz Schweigen und innerer Einkehr nicht einstellen. Da ist es gut, dass es ein paar Hilfestellungen gibt, die die spirituelle Suche erleichtern können.

Wo diese »Geh-Hilfen« herkommen, ist nicht ganz klar. Eine Quelle besagt, dass sie in der Kathedrale Le Puy-en-Velay in

Frankreich angeschlagen waren. Insgesamt sind es 10 »Geh-bote«, die Orientierung geben und den Blick auf das Wesentliche lenken, auf die Sachen, um die es beim Pilgern geht. Sie lauten im Einzelnen:

1. Geh
Es gibt fürs Pilgern kein besseres Fortbewegungsmittel als das Gehen. Nur Gehen! Darum geht es.

2. Geh langsam
Setz Dich nicht unter unnötigen sportlichen Leistungsdruck. Du kommst doch immer nur bei Dir selber an.

3. Geh leicht
Reduziere Dein Gepäck auf das Nötigste. Es ist ein gutes Gefühl, mit wenig auszukommen.

4. Geh einfach
Einfachheit begünstigt spirituelle Erfahrungen, ja sie ist sogar die Voraussetzung dafür.

5. Geh alleine
Du kannst besser in Dich gehen und offener auf andere zugehen.

6. Geh lange
Auf die Schnelle wirst Du nichts kapieren. Du musst tage-, wochenlang unterwegs sein, bis Du dem Pilger-Weg allmählich auf die Spur kommst.

7. Geh achtsam
Wenn Du bewusst gehst, lernst Du den Weg so anzunehmen, wie er ist. Dies zu begreifen, ist ein wichtiger Lernprozess und braucht seine Zeit.

8. Geh dankbar

Alles – auch das Mühsame – hat seinen tiefen Sinn. Vielleicht erkennst Du diesen erst später.

9. Geh weiter

Auch wenn Krisen Dich an Deinem wunden Punkt treffen, geh weiter. Vertraue darauf: Es geht, wenn man geht.

10. Geh mit Gott

Es pilgert sich leichter, wenn Du im Namen Gottes gehst. Wenn Gott für Dich in weite Ferne gerückt ist, können Dir die Geh-Bote 1–9 helfen, das Göttliche in Dir wiederzuentdecken.

Ein Verhaltenskodex, den man beachten muss? Mit Erfolgsgarantie für spirituelle Erlebnisse? Eher nicht. Doch die Geh-Bote sind die Essenz dessen, worum es beim Pilgern geht, und es ist hilfreich, sich das zwischendurch immer mal wieder zu vergegenwärtigen.

94. Grund

Weil es Pilgerlieder gibt

Wanderlieder kennt man, aber Pilgerlieder? Nichts, was es in die Charts geschafft oder wovon man schon mal gehört hätte. Dabei sind Pilgerlieder so alt wie das Pilgern selber.

Bereits aus merowingischer und karolingischer Zeit ist bekannt, dass singende Wallfahrer zum Grab des Martin von Tours zogen. Und auch der Jakobsweg brachte viele Wallfahrtslieder hervor. Schon im berühmten Jakobsbuch aus dem 12. Jahrhundert, einer »Anregung zum Besuch des Reliquienschreins des Apostels Jakobus in Santiago de Compostela«, sind geistliche Wallfahrtslieder enthalten. Eines davon beziehungsweise Teile des Refrains sind über die Jahrhunderte hinweg geradezu zu einem Motto und Ruf der Santiagopilger geworden, nämlich das berühmte: *E ultreja*, das so viel bedeutet wie »vorwärts, auf, weiter geht's!«

Pilgerlieder früher hatten einen praktischen Nutzen. Nicht nur dienten sie dem Zeitvertreib, sondern ein Jakobslied zu singen hatte auch eine ähnliche Symbolkraft wie die Pilgerzeichen Hut, Muschel und Stab. Man gab sich als Pilger zu erkennen und genoss damit die Privilegien einer freien Unterkunft und Speisung.

Außerdem fungierten Pilgerlieder teilweise auch als Reiseführer. Das früheste deutsche Jakobslied beispielsweise, der sogenannte Jakobston aus dem 15. Jahrhundert, liefert eine perfekte Anleitung fürs Pilgern.

In den 26 Strophen wird nicht nur genau erläutert, welche Ausrüstung der Pilger braucht – eine Packliste zum Singen quasi –, sondern sie beschreiben auch die Reiseroute durch die Schweiz und Spanien. Vom Languedoc ist die Rede, dem Hospiz von Roncesvalles sowie dem gefährlichen Rabanal-Pass. Auch was die Herbergen am Weg angeht, gibt es Insider-Tipps. Es wird von Spitälern erzählt, die der König von Spanien für die Pilger entlang des Weges errichtet habe, und von den Missständen dort. In dem von Burgos, so heißt es, wurden sogar 350 deutsche Pilger vergiftet.

Ein recht praktischer Wegbegleiter also, dieser Jakobston, der den Pilgern half, sich zurechtzufinden und vor Gefahren am Weg in Acht zu nehmen.

Daneben gab es früher jedoch auch etliche Wallfahrtsgesänge der Kategorie »Mirakellieder«, in denen von Wundern berichtet wurde, die der heilige Jakobus an Pilgern gewirkt hatte.

Wallfahrtslieder erlebten natürlich ihre Blüte während der Hochzeit des Pilgertums im Mittelalter. Doch auch später, als die Reformation sich schon gegen die Heiligenverehrung wendete und die Pilgerfahrt nach Santiago einen deutlichen Rückgang zu verzeichnen hatte, gab es weiterhin Jakobslieder. Zwar wurden die Texte der alten Lieder verändert – beispielsweise hieß es dann

»Christus strassen« anstelle der Jakobsstraße, und der Name des heiligen Jakobus tauchte nicht mehr auf, dennoch werden die Lieder weiterhin »Jakobslieder« genannt.

Singt man heute noch Jakobslieder beim Pilgern? Ich weiß es nicht genau. Ich habe keine gehört, obwohl der eine oder andere vielleicht eine Melodie im Kopf hatte, sie gesummt hat oder hin und wieder zur Motivation vor sich hin geträllert.

Abends in den Herbergen jedoch wird durchaus mal in geselliger Runde ein Pilgerlied angestimmt. Das ist dann wie früher am Lagerfeuer, wenn jemand die Mundorgel rauszog und man gemeinsam die alten Klassiker sang. Da wurde es dann gleich noch mal doppelt so gemütlich. Harmonie und Freundschaft klangen aus den Kehlen; man empfand sich als innige, kleine Gemeinschaft, und durch die Lieder rückte man noch ein bisschen enger zusammen.

95. Grund

Weil man Ballast abwerfen kann

Seit jeher hat es einen symbolischen Charakter, einen Stein am Cruz de Ferro, am Eisenkreuz, auf dem französischen Jakobsweg niederzulegen. Im übertragenen Sinn bedeutet dieser Akt, dass man eine Last abwirft, dass man etwas Schweres, was man von zu Hause mitgebracht hat, zurücklässt.

Von ähnlicher Bedeutung war der frühere Brauch der Pilger, nach der Wallfahrt ihre Kleidungsstücke zu verbrennen, wodurch man das alte Leben abstreifen und hinter sich lassen wollte.

Auch heute noch wird beim Pilgern der symbolische Akt des Sich-Entledigens von etwas Lästigem, etwas, was man nicht mehr mitschleppen will, praktiziert. Zum einen nach wie vor am Eisenkreuz, zum anderen an weitaus profaneren Orten, nämlich in den Postämtern am Weg. Diese Art der Befreiung entbehrt ein bisschen des mystischen Zaubers, der einem Feuer innewohnt, ist aber letztendlich ressourcenschonender und umweltfreundlicher.

Es geschah in einem kleinen Ort im Tal der Unstrut. Ich weiß nicht, was die Leute dachten, die an diesem Sommermorgen die Postfiliale neben dem Marktplatz besuchten, aber ich glaube, wir boten einen denkwürdigen Anblick. Zwei Pilgerinnen, die auf dem Boden des kleinen Schalterraums zwischen Postkartons und Klebeband hockten, um sich herum den Inhalt ihrer Rucksäcke verstreut.

Ich hatte mich erst ein wenig gesträubt. Was, zurückschicken? Wer macht denn so was? Schließlich hatte ich mich intensiv mit dem Packen des Rucksacks befasst, und eigentlich *konnte* es gar nicht zu viel sein, was ich da mit mir herumtrug. So meine feste Ansicht noch vor ein paar Tagen.

Doch mein Knie war anderer Meinung. Es rebellierte jeden Tag aufs Neue, wenn ich mir den Rucksack draufhievte und die ersten Schritte machte. Der Schmerz wurde mit jedem Tag ein bisschen stärker, und nach ein paar weiteren Etappen war auch ich endlich überzeugt, dass ich vielleicht doch nicht alle Sachen ganz dringend brauchte.

Renate frohlockte, denn sie war schon längst so weit und hatte eigentlich nur auf ein geöffnetes Postbüro am Weg gewartet. Und jetzt war der Moment gekommen. Sofort marschierte sie in den gelben Laden und zog ihren Rucksack auf. Wühlte erst mal alles durch, nahm mal dies raus, mal jenes. Überlegte, erwog. Und machte sich dann ans Probepacken. Vorne am Schalter besorgte sie sich von einem netten Herrn einen Pappkarton und fing in aller Seelenruhe an, T-Shirts, Unterhemden, Regenhose und noch diverse andere Kleinigkeiten hineinzustopfen. Blöd nur, dass der Karton, den sie sich ausgesucht hatte, zu klein war. Also den kleinen zurück, einen größeren geholt und alles wieder auf Start.

Renate machte das mit dem Umpacken in aller Seelenruhe; ihr schien es egal zu sein, was die Leute in der Schlange vorm Schalter neben ihr dachten. Dass die interessiert zu uns rüberschauten, beeindruckte sie nicht sonderlich. Ich hingegen fühlte mich schon beobachtet. Was ging es die Menschen in einem kleinen Ort in Sachsen-Anhalt an, ob ich stinkige Socken oder ein muffiges T-Shirt in einen jungfräulichen Pappkarton packte? Aber gut. Das war jetzt nun mal so.

Und eigentlich entbehrte das Ganze auch nicht einer gewissen Komik. Denn wie es der Teufel wollte, begingen wir den Versand-Kardinalfehler überhaupt, wir pinnten die Adressen direkt auf den Karton, während wir doch einen Adressaufkleber hätten benutzen müssen! Also das Ganze noch mal von vorn.

Ich weiß nicht, wie viel Zeit wir damit verbrachten, dreieinhalb Kilo Wäsche ordnungsgemäß zu verschicken, aber dann wurde es doch irgendwie spaßig. Wenn man zum dritten Mal nach vorne zum Schalter läuft, weil man sich auf dem Etikett verschrieben hat, wird das Ganze echt zur Lachnummer. Und da der Postbeamte humorvoll war und alles recht locker nahm, war das auch überhaupt nicht schlimm. Im Gegenteil. Wir verließen das Postlokal recht beschwingt. Nicht nur, weil wir jetzt gewichtstechnisch erleichtert waren, sondern weil es gutgetan hatte, sich von dem Ballast zu verabschieden.

Wer weiß? Vielleicht war es ja ein bisschen wie das Gefühl, das Pilger früher verspürten, wenn sie ihre Kleidungsstücke im Feuer aufgehen sahen?

11. Kapitel

Die Infrastruktur

Weil man Pilgerreisen buchen kann

Auch wer sich nicht alleine traut, in einem geschützten Rahmen gehen möchte oder einfach keine Lust hat, sich mit der Organisation einer Pilgerreise zu beschäftigen, kann pilgern und dazu auf ein vielfältiges Angebot der Tourismusindustrie zurückgreifen.

Die einfachste Art einer betreuten Pilgerreise ist der Gepäcktransport. Den kann man sogar in Spanien noch arrangieren, wenn man feststellt, dass man sich überschätzt hat, dass der Rucksack doch zu schwer ist oder Probleme macht. Einheimische bieten ihre Taxidienste von Herberge zu Herberge an.

Dann gibt es Wanderungen, die von Jakobusvereinen angeboten werden – eine gute Gelegenheit, wenn man sowieso dort Mitglied ist und mit Bekannten laufen möchte.

Auch Bistümer und kirchliche Bildungswerke bieten geführte Pilgerreisen an. Hier steht oft der spirituelle Aspekt im Vordergrund; vielfach wird man von einem Geistlichen begleitet, der zu Andachten oder Momenten der Einkehr einlädt.

Daneben kann man bei sehr vielen kommerziellen Veranstaltern Pilgerreisen buchen. Die Angebote reichen vom selbst geführten Pilgern, bei dem nur die Transfers und die Unterkünfte gebucht werden, bis hin zur All-inclusive-Tour mit komplettem Reiseprogramm.

Auch was die Destinationen angeht, fehlt es an nichts: Man kann nach Santiago de Compostela reisen und nach Rom, nach Fátima in Portugal, nach Assisi und Padua in Italien, nach Rumänien, Armenien, Polen und Malta. Man kann eine Pilgerreise nach Griechenland unternehmen, in die Türkei, nach Zypern oder Jordanien. Überall dort, wo Heilige besonders gewirkt haben, wo sie geboren sind oder begraben wurden, kann man ihren Spuren folgen. Je nach Ausrichtung der Pilgertour reist man dann vor Ort weiter umher und besichtigt die heiligen Stätten oder geht auch mal ein Stückchen zu Fuß.

Die angebotenen Reisen werden selbst individuellen Vorlieben gerecht: Man kann kombinierte Pilger- und Erholungsreisen buchen oder Pilger-Kulturreisen. Man kann mit der ganzen Familie eine Pilgerreise unternehmen, Fahrrad fahren oder reiten, und auch Pilgertouren mit Esel gehören zum Programm.

Sogar Pilgerreisen für Wohnmobil beziehungsweise Wohnwagen oder Touren per Motorrad gibt es. Bei diesen motorisierten Pilgerreisen liegt der Fokus auf der spirituellen Erfahrung, die jeder für sich selber macht, über die man sich dann aber hinterher gemeinsam austauscht.

Ob eine solche Pilgerreise mit dem Motorrad den gleichen Effekt hat wie eine Fußpilgerreise, sei dahingestellt. Fest steht, dass man vieles buchen kann und dass eigentlich für jeden Geschmack etwas dabei ist!

97. Grund

Weil es allein in Deutschland über 30 Jakobswege gibt

Hat man sich noch nie intensiv mit dem Pilgern beschäftigt, weiß man das gar nicht so: Meist liegt der nächste Pilgerweg gleich um die Ecke! Denn in ganz Deutschland kann man laufen; es gibt ein richtiggehendes Wegenetz, das sich über die Republik zieht. Man kann an der Ostsee pilgern gehen und am Bodensee; es gibt Wege, die von Ost nach West durch Deutschland verlaufen, und solche, die von Nord nach Süd führen, und natürlich jede Menge dazwischen.

Pilgern in Deutschland birgt eine besondere Qualität, denn auf den heimatlichen Wegen kann man die Republik mit ihren Bundesländern und Regionen ganz neu entdecken: Auf der Via Imperii beispielsweise lernt man Brandenburg kennen, und auf dem Jakobsweg von Fulda nach Trier Hessen. Die Via Regia macht einen mit Thüringen vertraut, und der Pilgerweg Loccum-Volkenroda mit Niedersachsen.

Auf dem Birgittaweg kann man auf Rügen pilgern, und auf dem Augsburger Jakobsweg in Schwaben. Auf der Via Scandinavica läuft man durch die Norddeutsche Tiefebene, und auf den Pilgerwegen im Burgund quert man den Schwarzwald.

Auch die Besonderheiten der Länder und Regionen erlebt man ganz intensiv: auf der Via Jutlandica das wilde, raue Schleswig-Holstein, auf dem Münchner Jakobsweg die Bilderbuchlandschaft des bezaubernden Allgäu, und auf der Via Baltica die stillen Weiten Mecklenburg-Vorpommerns.

Ebenso was Landschafts- und Kulturräume angeht, bieten deutsche Pilgerwege eine große Vielfalt: Man kann an der Küste genauso pilgern wie in den Bergen, man kann an Flüssen und Seen entlanglaufen, durch Mittelgebirge und im Flachland, vorbei an den Zeugnissen alter Industriegeschichte und durch idyllische Weinbaugebiete; wilde Moore und Vulkangebiete sind genauso Pilgerland wie das Ruhrgebiet. Große Städte wie Berlin, Hamburg und München lassen sich auf Pilgerwegen durchstreifen und neu entdecken, aber auch kleine Weiler im scheinbaren Nirgendwo, von dessen Existenz man bisher nichts ahnte.

Und somit betreibt man beim Pilgern auch immer ein wenig Heimatkunde. Nicht nur hört man Dialekte, die man nicht kennt, und isst Speisen, die man noch nie gekostet hat, sondern man durchläuft auch Gegenden und Orte, die man sonst nie kennengelernt hätte. Eine Deutschlandreise der ganz besonderen Art!

Weil es Jakobusvereine gibt

Das Pilgern zum heiligen Jakobus wirkt oberflächlich betrachtet wie eine Modeerscheinung der letzten Jahrzehnte. Ein mittelalterliches Phänomen, dem ein paar Promis zu neuer Popularität verholfen haben. Doch reduziert man den wiederentdeckten Trend allein auf den Schneeballeffekt einiger berühmter Persönlichkeiten, tut man der ganzen Bewegung und dem Engagement, das dahintersteckt, unrecht. Denn schon seit Mitte des letzten Jahrhunderts gibt es tatkräftige Organisationen, die sich dafür einsetzen, die Pilgertradition zu pflegen und zu bewahren.

Bereits im Jahr 1950 wurde in Paris von einer kleinen Gruppe aus Historikern, Archivaren und Spezialisten in mittelalterlicher Literatur die »Gesellschaft der Freunde von Santiago de Compostela« gegründet. Die Gründungsmitglieder interessierten sich nicht nur für die Geschichte der Pilgerfahrten, sondern auch für die Rolle, die sie für die kulturelle Entwicklung Europas spielten.

In den folgenden Jahrzehnten wuchs auch im europäischen Ausland das Interesse an der Pilgerbewegung, und so wurden ähnliche Verbände wie die französische Gesellschaft in Spanien, Italien, England, Deutschland, Belgien und den Niederlanden gegründet.

Entscheidend für die Wiederbelebung der Pilgerbewegung jedoch war eine Initiative des Europarats in Straßburg, der den spanischen Jakobsweg 1987 aufgrund der Bedeutung der Pilgerbewegung für die kulturelle Einigung des Kontinents als europäische Kulturroute auszeichnete.

Daraufhin erlebte das Pilgern in den 1990er-Jahren einen enormen Aufschwung mit vielen Jakobsweg-Freundeskreisen. Mittlerweile sind diese auf allen fünf Kontinenten vertreten, und es vergehen kaum Monate, in denen nicht neue gegründet werden.

Insgesamt gibt es mehrere Hundert Vereinigungen weltweit, von denen sich ein Großteil außerhalb Spaniens befindet.

Heutzutage besteht die wichtigste Aufgabe dieser Vereinigungen in der Untersuchung und Ausschilderung der einzelnen Pilgerwege sowie in der Einrichtung und Verwaltung von Herbergen. Oftmals stellen sie auch Pilgerpässe aus und kümmern sich um Unterkunftsverzeichnisse. Viele Verbände beschäftigen sich außerdem mit dem Studium der Geschichte, Kunst und Literatur der Pilgerschaften.

Das heißt im Klartext: Hinter dem Pilgern steckt weit mehr als das aktive Gehen; es gibt ein ganzes Heer von begeisterten Ehrenamtlichen, die sich dem heiligen Jakobus verschrieben haben. Die viel Zeit damit verbringen, anderen ein schönes Pilgererlebnis zu ermöglichen, indem sie sich um die Tradition kümmern, um die Wege und die Herbergen.

99. Grund

Weil es Pilgerforen gibt

Foren im Allgemeinen dienen dazu, dass man sich austauscht. Dass die »alten Hasen« ihr Wissen an die Jungen weitergeben und ihnen unter die Arme greifen. Dass Insidertipps geteilt werden, die man in Führern oder Infotexten nicht findet. Und dass man nützliche Details erfährt, die sich unter Umständen erst offenbaren, nachdem man jahrelang gepilgert ist.

Wenn man sich in ein Pilgerforum begibt, stößt man in der Regel auf eine Reihe von Themen. Meistens sind sie gegliedert nach Pilgerwegen. Einen großen Teil davon nehmen die Jakobswege in Spanien und Portugal ein, da diese am meisten begangen werden und somit von großem Interesse sind.

Erfahrungswissen ist es, das über die Wege verbreitet wird und mit dessen Hilfe man besondere Fragen beantworten kann: Ob es geht, mit Kind dort zu laufen, wann die beste Zeit ist, um die Pilgerreise auf einem gebirgigen Weg zu starten, oder wo es Unterkünfte gibt, bei denen auch der Hund willkommen ist. Also alles Dinge, die man weiß, wenn man den Weg schon mal unter die Füße genommen hat. Außerdem gibt es auch immer eine Sektion, in der Pilger über ihre Erlebnisse berichten, und da bekommt man einen guten Einstieg ins Thema.

Das Gute an solch einem Forum: Man kann sich dort inkognito bewegen. Man darf da rumlungern, kann mal reinlesen, mal reinschauen. Das Ganze ist herrlich unverbindlich, denn man muss sich nicht registrieren, nicht outen, muss noch nicht mal eine konkrete Idee oder gar eine Pilgerreise in Planung haben. Denn man will sich ja nur mal orientieren. Kurz den Zeh ins kalte Wasser halten, ohne gleich ganz nass zu werden. Einen Eindruck davon bekommen, was da so los ist in der Pilgerszene. Wie die so drauf sind. Wie fit man da sein muss, wie erfahren. Wie gut man Bescheid wissen muss, sich auskennen mit dem Weg und mit der Ausrüstung. Kurz: mal ins Pilgergeschehen reinschnuppern.

Und dafür bietet sich ein Forum an, denn hier werden wirklich alle Themen diskutiert. Manche der Foren warten auch mit Pilgerstatistiken auf; so bekommt man einen Überblick, wie viele Pilger sich auf den einzelnen Wegen rumtreiben. Teilweise kann man sich auch über Webcams an verschiedene Standorte der Jakobswege beamen und kriegt so einen visuellen Eindruck davon, wie es da aussieht.

Ein besonderes Plus der Pilgerforen: Oft gibt es eine Rubrik, die übertitelt ist mit: Mitpilger gesucht. Das heißt, wenn man vielleicht doch nicht alleine gehen möchte, kann man hier nach einem Mitstreiter suchen.

Zugegeben: Unter Umständen ist es ein bisschen viel, was da in einem Forum auf einen niederprasselt. Ob der Themenvielfalt und der ganzen detaillierten Informationen fühlt man sich ein bisschen erschlagen. Und manchmal kommen auch Zweifel. Gerade dann, wenn man in der Planung schon etwas fortgeschritten ist. Was? So viele Wege gibt es? Ob man sich auch den richtigen ausgeguckt hat? Im Forum schreiben sie, dass es da so voll sein soll und unter Umständen schwierig, einen Platz in der Herberge zu bekommen … Und der andere Weg, der durch die Berge, der soll so schön und ursprünglich sein. Vielleicht ist das dann doch die bessere Wahl? Doch der wiederum – da sind sich die Profi-Pilger einig – ist kein Einsteigermodell. Da sollte man schon mal einen anderen *camino* gelaufen sein, bevor man sich da rantraut …

Doch insgesamt gesehen überwiegen die Vorteile, denn in einem Forum kann man nach Herzenslust stöbern und sich mit vielen Facetten des Pilgerns beschäftigen.

Und vor allen Dingen hat man hier die Möglichkeit, sich dem Thema erst mal anzunähern und vielleicht auf diesem Weg herauszufinden, ob das überhaupt was für einen ist, das Pilgern.

100. Grund

Weil es Pilgervorbereitungsseminare gibt

Braucht man noch ein Vorbereitungsseminar, wenn man bereits einen Pilgerführer gewälzt, massig gelesen und sich in Foren getummelt hat? Das ist Ansichtssache. Was den Input an Informationen angeht, vielleicht nicht unbedingt, aber im Gegensatz zum Lesen hat man beim Seminar alles live und in Farbe!

In der Regel sind es Jakobusvereine oder erfahrene Pilger, die solche Seminare anbieten. Es herrscht eine lockere und unvoreingenommene Atmosphäre, die dazu ermuntert, wirklich alles zu fragen, was einem in den Sinn kommt. Denn die Veranstalter sind exakt dazu da, jegliche Frage zu beantworten und ihr geballtes Expertenwissen auf die Novizen loszulassen. Abgesehen davon, dass man sich gar nicht blamieren kann, ist solch ein Vorbereitungsseminar spannend, weil man mal mitkriegt, wer sonst noch so pilgert. Wenn man ein Seminar bei einem lokalen Jakobusverein besucht, bekommt man auch gleich noch einen kleinen Eindruck davon, wie die lokale Pilgerszene aussieht und wie die anderen Pilger drauf sind. Außerdem macht es Spaß, sich auszutauschen, zu erfahren, warum die anderen pilgern und was die übrigen Interessierten so umtreibt. Wann, wie und von wo sie loswollen, welchen Weg sie wählen und wo sie vorbereitungstechnisch stehen.

Daneben ist ein praktisches Seminar natürlich eine »Hands-on«-Erfahrung. Man kann mal dabei zuschauen, wie ein »echter« Pilger den Rucksack richtig packt. Es wird bei jedem Teil erklärt, warum man es mitnehmen sollte und warum es sich bewährt hat. Anschließend kann man so einen voll bepackten Rucksack auch mal aufprobieren. Außerdem ist es anders, ob man inkognito in einem Forum unterwegs ist oder sich in persona zu einem Vorbereitungsseminar aufmacht, sich sozusagen ein Stück weit als zukünftiger Pilger outet. Damit wird das Vorhaben gleich konkreter, es fühlt sich an, als würde man sich aus der virtuellen in die reale Pilgerwelt begeben, ein Stück weiter auf seinen Weg zu.

Und ganz nebenbei: So ein Vorbereitungsseminar ist nicht umsonst, und diese Kosten sind ein kleiner Prüfstein dafür, wie ernst man es meint mit dem Pilgern. Bevor man diese Investition tätigt und den Termin blockt, überlegt man noch mal genauer, ob man sich tatsächlich auf den Weg machen will.

101. Grund

Weil es Pilgerausstellungen gibt

Nicht nur im Christentum, sondern in allen Weltreligionen wird gepilgert. Ob als Moslem, Jude, Hinduist oder Buddhist – seit jeher haben sich Gläubige auf den Weg gemacht, um mit ihrem Gott

Verbindung aufzunehmen. Doch was weiß man von den Pilgerbewegungen anderer Religionen?

Landläufig bekannt ist noch die Wallfahrt des Islam: Man weiß, dass jeder Moslem einmal im Leben die Pilgerreise nach Mekka zur Kaaba antreten sollte. Ebenso wenig neu ist die Tatsache, dass die Juden zur Klagemauer in Jerusalem pilgern. Und auch von hinduistischen Wallfahrten hat man schon Bilder gesehen, von der Pilgerstätte Varanasi zum Beispiel, wo sich die Hindus im Ganges reinwaschen.

Doch darüber hinaus sind Pilgerbewegungen anderer Religionen unbekanntes Terrain. Möchte man sich ein Bild davon machen, wie weltweit gepilgert wird, ist es hilfreich, eine Pilgerausstellung zu besuchen. Die gibt es immer mal wieder als Sonderausstellungen in großen ethnografischen Museen. Solch ein Besuch relativiert die Sicht auf das Pilgergeschehen in Europa und weitet den Blick.

Im Rahmen einer Pilgerausstellung im Rautenstrauch-Joest-Museum in Köln stieß ich auf so ungewöhnliche Pilgerziele wie die goldene Shwedagon-Pagode in Myanmar, den Shikoku-Tempel in Japan oder die Felsenkirchen von Lalibela in Äthiopien. Daneben auch auf recht exotisch anmutende Wallfahrtsstätten wie den Zeremonialort Ra'iatea in Ozeanien, den Andenberg Ausangate in Peru, Ajmer in Indien oder Touba im Senegal.

Wenn man sich näher mit den Pilgerstätten befasst sowie den Ritualen, die mit Wallfahrten zu diesen Orten einhergehen, kann man nur staunen. Zum Beispiel über die Strapazen, denen sich die Gläubigen unterwerfen, um ihrem Gott zu huldigen und ihr Seelenheil zu erlangen. Sicherlich eines der beeindruckendsten Rituale in dieser Hinsicht ist die Wallfahrt der Tibeter zum heiligen Berg Kailash. Nicht nur müssen sie eine äußerst mühsame Reise zum Berg unternehmen; auch der letztendliche Aufstieg und besonders die 53 km lange Umrundung des Bergs erfordern großen Einsatz. Denn die richtig Gläubigen umrunden ihn nicht nur, sondern fallen dabei auch immer wieder auf die Knie und durchmessen so den Weg in ihrer gesamten Leibeslänge. Das heißt sich hinlegen, wieder aufstehen und dann erneut auf die Knie fallen. Eine Tortur, die einer Geißelung gleichkommt.

Das rückt die Perspektive auf ein paar Blasen, die man sich auf dem Jakobsweg gelaufen, oder den schweren Rucksack, den man geschleppt hat, wieder zurecht und verhilft zu einer gewissen Demut.

Außerdem wird man in solch einer Pilgerausstellung mit den vielen Spielarten des »Betens mit den Füßen« erst mal gewahr, welch wichtige Bewegung das Pilgern für alle Menschen seit jeher war und welche Kraft, Macht und Bedeutung ihr innewohnt.

102. Grund

Weil es Pilgerbegleiter gibt

Die Renaissance des Pilgerns in den letzten zwei Jahrzehnten hat eine ganze Infrastruktur auf den Weg gebracht. Pilgerzentren und Pilgerbüros wurden geschaffen, und Pilgerbeauftragte setzen sich mit den Belangen der Wallfahrer auseinander.

Auch neue freiberufliche Tätigkeitsfelder wie der des Pilgerbegleiters sind entstanden. Dieser unterstützt die Pilger aktiv dabei, während des Gehens ihrer Spiritualität oder ihrer Beziehung zu Gott auf die Spur zu kommen.

Ein Pilgerbegleiter plant den Weg, gestaltet ihn und gibt geistliche Impulse. Er liefert Hintergrundinformationen zur Geschichte und zur Theologie des Pilgerns und hilft dabei, eigene Erfahrungen zu reflektieren. Der Vorteil? Ähnlich wie ein Wanderführer kennt der Pilgerbegleiter sich aus, weiß, wo Kirchen und spirituelle Orte liegen, wo man innehalten und oder in ruhiger Andacht einkehren kann.

Die Nachfrage nach dieser Art von geistlicher Begleitung ist groß; darum gibt es mittlerweile viele Institutionen, die Pilgerbegleiter ausbilden; darunter Kirchengemeinden, Bistümer, die Landeskirchen und Pilgerzentren.

Pilgerbegleiter werden kann eigentlich jeder, der sich für Pilgerwege beziehungsweise Jakobswege interessiert. Besonders richtet sich das Qualifizierungsangebot an pilgererfahrene Frauen und Männer sowie an Gäste-, Wander- und NaturführerInnen, daneben aber auch an kirchliche Mitarbeitende.

Pilgerbegleitung – eine durchaus reizvolle Möglichkeit, sich auf seiner Wallfahrt vertrauensvoll in die Hände einer Fachkraft zu begeben und sich so mit Glauben und Spiritualität auseinanderzusetzen.

Darüber hinaus kann es aber auch gerade für Pilgerbegeisterte interessant sein, sich zu Pilgerbegleiter oder Pilgerbegleiterin ausbilden zu lassen. Das bietet die Möglichkeit, noch mal tiefer in die Materie einzusteigen sowie anderen wertvolle Hilfestellungen dabei zu geben, das Pilgern zu einem bedeutsamen Erlebnis werden zu lassen.

103. Grund

Weil es Vergünstigungen und Privilegien gibt

Als Pilger fühlt man sich besonders. Nicht nur wegen der Muschel, sondern auch, weil man plötzlich ganz spezielle Orte entdeckt, die *extra* für Pilger eingerichtet wurden! Und die man meist auch erst wahrnimmt, wenn man als Pilger unterwegs ist.

Da wären zum einen die besonderen Raststätten am Weg. Doch, ja, es gibt tatsächlich Pilger-Rastplätze. Nicht, dass sich da nicht auch Wanderer hinsetzen könnten, aber die Ruheorte sind eben besonders für Pilger gekennzeichnet. Entweder weist ein bestimmtes Schild darauf hin, oder Tische und Bänke sind extra mit Muscheln versehen.

In Stadthagen in Niedersachsen stieß ich auf einen Rastplatz, der die Bezeichnung »Pilgersruh« trug; in Aachen konnte man an großflächigen Mülleimer-Aufklebern erkennen, dass die Picknickbänke für Pilger bestimmt waren, und in Düdelingen in Luxemburg rastete ich auf einem Platz, bei dem bezeichnenderweise eine große Muschel ins Pflaster eingelassen war. Da fühlt man sich schon ein wenig besonders, ein bisschen so wie in der VIP-Lounge am Flughafen.

Bewegt man sich auf Pilgerwegen, stößt man auch immer wieder auf Versorgungsstationen, die Einheimische für Pilger eingerichtet haben. Dort kann man Wasserflaschen nachfüllen oder Obst gegen eine Spende mitnehmen. Manchmal liegt auch ein Gästebuch da, um Kommentare zu hinterlassen.

Doch auch der Status des Pilgers bietet handfeste praktische Vorteile. Früher noch mehr als heute. Im Mittelalter waren Pilger von Wegzöllen und Mautgebühren befreit, bekamen eine Mahlzeit und eine Unterkunft. Damals wurden Pilger auch kostenlos ärztlich behandelt, doch das ist lange vorbei.

Zu den heutigen Privilegien der Pilger zählt natürlich die Übernachtungsmöglichkeit in kirchlichen und kommunalen Herbergen. Doch auch in manchen privaten Unterkünften bekommt man gegen Vorlage des Pilgerpasses einen Rabatt. Außerdem gibt es Kirchen, Museen und auch Parks, in denen man als ausgewiesener Pilger nicht so viel zahlen muss wie der gemeine Bürger.

Eine ganz besondere Vergünstigung wartet auf den Pilger, der es tatsächlich bis Santiago geschafft und sich seine Compostela besorgt hat. Dann nämlich bekommt er, wenn er Glück hat, ein Essen im »Hostal dos Reis Católicos« spendiert.

Dieser Brauch geht auf das 15. Jahrhundert zurück, als die katholischen Könige, Königin Isabella I. von Kastilien und König Ferdinand II. von Aragon, ein Pilgerhospiz in Santiago de Compostela gründeten. Früher wurden Pilger dort kostenlos verpflegt. Jetzt ist das »Hostal« ein Luxushotel, doch bis heute führt es die alte Tradition der Verköstigung fort, indem es zehn Pilgern pro Tag erlaubt, dort zu essen. Normalerweise läuft das Prozedere so ab, dass die ersten 10 Pilger, die sich am Morgen im Pilgerbüro vorstellen und ihre Compostela beantragen, einen Gutschein bekommen, der sie zu einem freien Mahl im »Hostal« berechtigt. Und obwohl diese Pilgermahlzeit nicht im Hauptspeisesaal des Luxushotels eingenommen wird, sondern im Nebenrestaurant, atmet das Ganze das besondere Flair einer jahrhundertealten Tradition.

104. Grund

Weil die Orte am Jakobsweg davon profitieren

Man hat vom Pilgern gehört, weil Bekannte davon erzählen. Oder in Büchern und Berichten davon gelesen. Fast immer aus der Perspektive derjenigen, die es tun, die den Rucksack aufsetzen, nach Spanien fliegen und auf dem *camino* laufen.

Doch wie sieht das Phänomen Pilgern für die »Betroffenen« aus, für die Menschen, die am *camino* wohnen, auf dem ständig Horden von Fernwanderern über die Straßen und durch die Dörfer ziehen? Die tagtäglich mit den Pilgern klarkommen müssen, sie beherbergen, ihnen Lebensmittel verkaufen und Mahlzeiten servieren?

Manchmal sind die genervt. Denn nicht alle Wallfahrer sind nett, respektvoll und bereit, nach den Regeln der Gastgeber zu spielen. Manche nehmen die Wanderschuhe eben doch mit rein, anstatt sie draußen vor die Tür zu stellen. Andere hinterlassen nach der Übernachtung keine Spende in der Unterkunft. Die Nächsten sind extrem sparsam, schimpfen über Touristenpreise und knausern mit dem Trinkgeld.

Schwarze Schafe unter Pilgern sind nichts Neues. Schon im Mittelalter mischten sich auch solche unter die Wallfahrer, die nur als

Pilger verkleidet waren, weil sie von dem Status profitieren wollten, der Aufnahme in Klöstern und kostenlose Mahlzeiten versprach. Schlimmer noch: Früher gab es auch viele Strafpilger, die betrogen und stahlen und so die ganze Wallfahrt in Verruf brachten.

So arg ist es heute in der Regel nicht. Nicht Lug und Betrug sind die Grundübel, sondern man ärgert sich eher über Schnorrer oder den Müll, den die Pilger hinterlassen.

Dennoch wirken die meisten Spanier, die an den Jakobswegen wohnen, recht tolerant. In der Regel helfen sie gerne, wenn man nach dem Weg fragt, und bemühen sich, bei Problemen zu helfen. Denn der Pilgerstrom, der nicht abzureißen scheint, hat auch einen positiven Nebeneffekt: Er spült Geld in die Kassen von ansonsten strukturschwachen Regionen in Nordspanien.

Laut Schilderungen von Professor Dr. Klaus Herbers, einem Spezialisten für mittelalterliche Geschichte, kam das Pilgerwesen im Mittelalter einer frühen Form des Tourismus gleich und hatte damit für Städte und Gemeinden am Weg erhebliche wirtschaftliche Bedeutung. Letzteres trifft auch heute noch zu.

Gerade am *Camino Francés* hat sich eine touristische Infrastruktur angesiedelt: Viele Geschäfte halten sogar ein spezielles Pilgersortiment mit Hygieneartikeln in handlichen Packungsgrößen, Snacks und Wasserflaschen, Sonnenhüte und Sonnencreme bereit sowie Souvenirs mit Muschelsymbolen oder gelben Pfeilen.

Zudem gibt es immer mehr private Herbergen am Weg, die Unterkünfte anbieten und so vom Pilgerboom profitieren. Auch die Restaurants, in denen man abends das Pilgermenü verspeist, können auf ein stetiges Geschäft zählen. Ebenso die vielen Cafés und Bars am Wegrand, die Speisekarten in Englisch, Französisch und Deutsch vorhalten und längst gemäß der Pilgervorlieben nicht mehr nur spanischen *café con leche*, sondern auch italienische Kaffeespezialitäten anbieten.

Und obwohl manche »Altpilger«, die den Weg noch vor dem Pilgerhype erlebten, sich ärgern, dass die besondere Atmosphäre und Gastfreundschaft der Bauern am Weg heute nicht mehr existieren, lassen sich die Vorteile des Massenansturms nicht wegdiskutieren.

Teilweise hat der Pilgerstrom sogar Dörfer am Weg gerettet. Das kleine Dorf Rabanal in der Provinz León zum Beispiel. Bevor die Pilger kamen, lebte in dem Örtchen nur noch eine Familie, es gab nicht genug Wasser und keinen verlässlichen Strom. Doch infolge des Jakobsweg-Booms in den 1990ern wurde hier von den Benediktinern ein Kloster gegründet, das den Aufschwung des Dorfs begründete. Mittlerweile hat Rabanal über 30 Einwohner und viele Arbeitskräfte, die von außen kommen. Es gibt einige Herbergen, ein Hotel, eine Handvoll Geschäfte und mehrere Restaurants.

Doch nicht nur für einzelne Dörfer, auch auf Landesebene ist der Pilgereffekt nicht zu verachten. Nüchtern betrachtet bedeuten die Jakobus-Wallfahrten für Spanien einen wichtigen Wirtschaftsfaktor. Gewöhnlich setzen Pilger unterwegs ein Tagesbudget von etwa 35 Euro für Unterkunft, Verpflegung und kleine Sonderausgaben an. Insgesamt gesehen dürfte sich damit der Umsatz durch Pilger auf den verschiedenen Jakobswegen auf mehrere hundert Millionen Euro belaufen. Der Rubel rollt. Zumindest an den Hauptwegen, die alljährlich besonders in den Sommermonaten stark frequentiert werden.

Und warum auch nicht? Warum sollte eine Region, in der es außer einer rudimentären Landwirtschaft keine nennenswerten Einkommensquellen gibt, nicht davon profitieren, dass Pilgern so populär ist?

Solange beide Parteien sich an gewisse Spielregeln halten (denn auch unter den spanischen Gastgebern gibt es schwarze Schafe), ist es ja eine Win-win-Situation. Die Pilger erleben in einem schönen mediterranen Land einen unvergesslichen Urlaub, und die Gastgeber profitieren von diesen Fußtouristen dadurch, dass sie Geld in die Kassen der lokalen Geschäfte, Übernachtungsbetriebe und Gastronomie spülen. Ein fairer Urlaubsdeal.

12. Kapitel

Die Folgen

Weil man lernt,
allein zu sein

Es ist ein Zwiespalt. Man weiß genau, dass man besser allein laufen sollte. Um Dinge mit sich auszumachen, um sich nicht ablenken zu lassen von seinen Themen. Um die ganze Pilgerreise nicht zu einer x-beliebigen Wanderung verkommen zu lassen. Man hat schließlich was vor beim Pilgern, will Dinge klären, die schon längst auf Klärung warten, will neue Lebensziele definieren und ganz bewusst eine Auszeit vom Alltag nehmen. Das bedeutet auch, dass man eben nicht neben jemandem herläuft und sich über Banalitäten unterhält, sondern in tiefer innerer Einkehr still und einsam vor sich hin stapft.

Tja, da toben sie, die zwei Seelen in der Brust. Denn eigentlich ist man ja auch so gespannt auf die anderen Mitpilger! Ganz viele interessante Leute soll man auf den Wegen treffen; da wäre es doch jammerschade, wenn man von all diesen Menschen nichts mitkriegen würde als ihre Silhouette mit Rucksack, Wanderstab und Sonnenhut! Mit den spannenden Mitpilgern möchte man sich schließlich auch mal unterhalten, weil das ja gerade das Besondere ist beim Pilgern.

Und so ist man denn gefangen in diesem Konflikt zwischen offensichtlichem Vergnügen und gebotener Ernsthaftigkeit. Manche können das Dilemma lösen, indem sie tagsüber alleine gehen und sich abends mit den Weggefährten treffen. Andere wählen Reisezeiten, in denen es per se recht einsam ist auf dem Pilgerweg. Wieder andere suchen sich von vornherein Wege aus, die wenig begangen werden und auf denen darum kaum Gefahr droht, vielen Mitpilgern zu begegnen.

Letztere sind wahrscheinlich die sichersten Varianten, denn dabei wird man gar nicht in Versuchung geführt, sich Mitpilgern anzuschließen oder bei einer Pause unverhofft auf nette Menschen zu treffen, mit denen man sich gerne weiter unterhalten würde.

Doch welche Methode auch immer man wählt, um alleine zu pilgern: Hat man es geschafft, läuft man wirklich solo, taucht gleich das nächste Problem auf: Man muss damit umgehen, allein zu sein, heißt: Man muss es auch mit sich und seinen Gedanken aushalten!

Gerade für Leute, die im Alltag viel mit Menschen zu tun haben, ist das einsame, stille Gehen erst mal befremdlich. Andererseits bietet es die einzigartige Chance, sich so nahe zu kommen wie sonst nur selten. Ohne Ablenkung durch ständiges Reden muss man sich dem stellen, was einem begegnet: Womöglich eine zähe Strecke mit viel Auf und Ab oder eine lange Etappe mit unendlichen Kilometern, die sich hinziehen wie Kaugummi. Man wird konfrontiert mit Hunger und Durst, mit Schmerzen, Frust und Langeweile. Mit dem Wetter, Zweifeln und Erwartungen. Mit den großen Fragen oder einfach nur mit dem inneren Schweinehund, dem dringenden Wunsch nach einer Toilette oder einem Kaffee. Mit dem, was ist, eben.

Das Schlimme: Man kann sich mit niemandem austauschen, bei niemandem beschweren. Man muss alles mit sich allein ausmachen. An manchen Tagen ist das nicht so schlimm: wenn das Wetter schön ist, die Strecke abwechslungsreich und ein nettes Gasthaus zur Einkehr am Weg liegt. Doch es gibt auch schlechte Tage, an denen man die Einsamkeit nicht mal eben locker wegsteckt. Weil der Gedanke an die gescheiterte Beziehung hochpoppt, an den Hund, der gerade gestorben ist oder an den ätzenden Job.

Wenn sich quälende Gedanken im Hirn einnisten und niemand da ist, mit dem man sie teilen kann, wird die Einsamkeit körperlich spürbar. Nein, dieses Alleinsein hat man nicht gewollt. Und doch: Man lernt, damit umzugehen, und das Pilgern hilft ein Stück weit dabei. Es ist das stetige Gehen, das macht, dass die Gedanken zwar durchs Hirn rotieren, dann aber auch wieder verschwinden. Man lernt, dass es nicht bedrohlich ist, alleine zu sein, dass Situationen sich ändern und dass Gedanken sich verflüchtigen. Denn man praktiziert ja das beste Anti-Grübel-Mittel aller Zeiten: das Gehen!

Irgendwann lernt man, die Zeiten der Stille und des Alleinseins sogar zu genießen und als Quelle der Inspiration zu begreifen. Unvermittelt und scheinbar zufällig poppen Einfälle und Ideen hoch, man findet die Lösung für ein Problem oder bekommt eine neue Sichtweise auf einen Sachverhalt. Und je länger man alleine läuft, desto mehr lernt man diese Ressource zu schätzen.

106. Grund

Weil man mutig wird

Allein mit der Tatsache, dass man jeden Morgen aufs Neue aufsteht, Kilometer um Kilometer läuft, und dann irgendwann Hunderte davon bewältigt hat, erstaunt und überrascht man sich selber. Nie hätte man geglaubt, das Unglaubliche zu schaffen.

Doch beim Pilgern gibt es noch weitaus mehr Situationen, die einem im Nachhinein einen gewissen Respekt vor sich selbst abnötigen. Denn auch Dinge, die man zu Hause nie gemacht oder auch nur erwogen hätte zu tun, sind plötzlich drin. Kalt duschen beispielsweise oder sich in Unterkünften zur Ruhe zu betten, bei denen der Schmutz aus jeder Ecke kriecht.

Doch abgesehen davon, dass man bereit und in der Lage ist, viel auszuhalten, gibt es auch immer wieder Situationen, in denen man auf ganz ungeahnte Weise über sich hinauswächst und hinterher staunt, wie mutig man doch ist. Zum Beispiel als Frau in spanischen Kneipen.

Betritt man eine spanische Bar, stößt man meist auf eine solide Männerfront. Die bevölkert den Tresen, trinkt Kaffee oder ein Glas Wein, liest Zeitung oder starrt auf einen riesigen Flachbildschirm. Die Thekenfront der Männer also, als Hintergrundgeräusch das

Plärren des Fernsehers, das ist schon mal die Grundausstattung einer spanischen Bar am Weg.

Manchmal kommt es auch zu menschlichen Interaktionen; man redet miteinander, wechselt ein Wort mit dem Kneipenwirt. Aber grundsätzlich sitzt man da und guckt. Entweder vor sich hin, in seinen Kaffee, auf den Bildschirm oder in die Zeitung. Und dann, wenn alles gesagt und getan ist, geht man wieder.

Diese immer gleichen Rituale ändern sich auch nicht, wenn man als Frau solch eine Bar betritt. Da wird erst mal geguckt. Und das ist seeehr unangenehm. Denn man ist die einzige Frau. Die ersten Male hätte ich am liebsten sofort wieder kehrtgemacht, denn ich fühlte mich wie ein Fremdkörper. Aber wenn man was trinken will oder auf Toilette, dann muss man da durch. Darum überlegt man fieberhaft, wie man am besten weitermacht. Da gibt es dann zwei Optionen: Entweder man quetscht sich an den Barhockern vorbei zu einem Tisch im hinteren Teil des Lokals, wo aber natürlich *niemand* sitzt. Heißt: Man begibt sich allein auf den Präsentierteller. Oder man versucht, sich möglichst elegant auf den letzten Barhocker am Rand zu hieven, auf dem wohlweislich keiner sitzt, weil es dort ziemlich eng ist. Darum muss man aufpassen, dass man weder seinen Nachbarn anstößt, der gerade Zucker in den Kaffee rührt, noch seinen Rucksack so unglücklich platziert, dass er mitten in den Gang kippt.

Hat man das geschafft, kommt die nächste Hürde. Bestellen vor versammelter Mannschaft. Wahrscheinlich ist es nur der subjektiven Wahrnehmung geschuldet, dass man denkt, alle würden wie gebannt zuhören, wie man seinen Kaffee bestellt. Schließlich laufen hier jährlich Hunderttausende Pilger entlang – also nichts wirklich Spektakuläres. Aber trotzdem versucht man natürlich, eine gute Figur zu machen. Doch zum Glück ist die Formel einfach, man hat sie ja schon 100 Mal geübt. Mit *un café solo, por favor* ist alles gesagt. Steht der Espresso kurze Zeit später auf dem Tresen, wie geht's dann weiter?

Der einfachste Griff wäre zum Handy. Aber das steckt unglücklicherweise im Rucksack, der gefühlt zehn Meter weit weg liegt. Und sich noch mal von diesem ungünstigen Barhocker runterund dann wieder hochschrauben – das will man dann doch nicht. Also bleibt vor sich hin starren, auf den Bildschirm gucken, wenn man Glück hat in die Zeitung, oder irgendwo auf die Wand hinter dem Tresen. Und dann möglichst schnell austrinken, noch mal auf Toilette, zahlen und wieder raus.

So war das zu Anfang. Doch mit der Zeit lernte ich, mich kneipentechnisch zu emanzipieren. Je öfter ich eine Bar betrat, desto weniger machte es mir aus, wenn sie glotzten. Wie selbstverständlich quetschte ich mich zwischen zwei Spanier (die übrigens, wie ich später feststellte, kaum Notiz von mir nahmen), bestellte in aller Seelenruhe meinen Kaffee und begann ein Gespräch mit dem Wirt.

Was soll ich sagen? Es wurde immer ein bisschen normaler mit den Jungs. Nach ein paar Wochen schüchterte mich die Männerfront am Tresen nicht mehr ein – ich nahm sie einfach als feststehende Kulisse wahr. Und als ich mich dann eines Tages wie selbstverständlich wie alle anderen mit einem lässigen *Ha luego* verabschiedete, anstatt mit einem korrekten *Hasta luego*, wie ich brav in der Schule gelernt hatte, wusste ich, dass ich es geschafft hatte.

107. Grund

Weil die Kirche plötzlich mehr ist

Ich bin jetzt stolze Besitzerin einer Pilgersocke. Sie ist nicht größer als ein Daumen, hat blaue Ringel und eine kleine Kordel zum Zuziehen. Drinnen steckt ein kleiner zusammengefalteter Zettel, auf dem steht: »Mögest du die kleinen Wegweiser des Tages nie übersehen: den Tau auf den Grasspitzen, den Sonnenschein auf deiner

Tür, die Regentropfen im Blumenbeet, das behagliche Buckeln der Katze, das Lachen aus Kinderkehlen … Möge dein Tag durch viele kleine Dinge groß werden.« Diesen Socken-Segensspruch besitze ich, seit ich die Wallfahrtskapelle in Rehren besuchte.

Rehren kannte ich nur aus den Verkehrsnachrichten, meist von Staumeldungen. Und auch als ich in den Ort hineinpilgerte, sah ich als Erstes die Autobahnbrücke. Nicht ganz das, was man sich unter einem malerischen Fleckchen vorstellt. Auch die kleine Kapelle mitten in einer Wohnsiedlung wirkte wenig stimmungsvoll.

Doch hier, wo ich es am wenigsten erwartet hätte, zeigte man ein besonders großes Herz für Pilger. Denn in dem kleinen Gotteshaus stand ein ganzes Weidenkörbchen mit ebenjenen Pilgersocken zum Mitnehmen bereit. So genannte Segenssöckchen, wie ich später auf der Internetseite der Kirchengemeinde lernte. Außerdem wurden die Pilger ausdrücklich dazu eingeladen, in der Kapelle bei einem Glas Wasser auszuruhen.

Dies war nicht die einzige Station auf dem Pilgerweg Loccum–Volkenroda, wo man ein Getränk für Pilger bereit hielt. Denn in fast allen Kirchen am Weg gab es ein kleines Servicepaket aus Mineralwasser, Stempel und manchmal sogar einem Stück Obst. Diese kleinen Aufmerksamkeiten machten die Reise zu einem außergewöhnlichen Erlebnis. Man fühlte sich nicht nur willkommen, sondern spürte das Bemühen der Kirche, eine besondere Verbindung zu den Pilgern aufzubauen.

Doch auch auf anderen Wegen habe ich immer wieder großes Engagement für Pilger erlebt. Besonders beeindruckt mich, dass es ein ganzes Heer an Freiwilligen gibt, die ehrenamtlich die Herbergen betreuen und Ansprechpartner für die Pilger sind. Was gerade bei wenig begangenen Wegen manchmal viel Flexibilität erfordert. Denn oft muss extra jemand bei der Herberge vorbeikommen, um dem Pilger aufzuschließen.

In größeren Herbergen, die verlässliche Öffnungszeiten haben, ist die Verpflichtung noch größer. Dort arbeiten die Freiwilligen teilweise nach genau ausgearbeiteten Dienstplänen im Schichtdienst oder machen sogar Frühstück.

Mich erstaunt auch immer wieder, dass den vorbeiziehenden Pilgern ohne Zögern die ganze Herberge überlassen wird, oft ein Gemeindehaus. Indem ich den Schlüssel für die Eingangstür bekomme, kann ich dort rein theoretisch tun und lassen, was ich will. Doch anscheinend vertraut man darauf, dass der Pilger alles ordnungsgemäß behandelt und hinterlässt und dass der Schlüssel am nächsten Morgen wieder im Briefkasten liegt.

Dies alles, die vielen Facetten des Engagements und des Vertrauens, macht, dass man beim Pilgern – besonders auf deutschen Pfaden – die Kirche mal anders kennenlernt als durch den Pfarrer auf der Kanzel oder die Kirchensteuer. Man fühlt sich als willkommener, geschätzter Gast – eine ganz neue Perspektive!

108. Grund

Weil man süchtig wird

Nach dem *camino* ist vor dem *camino*! So könnte man das Gefühl vieler Pilger beschreiben, wenn sie von ihrer Fußreise zurückkommen.

Zuerst mal ist man voller Eindrücke, die man unbedingt teilen will. Man erzählt jedem, egal ob er es hören will oder nicht, wie toll es doch war und was man alles erlebt hat. Man schwelgt in Erinnerungen, ja, wird regelrecht zum Geschichtenerzähler und sonnt sich in dem Gefühl, etwas ganz Besonderes gemacht und erlebt zu haben.

Und irgendwie fühlt es sich so an, als wäre man noch gar nicht wieder richtig da. Alles ist noch so frisch, so präsent. Morgens, wenn man aufwacht, könnte man sofort wieder in die Wanderklamotten springen, den Rucksack aufsetzen und weitergehen.

Doch wenn man aufgestanden ist, wartet da meist nur der triste Alltag. Das ewige Einerlei aus Arbeit, Feierabend und Wochenende.

Und selbst wenn man bei schönem Wetter den Rucksack schultert und sich frohgemut auf den heimatlichen Wanderweg macht, ist das eben nicht Pilgern. Es gibt keine Muscheln, die vorwärtsziehen, keine interessanten Mitpilger am Weg, mit denen man locker plaudert. Stattdessen begegnet man langweiligen Einheimischen, die sich die Beine vertreten oder spazieren gehen. Und dabei kaum den Kopf heben, um zu grüßen, sondern stur geradeaus laufen. Außerdem geht's abends wieder nach Hause, und am Montag beginnt der Alltag von vorn.

Man vermisst es ganz schmerzlich, dieses herrlich unkomplizierte Pilgerdasein. Nicht groß planen, sondern alles auf sich zukommen lassen: die netten Überraschungen, die kleinen Pleiten und Pannen. Auch diese Neugier auf einen grandiosen, neuen Tag, von dem man nicht weiß, was er bringen wird, sie fehlt. Dieses sich lebendig fühlen, da sein, draußen sein, sich natürlich fortbewegen, tragen, was man braucht, essen, wann man Hunger hat, leben im ursprünglichen Sinn. Selbst die negativen Dinge wirken im Nachhinein gar nicht mehr so schlimm. Gut, es war ziemlich heiß, aber, hey, so ist das nun mal im Sommer. Und die Unterkünfte waren manchmal doch sehr rudimentär, aber schließlich hatte man ja auch kein 5-Sterne-Hotel gebucht. Dafür war man frei!

Hier im Alltag hingegen ist man getaktet, strukturiert und durchorganisiert. Man fühlt sich eingesperrt und auf das Funktionieren reduziert. Lebt Routinen und Gewohnheiten, läuft in immer gleichen Bahnen wie im Hamsterrad. Keine Spur mehr von dem spontanen *camino*-Leben, das sich immer mehr verflüchtigt, je länger man wieder im tristen Trott versackt. Die Sehnsucht danach jedoch bleibt. Sie hat sich tief in der Seele verankert. Das will man noch mal erleben!

Und so kommt es, dass man nach gar nicht allzu langer Zeit auf Entzug wieder zur Droge greift. Zuerst nur ein bisschen schnuppern. Man geht in ein Buchgeschäft und findet sich rein zufällig vor den Regalen mit der Reiseliteratur wieder. Lässt den Blick ganz unabsichtlich über die Pilgerführer schweifen. Dann kann man sich nicht länger beherrschen, greift mal diesen, mal jenen heraus. Eigentlich totaler Blödsinn, denn man ist ja noch gar nicht so lange wieder zurück. Doch die Bücher haben eine gewisse Magie. Man fängt mal hier an zu blättern, mal dort. Saugt sich fest an den Bildern der mittelalterlichen Kirchen und Brücken, ergötzt sich an den klingenden Namen der fremden Städte. Die Beschreibungen der Herbergen klingen verlockend, und die ganze Wegstrecke wirkt ungemein reizvoll. Im Geiste sieht man sich schon wieder losstapfen auf dem *camino*. Und seufzt tief auf.

Irgendwie schafft es der Pilgerführer mit nach Hause. Er liegt auf dem Nachttisch und ist das Erste, was man morgens sieht. Dann muss man unwillkürlich grinsen, denn es geht ja schon bald wieder los …

109. Grund

Weil das Gehen was mit einem macht

Was es ist, weiß man nicht so genau. Doch fest steht: Wenn man vom Pilgern zurückkommt, hat man sich verändert. Nicht nur, dass eine Unmenge an Eindrücken und Erlebnissen zwischen Anfang und Ende der Reise liegen; man fühlt sich auch anders als vorher.

Zuerst mal ist man natürlich schlauer. Man weiß, was es heißt, zu pilgern. Weiß um die körperlichen Strapazen, aber auch um die Freuden und kleinen Abenteuer, die der Weg bereithält.

Oftmals ist man körperlich fitter und auch in zwischenmenschlichen Belangen geschmeidiger geworden. Man hat gelernt, unangenehme Dinge auszuhalten oder zu ignorieren, man hat die Grenzen seiner Belastbarkeit ausgedehnt und sich selbst neu kennengelernt.

Und auch im Kopf scheint was passiert zu sein. Von Thomas Morus stammt das wahre Zitat: »Es kommt niemals ein Pilger nach Hause, ohne ein Vorurteil weniger und eine neue Idee mehr zu haben.«

Es hat sich also was bewegt in den Gehirnwindungen. Vielleicht ist man großzügiger geworden und sieht Dinge, die früher wichtig waren, nicht mehr so eng. Oder man bewertet das Wort »Luxus« neu. Oder man hat einen anderen, freundlicheren Blick auf die Welt und findet mehr Sinn im Leben.

Unter Umständen hat es sogar »klick« gemacht. Man ist zu einer bahnbrechenden Erkenntnis gelangt, hat die Lösung für ein großes Problem gefunden oder konnte eine wichtige Entscheidung fällen. Man hat für sich grundlegende Fragen klären können oder zumindest doch, wie es weitergeht.

Egal wie – irgendwas bewirkt dieser Pilgerweg. Vielleicht ist es ein bisschen was von allem oder nur eine kleine Sache, die anders geworden ist. Aber irgendwas verändert sich. Man fühlt sich anders als vorher. Weiser. Reicher. Glücklicher. Geläutert, aber nicht abgehoben. Gerade diese gesunde Spanne zwischen Überheblichkeit und Demut, zwischen Abheben-Wollen und Am-Boden-Bleiben.

Es hat sich also gelohnt, das Pilgern.

110. Grund

Weil man lernt, dankbar zu sein

Was im Leben ist schon selbstverständlich? Das, was man als »normal« erachtet, kommt darauf an, wo man auf dieser Welt geboren ist und wie man aufwächst.

Wenn man es gut erwischt hat, das heißt genug zu essen, Kleidung, ein Dach über dem Kopf, in Sicherheit lebt, soziale Kontakte hat, Wertschätzung erfährt und dazu noch gesund ist, hätte man eigentlich allen Grund, dankbar zu sein.

Doch trotz guter Lebensumstände ist man oft unzufrieden. Denn der Fokus liegt meist nicht auf dem, was man hat, sondern darauf, was fehlt. Nicht verwunderlich, dass sich bei dieser einseitigen Wahrnehmung keine Grundzufriedenheit einstellt. Ganz zu schweigen von Dankbarkeit.

Dabei ist Dankbarkeit – wie neuere psychologische Studien belegen – ein sehr mächtiges Gefühl, das nicht nur das allgemeine Wohlbefinden stärkt, sondern auch positives soziales Verhalten bewirkt. Außerdem hat es sich von einer christlichen Tugend zu einem Gesundheitsfaktor gewandelt, zu einem probaten Mittel, um die seelische Abwehrkraft zu stärken und die Heilung von Krankheiten zu begünstigen. Dementsprechend versucht man heute gezielt, Dankbarkeit wieder zu erlernen und zu trainieren.

Beim Pilgern muss man Dankbarkeit nicht bewusst einüben; sie scheint sich wie von selbst einzustellen. Allein die Beschränkung auf wenige Habseligkeiten und das einfache Pilgerleben führen dazu, dass man dankbar ist für das, was man hat und erlebt. Man freut sich, wenn man eine saubere Hose anziehen kann, und darüber, dass die Wanderschuhe nicht drücken. Man empfindet es als Geschenk, wenn man frisches Wasser am Brunnen zapfen kann oder wenn urplötzlich eine Bank am Weg auftaucht, wenn man müde ist und gerne rasten möchte. Man genießt die einfache Mahlzeit in der Bar und erlebt es als Wohltat, wenn man nach zig gelaufenen Kilometern eine Pause machen kann, den Rucksack absetzen und die Beine ausstrecken.

Denn jenseits des häuslichen Rahmens mit einer Vielzahl von Besitztümern und Annehmlichkeiten ist nichts mehr selbstverständlich. Einfache Dinge, über die man zu Hause nicht mal nachdenkt, werden beim Pilgern plötzlich zum Highlight.

Die körperliche Anstrengung tut ein Übriges dazu, alltägliche Normalitäten wieder wertzuschätzen. Denn auch dass der Körper funktioniert und beim Pilgern alles mitmacht, ist nicht selbstverständlich. Physisch angeschlagene Mitpilger rechts und links beweisen, dass so mancher Leib rebelliert, wenn er lange Strecken per pedes bewältigen muss. Da ist man dann dankbar, wenn man selber ohne größere Probleme stetig einen Fuß vor den anderen setzen und seine Habseligkeiten tragen kann.

Und diese tiefen Dankbarkeitsgefühle, die einen dann und wann unverhofft überschwemmen, machen, dass es einem gut geht. Dass man plötzlich auf alle Luxusreisen der Welt pfeift. Keine Kreuzfahrt, kein Strandurlaub in der Karibik und auch kein Trip nach Abu Dhabi können dieses Wohlgefühl, dieses Zufriedensein mit sich und seiner körperlichen Leistung toppen. Man hat alles, was man braucht, man ist in der Lage, zu laufen und seinen Rucksack zu tragen, man trifft nette Menschen – was will man mehr?

111. Grund

Weil das Pilgern nach der Pilgerreise nicht vorbei sein muss

Da sitzt man dann wieder zu Hause und packt seinen Rucksack aus. Und auf jedes Teil, das an seinen Platz zurückwandert, das man in die Waschmaschine schmeißt und auf den Boden bringt, folgt ein bisschen Wehmut.

Dann kommen die Andenken, da wird's noch schlimmer. Das Armband mit den Pfeilen gab's an dem Stand ein paar Kilometer vor Santiago, wo man die Stadt zum ersten Mal sehen konnte. Die Serviette mit der Muschel drauf stammt noch von dem legendären Abend beim Pilgermenü, zu zehnt. Und dann findet man noch die bunte Visitenkarte von Bea, mit der man sich auf Anhieb so gut verstanden hat. Ach, ist das traurig!

Ein ganzer Sack voller Erinnerungen kippt aus. An die Mitpilger, an die Herbergen und die Gastgeber, die die Pilgerreise zu einem unvergleichlichen Erlebnis gemacht haben. Man fühlt sich reich beschenkt und ist dankbar für all das Gute, das man auf dem Weg erfahren und dann letztendlich auch selbst weitergegeben hat. War es aus Altruismus? Oder Nächstenliebe? Man weiß es nicht. Doch irgendwann war er übergesprungen, der Geist des Weges. Der bewirkt, dass man gut und respektvoll miteinander umgeht und sich gegenseitig hilft. Ein Geben und Nehmen. Man hatte wie selbstverständlich mitgemacht und fleißig Münzen der Währung »Liebe« eingesteckt, aber genauso bereitwillig auch wieder ausgegeben.

Doch vielleicht findet man beim Auspacken noch diesen großen Schein in der Tasche. Man schaut ihn an, und die Erinnerungen an die netten und berührenden Gesten und Taten der Reise kommen wieder hoch. An Mitpilger, die einem den Rucksack abgenommen haben, als man nicht mehr konnte. An die Herbergswirtin, die Brot und Käse auf den Tisch stellte, weil die einzige Gaststätte im Ort Ruhetag hatte. Und an die Leute aus dem Dorf, die einen zur Unterkunft fuhren, weil man auf der Pilgerstrecke gestrandet war.

Und je mehr man darüber nachdenkt, desto intensiver spürt man den Wunsch, diesen Schein der guten Taten auch jetzt im Nachhinein noch auszugeben. Man möchte ihn spenden zum Wohle anderer Pilger und sich damit in ganz besonderer Weise noch mal für die Hilfe und Gastfreundschaft revanchieren.

Viele Menschen, die einmal gepilgert sind, denken so. Und setzen ihren Vorsatz in die Tat um, indem sie selber *hospitalero* oder *hospitalera* werden und andere Pilger betreuen. Dies geht auf verschiedene Art und Weise: Zum einen kann man Herbergsmutter oder Herbergsvater werden, indem man für ein paar Wochen im Jahr in einer Unterkunft am Jakobsweg arbeitet. Für einen Jakobusverein zum Beispiel, der in Spanien eine Herberge unterhält und Helfer dorthin entsendet. Doch es gibt auch eine spanische Organisation, die Arbeitseinsätze als freiwillige Herbergsbetreuer für jeweils zwei Wochen vermittelt. Und auch im eigenen Land

kann man die Pilgertradition unterstützen, indem man ein Privat-
quartier anbietet oder bei der Heimatgemeinde als ehrenamtlicher
Pilgerbetreuer fungiert.

Vielfältige Möglichkeiten also, um den Schein der guten Taten
zum Wohle anderer Pilger wieder auszugeben.

Quellenverzeichnis

Vorwort: https://jakobsweg-lebensweg.de/pilgerstatistik/

Grund 2: https://de.wikipedia.org/wiki/Spiritualit%C3%A4t

Grund 3: www.planet-wissen.de/kultur/religion/pilgern/pwiewelchebedeutunghat-diejakobsmuschelfuerdaspilgern100.html

Grund 4: www.jakobus-info.de/jakobuspilger/statik06.htm

Grund 6: www.wanderforschung.de/files/gamper-2012pilgern_1408141124.pdf; Klaus Herbers: Jakobsweg Geschichte und Kultur einer Pilgerfahrt, Verlag C.H. Beck Nördlingen, 2006

Grund 7: www.katholisch.de/aktuelles/aktuelle-artikel/das-sind-die-groten-marienwallfahrtsorte-der-welt

Grund 10: www.lost-voices-stiftung.org/wie-kann-ich-spenden/linksrheinischen-jakobsweg/; http://barfussweltrekord.aldo-berti.de/; www.pilgernnachnorden.de/; https://jakobsweg-kuestenweg.com/2015/07/25/pilgern-fuer-einen-guten-zweck/comment-page-1/; https://landsaid.org/pilgern/?seenotrettung; www.stuttgarter-zeitung.de/inhalt.spenden-in-uhingen-pilgern-fuer-einen-guten-zweck.e90ba761-6b8d-4bd5-a10b-6d7270a7c197.html; www.evangelisch.de/inhalte/132645/12-03-2016/sebastian-gallander-wandert-auf-einem-pilgerweg-fuer-den-verein-nestwaerme-fuer-pflegende; https://meinwegnachjerusalem.wordpress.com/pilgern-fuer-nen-guten-zweck/; www.klimapilgern.de/wp-content/uploads/2015/05/Flyer_Klimapilgern_GS_4c.pdf; www.paulinchens-jakobsweg.de/

Grund 14: www.viasanctimartini.eu/datenbank/pilgerwege-in-europa

Grund 15: Landschaftsverband Westfalen-Lippe (Hrsg.): Wege der Jakobspilger in Westfalen, Band 6, J. P. Bachem Verlag Köln, 2011

Grund 16: Ökumenischer Pilgerweg e. V. (Hrsg.): Der Ökumenische Pilgerweg durch Sachsen, Sachsen-Anhalt und Thüringen, Druckerei Schöpfel Weimar, 2013

Grund 19: Gisela Johannßen und Martin Simon: Jakobsweg Via Baltica, Conrad Stein Verlag Welver, 2014

Grund 21: Landschaftsverband Westfalen-Lippe (Hrsg.): Wege der Jakobspilger in Westfalen, Band 10. J. P. Bachem Verlag Köln, 2013

Grund 24: Monica Hirsch Reinshaten, Eva-Maria Ranft, Andreas Isenburg: Pilgern im Pott, Klartext Verlag Essen, 2009

Grund 25: www.gluecksdetektiv.de/was-brauchen-wir-zum-leben/

Grund 31: www.duden.de/rechtschreibung/Wunder

Grund 32: www.jizopad.nl; www.jerusalem-way.org

Grund 33: Jean-Christophe Rufin: Pilgern für Skeptiker, Knaus Verlag München, 2015; Raimund Joos: Pilgern auf den Jakobswegen, Conrad Stein Verlag Welver, 2013

Grund 36: Shirley MacLaine: Der Jakobsweg Eine spirituelle Reise, Goldmann Verlag München, 2001; Stefan Albus: Santiago liegt gleich um die Ecke, Gütersloher Verlagshaus Gütersloh, 2012

Grund 39: https://de.wikipedia.org/wiki/Herrg%C3%B6ttle_von_Biberbach

Grund 56: www.sigwardsweg.de/sww/

Grund 57: https://de.wikipedia.org/wiki/Jakobus_der_%C3%84ltere

Grund 62: www.ndr.de/ratgeber/gesundheit/Gesund-und-schlank-durch-achtsames-Essen,achtsamessen100.html

Grund 68: www.outdoornet.de/magazin/kalorienverbrauch-beim-wandern/

Grund 71: www.heilpraxisnet.de/symptome/bewegungsmangel-folgen-ursachen-symptome/

Grund 73: www.marienhospital-eickel.de/home/stationaerebehandlung/therapie-angebot/wandern-als-therapie.html

Grund 74: www.wanderforschung.de/files/gamper-2012pilgern_1408141124.pdf

Grund 76: www.apotheken-umschau.de/
Stress

Grund 77: https://karrierebibel.de/geistes-
blitz-unter-der-dusche/

Grund 88: https://de.wikipedia.org/wiki/
Heute_hier,_morgen_dort

Grund 94: https://de.wikipedia.org/wiki/
Jakobsbuch; http://camino.waltl.de/
camino_texte.htm

Grund 96: www.jakobs-weg.org/pilgerweg/
pilgerreisen.html; www.pilgern-mit-ps.de/
index.php?option=com_content&view=
article&id=344&Itemid=1148

Grund 97: www.deutsche-jakobswege.de

Grund 98: www.jakobsweg-pilgerweg.de/
jakobsweg/pilgerbuero-jakobusgesell-
schaft-jakobusbruderschaft.html

Grund 99: www.jakobus-info.de/

Grund 101: www.museenkoeln.de/
rautenstrauch-joest-museum/Pilgern-
Sehnsucht-nach-Glueck

Grund 102: www.orte-verbinden.de/Quali-
fizierung/Pilgerbegleitung-im-Erzbis-
tum-Paderborn-Zertifikatskurs-2019.html

Grund 104: www.spiegel.de/spiegel/
print/d-128364528.html

Grund 109: www.sinnforschung.org/
wp-content/uploads/2010/11/diplom-
arbeit-fertigf%C3%BCrwebside.pdf

Grund 110: www.spiegel.de/gesundheit/
psychologie/dankbarkeit-die-wurzel-fuer-ge-
sundheit-und-wohlbefinden-a-1124119.html

Grund 111: www.caminosantiago.org/cppe-
regrino/hospitaleros/hospitaleros.asp

Bildnachweis

Titelfoto: © bepsimage/depositphotos.com

Textteil: Titelfotos der Kapitel 1 bis 12: © Dagmar Höner

Bildteil 1 (von oben nach unten): Seite I: © Sven Petersen - stock.adobe.com, S. II: © tichr - stock.adobe.com, © LFRabanedo - stock.adobe.com, S. III: © luisfpizarro - swtock.adobe.com, © lunamarina - stock.adobe.com, S. IV-V: © nachosuko - stock.adobe.com, S. VI: © sehbaer_nrw - stock.adobe.com, © thauwald-pictures - stock.adobe.com, © Joerg Sabel - stock.adobe.com, © Luxian - stock.adobe.com, S. VII: © Luis Santos - stock.adobe.com, S. VIII: © Massimo - stock.adobe.com, © andreusK - stock.adobe.com, S. IX: © bbsferrari - stock.adobe.com, © Martin Schütz - stock.adobe.com, S. X: © RobertoC - stock.adobe.com, © jokuephotography - stock.adobe.com, S. XI: © Ourson+ - stock.adobe.com, © Leandro - stock.adobe.com, S. XII: © maribom - stock.adobe.com, © tauav - stock.adobe.com, S. XIII: © Jacky Jeannet - stock.adobe.com, © nomadkate - stock.adobe.com, S. XIV: © Christian - stock.adobe.com, © antonio2206 - stock.adobe.com, © Luis Cagiao - stock.adobe.com, S. XV: © Fly_dragonfly - stock.adobe.com, © tauav - stock.adobe.com, S. XVI: © sonne_fleckl - stock.adobe.com

Bildteil 2 (von oben nach unten): Seite I: © maartenhoek - stock.adobe.com, S. II: © Martin Schütz - stock.adobe.com (beide Bilder), S: III: © tamas - stock.adobe.com, © Дарья Геращенко - stock.adobe.com, S. IV: © JB - stock.adobe.com, © Big Rolo Images - stock.adobe.com, S: V: © Christian - stock.adobe.com, S. VI–VII: © Soloviova Liudmyla - stock.adobe.com, S. VIII: © Martin Schütz - stock.adobe.com, © lakeemotion - stock.adobe.com, S. IX: © maartenhoek - stock.adobe.com, © boysen - stock.adobe.com, S. X: © by-studio - stock.adobe.com, S. XI: © ramonespelt - stock.adobe.com, © Pabkov - stock.adobe.com, S. XII: © Boris - stock.adobe.com, © musuraca - stock.adobe.com, S. XIII: © Luxian - stock.adobe.com, © maartenhoek - stock.adobe.com, S. XIV-XV: © e55evu - stock.adobe.com, S. XVI: lunamarina - stock.adobe.com.

Anmerkungen

1. Aus Gründen der Privatsphäre habe ich in dem Buch einige Details, unter anderem Namen oder Handlungsorte, verändert.

2. Genaugenommen gibt es nur einen Jakobsweg, der sich wirklich so nennen darf: der *Camino Francés* in Nordspanien. Alle anderen Wege und Zuwege, die zum Grab des heiligen Jakobus führen, müssten korrekterweise »Wege der Jakobspilger« heißen. Doch im Alltagsgebrauch werden alle Wege, die Santiago de Compostela zum Ziel haben, als Jakobswege bezeichnet. Darum verwende auch ich beide Begriffe synonym.

Danksagung

Ich danke meiner Familie, die mich bei all meinen Pilgervorhaben tatkräftig unterstützt, sowie den vielen netten Menschen am Weg, die jede Pilgerreise zu einer ganz besonderen machen.

DAGMAR HÖNER, geboren 1963 in Bünde (Westf.), studierte Diplom-Pädagogik und arbeitete als Übersetzerin und Journalistin, bevor sie anfing, sich mit Fußreisen zu beschäftigen. Verführt durch die Einstiegsdroge Wandern, entdeckte sie nach der Familienzeit das Pilgern für sich und hat seitdem viele verschiedene Wege, bekannte und unbekannte, in Deutschland und Europa erkundet.

Dagmar Höner
111 GRÜNDE, PILGERN ZU GEHEN
Eine Liebeserklärung

ISBN 978-3-86265-775-9
© Schwarzkopf & Schwarzkopf Verlag GmbH, Berlin 2019
Vermittelt durch die Literaturagentur Brinkmann, München | Alle Rechte vorbehalten. Dieses Werk ist urheberrechtlich geschützt. Jede Verwendung, die über den Rahmen des Zitatrechtes bei korrekter und vollständiger Quellenangabe hinausgeht, ist honorarpflichtig und bedarf der schriftlichen Genehmigung des Verlages.

VERLAG
Schwarzkopf & Schwarzkopf Verlag GmbH
Kastanienallee 32, 10435 Berlin
Telefon: 030 – 44 33 63 00
Fax: 030 – 44 33 63 044

INTERNET | E-MAIL
www.schwarzkopf-schwarzkopf.de
www.facebook.com/schwarzkopfverlag
info@schwarzkopf-schwarzkopf.de